学习原来也可以这样简单有趣！行之有效的学习方法，
为你构筑学习的"金三角"，助你勇攀学习的"金字塔"。

齐昌博/编著

这样学习最有效

~ 大全集 ~

改变一生的

学习法、记忆法、读书法、应试法

企业管理出版社
ENTERPRISE MANAGEMENT PUBLISHING HOUSE

图书在版编目(CIP)数据

这样学习最有效大全集/齐昌博编著.—北京:企业管理出版社,2010.7
ISBN 978-7-80255-604-1

Ⅰ.①这… Ⅱ.①齐… Ⅲ.①学习方法–通俗读物 Ⅳ.①G791–49

中国版本图书馆 CIP 数据核字(2010)第 101729 号

书　　　名：这样学习最有效大全集

作　　　者：齐昌博

责任编辑：文　静

书　　　号：ISBN 978-7-80255-604-1

出版发行：企业管理出版社

地　　　址：北京市海淀区紫竹院南路 17 号　邮编：100048

网　　　址：http://www.emph.cn

电　　　话：出版部 68414643　发行部 68467871　编辑部 68428387

电子信箱：80147@sina.com　zbs@emph.cn

印　　　刷：廊坊市华北石油华星印务有限公司

经　　　销：新华书店

规　　　格：185 毫米×260 毫米　16 开本　28 印张　600 千字

版　　　次：2010 年 7 月第 1 版　2015 年 1 月第 14 次印刷

定　　　价：29.00 元

前　言

假如你想爬上山顶，又不知哪条路是捷径，你会去问谁？

你肯定要去问那些已经爬上山顶的人。因为只有他们熟悉路径。

那么，假如你想尽快提高学习成绩，你会去向谁请教学习方法？

你肯定会说："我会去向那些成绩比较好的同学请教。"

一个人优秀一定有他优秀的原因，钢铁大王卡内基是美国巨富，你知道他是怎么获得成功的吗？很简单，他经常虚心地向洛克菲勒、摩根和其他金融巨子学习，留意那些人的一举一动，研究他们的信念，模仿他们的做法，于是就成功了。

一个人如果能分毫不差地模仿成功者的想法和做法，他的思想行为与成功者一模一样，他也能做出和成功者相同的成就。

最近的路是模仿，模仿第一名的学习方法。这样，即使不能达到跟他们一样的成绩，也可以取得非常类似的效果。你一定要找一个学习的榜样，这个榜样是顶级的，因为你只有在顶尖人物的环境中，跟最顶尖的人学习，才有办法突破，只有第一名能够使你成为第一名，第二名只能提供第二名的经验给你。

本书给你一个近距离观察第一名的机会，让你看看他们的学习态度和学习习惯，看他们是怎样做计划、怎样预习、怎样听课、怎样做作业、怎样进行课堂外的学习以及他们学习语文、数学和英语的方法，他们对待学习的态度，他们处理问题的方式，这些都是你获得成功秘诀的最佳捷径。当然，这条捷径需要你开放脑袋，清除固执和偏见，留出一个思想空间，虚心接纳他们的观点，并能结合自身的实际情况，制定好适合自己发展的路线。

第一名在学习的每一步都领先于你，他们怎能不优秀呢？向第一名看齐，走好每一步，你想不优秀都难！

第一篇　优等生的学习方法

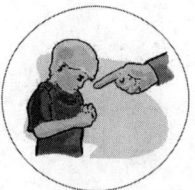

目录

1

目录

目录

目录

第二篇　优等生的记忆方法

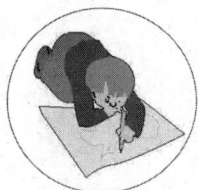

目
录

目录

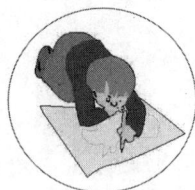

第三篇　优等生的考试技巧

第24章　怎样复习效果最好？

目录

第 25 章　会考试也是一种本领

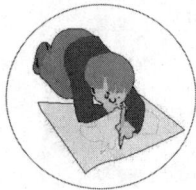

第四篇　优等生的读书方法

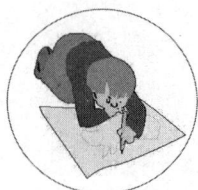

目
录

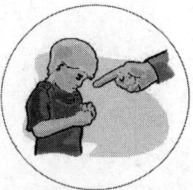

目
录

目录

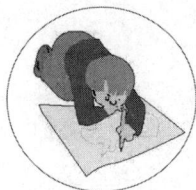

第 45 章　血型决定读书方法

目录

第一篇

优等生的学习方法

第1章
你为什么读书
——优等生的学习观

　　他们有远大的目标，他们有强烈的学习动机，他们很勤奋，他们有一套行之有效的学习方法，他们踏踏实实，他们一丝不苟，他们喜欢尝试，他们永不自我满足，他们很执著，他们喜欢学习别人的优点，他们热爱学习，他们沉浸在学习的快乐中。他们是谁？他们是那些让你欣羡的第一名！

优等生的学习动机比你强

一群孩子在一位老人家门前踢易拉罐玩，声响很大。弄得老人休息不好。

于是，他出来给了每个孩子20美分，对他们说："感谢你们在这里玩，给我带来了欢乐"。

孩子们很高兴，第二天仍然来了，继续踢易拉罐。老人再次出来，给了每个孩子10美分。他解释说，自己没有收入，只能少给一些。10美分也还可以吧，孩子们仍然兴高采烈地走了。

第三天，老人只给了每个孩子5美分。

孩子们勃然大怒起来："才5美分，你知不知道我们多辛苦！"他们很快散了。

后来，那些孩子再也没来。

这个故事在问：你在为谁而"玩"？那么你究竟是在为啥而学，你清楚吗？

一个人是否积极去学习，为什么去学习，乐意学什么，学得怎么样，都跟学习动机有直接的关系。

动机是每个人学习不断进步的第一推动力。有了强烈的动机，无论什么样的学习条件，你都能集中注意力，学好每一门功课。动机和学习是辩证的关系，学习能产生动机，动机又能推动学习，二者相互关联。当你缺乏学习的动机时，就会对学习产生厌烦情绪，认为学习是一件又苦又累的事；而如果你怀着明确的动机去学习，就会把学习看作是一件愉快的事，不觉得苦，也不觉得累。

有心理学家甚至认为，一个人的学习成绩主要受两方面因素的影响——智力和动机，用公式表示即是学习成绩=智力×动机。在许多情况下，动机对学习成绩起着决定性影响。那么，动机是如何影响学习成绩的呢？

动机引发学习行为

众所周知，求知欲望是学习活动的源泉和动力，但是当求知需要处于静止状态时，它还不能导致学习活动的产生，只有当求知需要活跃起来，成为动机时，才能引发学习行为。正像一个饥饿的人，虽有补充食物的需要，但是如果没有觅食的动机，则仍不会有觅食的行为。

心理学家们曾经做过这样一个有趣的动物实验：让猿猴解决用竹竿取食物的问题。当猿猴挨饿不到6小时时，猿猴用竹竿取食物的注意力不集中，并且常常因为其他干扰而中断动作，不能获得成功；而当猿猴真正感到饿了的时候，由于内驱力的推动作用，它在用竹竿获取食物时注意力集中，行为灵活，从而迅速获得成功。

这个动物实验给出的启示是：任何学习行为都是由学习动机直接引发的。

学习动机可调节学习的强度

动机对学习强度的调节表现在三个方面：第一，动机强烈时，学习强度大，热情高、干劲足。动机不强时，学习强度就小，情绪低落，容易自暴自弃。第二，学习目标一经确定，学习动机便成为支配学习行为的力量。只要目标不改变，动机始终都维护着学习行为的顺利进行。第三，当学习者认为学习目标对自己失去意义时，其学习动机便消失，这时，其学习行为也将立即终止。

学习动机指引学习活动朝着一定方向进行

学习动机不仅引发学习行为，它还指导行为的方向。譬如，某一人继续追逐儿时就有的当作家的理想，那他的活动就朝着这一方向进行。他将大量阅读中外著作，研究其写作方法与技巧；一般人看电影、电视只作娱乐，而他却在研究其题材布局、语言运用以及形象塑造等；他还经常练笔、投稿等等。总之，他的一切活动都沿着作家之路进行。

学习行为对动机也有它的反作用。美国心理学家奥苏伯尔说："动机与学习的关系是典型的相辅相成的关系，绝非一种单向性的关系。"即是说持续的学习可以强化动机。也就是学习效果的好坏与学习的动机有关。比如，上例中立志当作家的学习者，如果在学习过程中，有练笔的小作发表，受到好评，那就会加强他继续他的作家之路的信心和决心，但如果屡遭退稿，那么他可能就会觉得当作家只能是个白日梦，从而放弃。

优等生一般都有强烈的学习动机，动机在目标的指引和对自己的认识下变得明确而强烈。同时，优等生还依靠学习情况不断地反馈刺激学习动机，让自己保持一定强度的学习动机，激起上进心，及时改正。

优等生会使用适合的学习方法

有两只蚂蚁想翻越一段墙，寻找墙那头的食物。

一只蚂蚁来到墙角就毫不犹豫地向上爬，可是当它爬到一大半时，就由于劳累、疲倦而跌落下来。可是它不气馁，一次次跌下来，又迅速地调整一下自己，重新开始向上爬去。

另一只蚂蚁观察了一下，决定绕过墙去。很快地，这只蚂蚁绕过墙来到食物前，开始享受起来。

第一只蚂蚁仍在不停地跌落下去又重新开始。

方法的不同让两只蚂蚁的结局不同。

事实上，你和优等生也差在了学习方法上。

德国哲学家笛卡尔曾说："最有价值的知识是关于方法的知识。"古今中外无数事实已经证明：科学的学习方法将使学习者的才能得到充分的发挥，越学越聪明，给学习者带来高效率和乐趣，从而节省大量的时间。

美国教育心理学家罗伯特·加涅在《学习条件》中，第一次提出教育的第三项任务是培养学生的学习策略。近年来，国内外的一些教育心理学著作也大都把学习策略、学习方法的研究作为热点课题。通过这些学习模式的研究，发现并证明许多方法可以使人聪明。

亚伯拉罕·马斯洛曾经说过："如果你只有一件工具——钉锤，那么所有的问题看起来就是钉子。"现在就是要寻找各种工具，而不能只用钉锤来解决所有问题。

人们认识到，未来的文盲不是不识字的人，而是不能正确认识自己，不会学习的人。你可能也发觉，有些同学有同样的学习条件、相同的智力水平，其它条件也很接近，可是学习成绩却有天壤之别。那是因为许多学习的第一名都很重视学习方法，他们能管理监控自己和自己的学习活动，不断总结经验，形成自己行之有效的学习方法，从而获得成功。

"他山之石，可以攻玉"。成功的人总是能够从他人的经验中有所启发，能够集众人之长而拥有长于众人的智慧。学习是一项长期而复杂的智力活动，有很多的方法和技巧。找到正确学习方法的人，学习起来会事半功倍；而不讲究方法的人，就好像用一把钝斧子砍柴，费了很大的力气，却事倍功半。

你要学会借鉴第一名的学习方法，从而找到适合自己的学习模式。

优等生比你勤奋

有一位古人，自幼丧父，其母又改嫁，生活很贫困。但他却心怀大志，毫不气馁。十几岁时，他住在寺庙内，昼夜苦读。每天，他煮一锅粥，凝冻以后，用刀划成四块，早晚各取两块，就着几块咸菜吃。他常常学到深夜，困倦了，就用冷水洗洗脸，继续苦读。

他一心埋头读书，每天只吃两顿稀粥的事被当地一位官员知道，就让人给他送去美味食品，可是这些东西他碰也没有碰，原封不动地放在那里，有的都腐烂了。送食物给他的人问他为啥不吃，他回答说："不是我不感激你们的好意，因为我吃粥已经很久，习惯了。现在突然享受这么好的东西，以后我还能吃得下稀饭吗？"后来他连两顿稀饭都吃不上，就一天只吃一顿。尽管如此，他仍然坚持日夜苦学，实在困极了，就和衣在桌上打个盹。在外求学的5年里他从没有舒舒服服地上床睡过觉。

这个人就是宋朝著名的政治家、文学家范仲淹。范仲淹堪称勤奋学习的典范！

古今中外，有成就的学问家无不把勤奋作为重要的经验之一，而且他们也都是勤奋学习的典范。中国教育家，被尊为至圣先师的孔子，几十年一直勤奋地学习各种知识技艺和治国本领，连衰老都没有觉察到。孔子有名的学生颜回也以老师为榜样勤奋学习，他身居陋室，生活清苦，但却一心发奋读书。

可见艰苦奋斗和勤奋好学是事业成功、学习成功的必要条件。一个成功的人，往往也是勤奋好学、意志顽强的人。纵观历史上的伟人、英雄和大学问家，大多是出身贫苦，即使不是出身贫苦的人，也是经历了许多艰难困苦的磨炼才有所成就的。所谓"梅花香自苦寒来，宝剑锋从磨砺出"，讲的就是这个道理。

所以说，要想学习到真本领，非勤奋努力不行。那些抱怨学习太苦太累的人请别再抱怨了，扪心问问自己，为了学习，你牺牲过睡眠吗，牺牲过美食吗，牺牲过玩游戏、看电视的时间吗？

勤奋和努力，这也就是你和优等生的差距！

学习是做学问的过程，这个过程是从无知到有知，从知之不多到知之较多，不断学习、不断积累，循序渐进的认识过程和实践过程。它更是一个从感性到理性，然后再回到实践中去的反复磨炼的过程。它是个人脑力劳动的过程，也是通过个人的主观努力，去领会、阅读各种书本知识或认识客观世界，掌握各种有用知识，发展个人能力和形成个人品德的过程。

可见，学习本身是多么艰难、曲折和复杂啊！难怪很多学问家都把学习知识比喻为攀登高峰，实际上它比攀登高峰还要艰难得多！而学习又是一种非常个人化的脑力劳动，别人是不能代劳的，就像吃饭也不能由别人代替一样。只有自己付出血汗，坚持不懈、顽强不屈地战胜各种困难，善用学习方法，才有可能取得优异的成绩。如果没有勇气和毅力，没有热忱和勤奋，想轻而易举地取得成功，那是不可能的，所以勤奋也是由学习的特点所要求、所必需的。

天道酬勤，只要你付出，就一定会有回报。优等生比你多付出的只是勤奋而已。欧阳修《卖油翁》里老翁道出的："无他，唯手熟尔"正是给勤奋的最好注解。

中国著名文艺家夏衍说："治学有没有诀窍？那么我想，勤和恒就是最基本的诀窍。勤能补拙，学精于勤。无数事实证明，任何一个人的任何一点成就都是勤学、勤思、勤问中得来的。"

由此，优等生的学习经验也成了一句"无他，唯勤奋而已"！

优等生选择主动学习

有一种表，可以自动上弦、计时。

不用上弦就能自动计时，它有什么特殊的构造吗？原来这种表本身带有自动装置，组装有叫"转子"的这种旋转部件，手腕一摆动，"转子"就旋转，从而就上了弦，手表就会自动走起来，所以不需要人工去上弦。

优等生就装了这种"自动装置"。他们不用别人督促，高举着"我要学"的旗帜，奋斗在课堂上和课堂外，主动地去学习。

学习本来就是自己的事，别人只能提供帮助，没有人可以替代你去做，也没有必要总是让别人提醒，就像一个人"学走路"。

"学走路"意味着没有人能够代替你走路,你只能自己经过爬行,跌跌撞撞,然后就学会了直立走路。尝试、摸索、跌倒、摔跤之类的错误是成长的正常代价,如果不付出尝试、摸索、跌倒、摔跤的代价,人就不会掌握走路的技巧。学习中,老师、家长或者同学可能会帮助你解决某一困惑,但真正的帮助是让你"摆脱一个人对另一人的依附"。

什么是主动学习?其实很简单。

主动学习是指学习者在学习活动中表现出强烈的求知欲,能合理安排自己的学习活动,运用科学的方法独立学习,有刻苦钻研的精神,并能有自我评价的能力。

通俗地说,就是在学习中遇到困难或新的问题出现后,有的人常以"没学过"、"不会做"、"等老师讲"为由拒绝尝试,这样就丧失了一次独立学习的机会,而有的人敢于尝试,把克服困难的过程看作是学习的过程,不懂就去查资料、请教专家,带着问题去学习,最终拿下这个难题,这就叫主动学习。

学习并不是无条件坐在书桌前就能学好的,也不是在别人的指使下勉强学习就能产生兴趣的。学习不能依靠别人的唠叨,学习时被人催促学习,可能会产生逆反心理,不听家长的劝告和要求,不想做老师布置的功课。只有自动自发地学习,才会取得优异的成绩。

荣获1964年代诺贝尔物理学奖的查尔斯·汤斯曾说:是童年自己积极观察和寻找的经历引发了他对科学探索的兴趣。童年的他,深受父亲的鼓励,经常针对百科全书上的问题自己去查。童年的他,很喜欢做游戏、猜谜,还常常到野外找一些不知名的东西,他总想发现新的东西。一次,他发现了一种鱼,并寄给了博物馆,得到了来自博物馆的肯定,从此以后,查尔斯·汤斯更加喜欢自己主动学习和探索了,最终致力于物理学领域的研究,并取得了重大发现。

学习的主动性是影响一个人学习质量的关键。积极的自主学习是人一生永远需要的一种能力。

优等生不好高骛远,比你踏实

从前某地方有个大富翁,什么知识都没有。一天,他来到邻近一户富人家里，见一座三层高的楼房，高大雄壮、宽敞疏朗，心中十分羡慕。他想："我祖辈留给我的钱财不少，怎么不拿来也造一座高楼呢？"他喊来木匠："他家里的楼房是你盖的吗？"木匠答是，他便雇了这个木匠，让他马上找人开工，盖一座更华丽的三层楼房。

几天后，富翁得意地带着他的家人去看楼房，却看到木匠在一层砖一层砖地垒墙造屋，心中很不明白木匠在干什么，就问："你垒墙有什么用啊？"木匠回答："盖三层楼呀！"富翁又说："我不要你下面的两层，只给我盖最上面的一层房子好了。"

木匠答道："没有这个道理！哪里有不盖最下层的房子而造第二层？不造第二层，怎么能造第三层？"

愚蠢的富翁却坚持他的想法，固执地说："我不要下面两层屋，必须给我盖最上一层楼！"

大家听了他的话，都觉得好笑，便不再理他了。

树有根水有源。一棵树最初必由一粒种子，埋入土里、发芽生根慢慢长大而成。一个人的知识学问也由从小一字一句地读书，慢慢累积而成。房屋由基础而建起，知识由学问而学成，怎能在空中建楼阁呢？

学习就像建楼，只有最底层的根基打好，才可以一步步建设上面的楼层，只有脚踏实地，从基础的知识学起，才能在知识的殿堂里登堂入室。若好高骛远，妄想一步登天，那就如空中楼阁，虚无缥缈。学习也是一样，不可妄想急功近利，投机取巧，一蹴而就。

金字塔稳稳当当地矗立着，那是因为下大上小，学习也应该借鉴金字塔，简单的作为繁杂的基础，容易的作为困难的基础，粗略的作为精细的基础。简单、容易和粗略就是金字塔庞大的基底，繁杂、困难和精细就是金字塔的顶部。按照这样的过程学习，就一定能到达金字塔光辉的顶端！

而金字塔的顶端不是那些好高骛远者所能达到的。优等生就不会眼高手低，好高骛远。

学习任何知识，都必须要注重基本训练，要一步一个脚印，由易到难，扎扎实实地练好基本功。切忌好高骛远，前面的内容没有学懂，就急着赶着去学习后面的知识；基本的习题没有做好，就一味去钻偏题、难题。

优等生会先把简单的基本的习题做熟了，从中思考总结，得出规律，然后再熟练基本技巧，有这样的基础才能灵活应用所学知识，才可能去创新。

练就过硬的本领是每个优等生学习的根本目的。

过硬，就是基础扎实。这是学习的核心问题。因为无论什么样的学习方法都必须有利于使自己的基础扎实，有利于培养自己良好的习惯及以更高水平的能力，有利于增强自己的学习兴趣及自信心。这是优等生评判学习方法是否对自己有利的根本依据，而其中核心就是扎实的基础。

扎实的基础可以使成绩稳定，扎实的基础可以使每一次考试无所惧怕而坦然面对，扎实的基础保证做题的速度与质量兼得，扎实的基础可以使……它的好处很多很多，做到就更非易事。

"汝欲学诗，功夫在诗外。"这是大诗人陆游告诉自己孩子们的学习秘诀。因此在学习的时候，必须懂得基础的重要。万丈高楼平地起，一个善于学习的人，首先要做的就是从基础知识入手。

熟能生巧，厚积薄发，这是千百年来的学习方法。文章没有铺垫，何来神来之笔？工人没有熟练，何来技巧？没有基础，何来创新？只有在熟悉传统、熟悉基础的前提下，才可能有伟大的、有见地的创新；只有在熟悉课本，熟练习题的基础上，才可能学好，才可能悟得知识的美丽、逻辑的神奇。

优等生能主动学习别人的优点

有这样一个笑话：

一只博士熊分到一家自然研究所，成为所里学历最高的。

研究所里有一个小池塘，博士熊在第一个周末就去那里钓鱼，碰巧正副所长都在。

他只是点了点头，跟这两个本科生，可没啥好聊的！

不一会儿，只见正所长放下钓竿，打个呵欠，蹭蹭蹭地从水面上掠过，径直走到对面上厕所。

博士熊的眼镜惊得都快掉下来了。水上漂？不会吧？传说中的神秘武功在这里出现了！

正所长回来的时候，同样也是蹭蹭蹭地从水上漂回来了。

怎么回事？博士熊吞了吞口水，不好意思去问。

不一会儿，副所长也站起身来，走几步，同样，也是蹭蹭蹭地漂过水面上厕所。这下子博士熊更是差点昏倒：不会吧，这个地方真是藏龙卧虎之地？

博士熊也内急了。这个池塘两边有围墙，要到对面厕所非得绕十分钟的路，再说，本科生能过的水面，我博士生岂能过不得？

博士熊二话没说，也起身往水里跨。只听扑通一声巨响，博士熊栽到了水里。

两位所长费了好半天劲才将博士熊拉了出来，博士熊满脸通红，双手一拱，说："请两位不吝赐教在下'水上漂'的绝技"。

两所长相视哈哈大笑："哪里会什么'水上漂'，只是这个池塘上本来有两排木桩子，这几天下雨涨水正好就被淹在水面下。我们都知道这木桩的位置，所以可以踩着桩子过去。你怎么不问一声呢？"

有些学生就像笑话中的博士熊，看到技不如人，也不去问个明白，将本领学过来，而是选择去做闷葫芦，难以进步。

孔子告诉大家："三人行必有我师"，每个人都有各自的优点，有些优点是你所不具备的，是你必须学习才可以学得到的，优等生就很明白这点，他们知道别人总有比自己强的地方，想要向别人看齐，最后超越别人，就必须具有不耻下问的学习态度和锲而不舍的学习精神。

"别人做了什么自己不做的事，就应该想想，我这样做对我有没有益处，这是他成功的秘诀吗？"这是优等生学习别人的主要方法。

那么，对于你来说，不要刻意回避与比自己成绩好的人说话，他们有很多地方是你所没有的。应该向他们学习。必要的时候厚脸皮一点，向比自己强的人多请教一些东西，探讨一些学习的方法。这些人往往是能够给你最大帮助的人，他们无意的一句话，也许会使你茅塞顿开，这都说不准的。

比你成绩差的人未必处处比你差，他们之中也有你学习的地方，你必须分清什么样的是造成他们不如你的原因，否则就不要学。而学习提炼出来的他们身上的精华。

王羲之曾经集合众家之长，才能尽变古体，被世人尊为书圣。《吕氏春秋》曾经集合诸子百家思想成为一字千金的难得好书。韩非子也曾集合各种不同的文化思想，成了著名的思想家。孔子周游列国，学到的知识尽为其所用，成为世代传诵的圣人。他们都是在自己的领域的集大成者。发明者、创造者，都没有留下姓名，只有集合了那些发明创造创造出巨大的价值的，才是成功的人。

我们也要学习所有的学习方法，尽为我们所用，才能够在成绩上有质的飞跃。

优等生不认为自己笨，而认为不够努力

一个黑人小孩在他父亲的葡萄酒厂看守橡木桶。每天早上，他用抹布将一个个木桶擦拭干净，然后一排排整齐地摆放好。令他生气的是：往往一夜之间，风就把他排列整齐的木桶吹得东倒西歪。

小男孩很委屈地哭了。父亲摸着男孩的头说："孩子，别伤心，我们可以想办法去征服风。"

于是小男孩擦干了眼泪坐在木桶边想啊想啊，想了半天终于想出了一个办法，他去井上挑来一桶一桶的清水，然后把它们倒进那些空空的橡木桶里，然后他就忐忑不安地回家睡觉了。

第二天，天刚蒙蒙亮，小男孩就匆匆爬了起来，他跑到放桶的地方一看，那些橡木桶一个个排列得整整齐齐，没有一个被风吹倒的，也没有一个被风吹歪的。小男孩高兴地笑了，他对父亲说："木桶要想不被风吹倒，就要加重木桶自己的重量。"男孩的父亲赞许地微笑了。

我们可能改变不了风，改变不了这个世界和社会上的许多东西，它们都是外部因素，是不可控的因素。但是我们可以改变自己，改变对自己的看法，改变对自己的要求，改变自己的努力方向和程度。

这种改变是建立在对事件的正确看法上的。

学习失败者常把失败归结为自己脑子笨，智力不行等。这种看法使得他们觉得自己能力有限，只能达到那个水平，努力不努力都一样，逐渐变得灰心丧气，对学习任务，特别是在困难面前缺乏坚持，丧失了自信心。久而久之，他们可能会处于落后状态，但也心安理得，安于现状。他们安心于才智不行的误区，不愿意去认真思考，如何改变现状，如何力争上游。

相反，优等生将自己学习上的成绩归因为自己努力的结果。这种正确的归因让优等生的信心越来越强，更加激发学习兴趣和动力，更加努力，取得更多的成绩，从而进入了一个良性循环中。

用心理学上的归因理论来讲，学习成败的原因可归之于外部的原因和内部的原因两类，外部归因的因素有机会、家庭、父母、教材、教师等客观条件；

内部归因的影响因素有能力、努力程度、策略选择、情绪、动机、人格和心理状态等主观条件。归因还可以分为稳定归因和不稳定归因。稳定归因是将导致成败的因素归之为相对不变和不可控因素，如内在的能力、气质，外部的家庭和环境条件、知识难度等。不稳定归因是将导致成败的因素归之于易变和可控制的因素，如内部的努力程度、策略选择、情绪和心理状态，以及外部的机遇等。

一般来说，学习正确的归因是对成败的原因进行实事求是的全面分析，弄清内外因素的实际作用，总结出成败的真正原因，在此基础上采取正确的对策，从而获得成功，而不是片面地归之为外因或片面强调内因，甚至产生借口症，不利于战胜挫折，从而走向失败。

成功归因于自己的能力和努力的人，比归作外因（如任务的难易、运气的好坏、有无他人的帮助等）的人，可以产生更高的自尊感和自豪感，而且他们倾向于形成更高的成就动机，并做出更大的努力来。而经常把活动的结果归因于机遇、运气，归因于不稳定的外因的人，将使他们随着时间的推移，对学习不愿意付出过多的精力和做出更大的努力，学习的动机将逐渐削弱。纵然是活动成功也不会使他们感到自豪，不会加强他们的成就动机，不会提高他们的努力程度——这是比能力以及其它个性特点更能够随意控制的。

看来，你和优等生的差别只是你和他对结果的归因不同而已，你们的智力上没有任何差别。所以，你千万不要低估了自己，也不要高估他人的才智，不要没有信心，不要自贬身价。坚持你行，他行，我也行。发挥自己的智慧和潜力，发掘个人的专长，坚持不懈，一定能取得成功。

优等生不会知难而退

小时候的牛顿觉得最不好学的科目是物理，因为他不喜欢它。一次他制作了一件心爱的玩具，被几个学习好的同学毁掉了，因为他们觉得牛顿是个物理不及格的学生，他不可能做出合乎物理原理的玩具。面对被毁坏的玩具，牛顿也承认自己不能说出玩具的物理原理。但是后来的牛顿作为近代物理的奠基者对大家说过这样的话："如果你问一个伟大的人怎样获得成功时，他会告诉你，

'跌倒了，爬起来。'这就是成功的要诀。"

在学习上，不轻易服输，尤其在遇到困难和失败的时候，有些人一遇到困难就退缩，优等生不会，他们敢于直面困难，迎接挑战，努力不懈，创造奇迹，从学习中不断体验到乐趣，实现自我的超越。

创造"世界本田"的本田宗一郎曾说过："失败并不可怕，最可怕的事因为害怕失败而什么都不做。"

"就这么算了"之类的话只可以作为发泄的途径，有些人在几次的考试失败之后就对自己"盖棺定论"了，那么他就不配有再次获得成功的机会。困难和失败并不可怕，可怕的是对自己失望。所有的伟大人物都是不对自己失望的人。

面对困难、面对失败，优等生坚持"再来一次"的信念，即使在最消沉的时刻也不忘对自己说一声："让我再来一次。"

优等生抱着快乐学习的心态，他们维持着开朗的心境，即使在遇到不如意的时候，也决不会怨天尤人，全盘否定自己。

许多看似偶然的东西其实包含着许多必然。优等生对于出现的错误敢于承认错误，直面错误。他们正视错误，认真分析错误的原因，找出对策，避免再次犯错。对于一些确实无法避免出现的错误，他们不会过分自责，超出自己的能力之外的问题，经过自己几番努力仍不能解决，就让它过去，不去因为这一点小事而否定自己。

而有些人不这样做，他们不能全面地看问题，只能陷入一个恶性循环，最终导致什么都害怕，什么都不敢尝试，什么都担心，没有勇气克服困难，整天陷于忧愁中而无法自拔。

事实上，任何一门新的科目，"开始"是最难的。因此在学习一门课程的开始阶段，要学会忍受困难，一旦你度过学习初期的不适应阶段，后面的知识再难也只是量的变化，而不是质的飞跃。"登堂入室"就是这个意思。

再加上，人与人在理解新问题、新知识上本来就存在着差异，有的人理解的快些，有的人会慢一些，但后者经过一段时间的积累后，对知识的理解往往也更深刻。所以在学习阶段一开始的不适应，经过不断的努力，会随着时间的推移慢慢消失。遇到的困难也会在以后的学习中迎刃而解，因此，你大可不必一遇到不顺就放弃，优等生不轻言放弃，他们迎难而上的精神是你急需汲取的。

优等生对待学习一丝不苟

1962年，美国发射了一艘飞往金星的"航行者一号"太空飞船。根据预测，飞船起飞44分钟以后，9800个太阳能装置会自动开始工作；80天后电脑完成对航行的矫正工作；100天以后，飞船就可以环绕金星航行，开始拍照。可是，出人意料的是，飞船起飞不到四分钟，就一头栽进大西洋里。这是什么原因呢？后来经过详细调查，发现当初在把资料输入电脑时，有一个数据前面的负号给漏掉了，这样就使得负数变成了正数，以致影响了整个运算结果，使飞船计划失败。一个小小的负号，竟使得美国航天局白白浪费了一千万美元、大量的人力和时间。

从前，医生常推荐儿童和康复的病人多吃菠菜，据说它里面含有大量的铁质，有养血、补血的功能。可是几年前，前联邦德国化学家劳尔赫在研究化肥对蔬菜的有害作用时，无意中发现，菠菜的实际含铁量并不像书上所讲的那么高，只有所宣传数据的十分之一！劳尔赫感到很诧异，他怀疑是不是他所实验的那种菠菜特殊，于是便进一步对多种菠菜叶子反复进行分析化验，但从未发现哪种菠菜的含铁量比别的蔬菜特别高的情况。于是他探索有关菠菜含铁很高的"神话"到底是从哪里来的。最后发现，原来是90多年前，印刷厂在排版时，把菠菜含铁量的小数点向右错移了一位，从而使这个数据扩大了10倍。

这是两则真实的故事。

现实中，好多人对学习的准确性缺乏足够的认识，有的人还振振有词地说："我只错了一个符号，怎么算全错？怎么着也应该给我一半的分。"有人说："小数点错了一位，为什么扣那么多的分？"还有人说："这次应用题比赛我得了99分，只是在写除法计算的得数时余数忘写了。被扣了1分，这没啥大不了的，我反正会算了。"

在我国，各种重大伤亡事故的频发，大都是是责任心太差，粗心惹的祸。粗心可不是一个小毛病，不要以为在学习中看错了字，标错小数点，丢题落题等等是小问题，学习上粗心大意、丢三落四、张冠李戴的失误会给你的学习带来很大损失，特别是在将来的一些重大考试中如中考、高考，有些同学只因粗心，使本该得的分白白丢失，甚至有的造成名落孙山，痛失良机。

粗心的原因是多方面的，有的是性格问题，急性子爱粗心；有时是态度问题，对学习不认真就容易粗心；有的是熟练问题，对知识半生不熟最容易粗心；有的是认识问题，没认识到粗心的危害……

解决粗心最根本的办法是养成一丝不苟、认真细致的习惯。

优等生把一丝不苟作为一个学习习惯来要求自己，他们从平时一点一滴的小事起，比如洗碗就得洗干净，写字就得写整齐。干不好就重来，绝不凑合。做事一丝不苟，不允许自己有任何借口。

细节决定成败。优等生在细节上更是一丝不苟，细节总是容易被人忽视，细节也最容易犯错。一个人若对知识细节理解不深、记忆不准、常常发生错误，那就会降低学习的质量和效率，优等生深知这一点，他们从重视细节上尝到甜头，就会更加重视细节，自然地也就会品尝到更甜蜜、更硕大的胜利果实。

优等生勇于尝试

比克斯是动物心理学的鼻祖，联结主义心理学的创始人，创建了教育心理学，也是美国教育测验运动的领袖之一。他生于美国麻省一个牧师家庭，生性害羞、孤独，只有在学习中才能找到乐趣，也特别有学习的天赋。他一生致力于心理学研究，著述颇多。比克斯对行为主义学派的影响主要来源于他对小鸡、小猫研究的结果。

1895年，他到哈佛大学，做小鸡走迷津实验（即走迷宫），后转到哥伦比亚大学学习，继续利用猫和狗等做实验。他在实验中发现，最初，小鸡小猫小狗都是在死路里转来转去，偶尔会找到出口，逃出迷宫，而这通常需要花很长时间。但重复多次以后，小鸡小猫小狗在死路中瞎转的次数都会减少，花费的时间也会减少很多；训练到一定次数以后，一把它们放入迷宫，它们甚至会立即直奔出口而去，很快就成功逃脱。

比克斯认为，小鸡小猫小狗都不是通过推理和观察而学会逃出迷宫的，它们之所以能够顺利逃脱，原因只有一点，那就是不断地尝试。在不断地尝试和失败中慢慢消除那些无用的行为，记住那些有助于逃脱的行为，用比克斯的话说，就是它们已经在这些有用的行为和行为的目标之间建立了联系。

比克斯据此认为，学习的实质就是有机体形成"刺激"（S）与"反应"（R）之间的联结。他明确地指出"学习即联结，心即是一个人的联结系统"。同时，他还认为学习的过程是一种渐进的尝试错误的过程。在这个过程中，错误的反应逐渐减少，而正确的反应最终形成。根据他的这一理论，人们称他的关于学习的论述为"试误说"。

尝试是学习的本质。真正的学习都是带有个人意义的尝试学习。学会学习的着眼点应该是尝试学习，学会尝试才能学会学习，没有尝试的学习，永远不能学会学习。

尝试，促进了人类的发展，推动了社会的进步。从人类的发展史上看，类人猿为了生存，尝试站立起来，这是其进化成人的关键一步。远古人通过不断尝试逐渐学会钻木取火、打猎捕鱼、制造工具，使人类本身获得了发展。由于人类不断尝试，才有千千万万的创造发明，造就了丰富多彩的现代文明。

"没有什么不可能"，人生在于不断尝试，学习也是。一种方法不能解开迷题，就再尝试另一种，不做就永远不会成功。

有些人总是害怕出错，害怕遭人取笑，更害怕失败，缩手缩脚，把自己捆绑在安全范围内，踯躅不前。

优等生之所以优秀，是因为有一颗可贵的好奇心，他们勇于探索，用于尝试，积极动脑，永远走在前面。

世界上任何事物的成功都始自尝试和信心。每个人身上都有巨大的潜能可挖，往往看似不能实现的事情，只要你勇敢地去尝试，并真正地为之付出努力，那就有可能成功。你不要以"没有办法"或"不可能"的托词或想法而让某项学习画上句号，让"没有什么不可能"进驻你的思维里吧，这句话对你会很有好处，有了它，你的学习就会有突破的可能，这样你在学习中就有可能成为第一个吃螃蟹的人。

优等生不会自我满足

一位武林高手跪在武学宗师的面前，接受来之不易的黑带的仪式。这个徒弟经过多年的严格训练，在武林终于出人头地。"在授予你黑带之前，你必须接受一个考验。"武学宗师说。"我准备好了。"徒弟答道，以为可能是最后一个回合的练拳。"你必须回答最基本的问题：黑带的真正含义是什么？""是我习武的结束。"徒弟答道："是我辛苦练功应该得到的奖励。"武学宗师等待着他再说些什么，显然他不满意徒弟的回答，最后他开口了："你还没有到拿黑带的时候，一年以后再来。"

一年以后，徒弟再度跪在宗师的面前，黑带的真正含义是什么？"是本门武学中最杰出和最高荣誉的象征。"徒弟说。徒第等啊等，过了好几分钟，宗师还是不说话，显然他仍不满意，最后说："你仍然没有到拿黑带的时候，一年以后再来。"

再过了一年以后，徒弟又跪在宗师的面前，师傅又问："黑带的真正含义是什么？""黑带代表开始——代表无休止的磨炼、奋斗和追求更高标准的里程的起点。""好，你已经可以接受黑带开始奋斗了。"

很多人在学了一项本领后便认为自己已经掌握它了。殊不知，自己其实刚刚跨进了门槛，只是开始而非结束。学习是一项终身的事业，每天的学习，相对于浩瀚的、日益更新的知识，永远只是一个开始。

法国著名的化学家，诺贝尔化学奖的获得者莫瓦桑曾说："我们在学习中，不能停留在已经取得的成就上面，在达到一个目标之后，我们应该马不停蹄地向另一个目标前进。一个人，应当永远为自己树立一个奋斗目标，只有这样做，才会感到自己是一个真正的人，只有这样，他才能不断前进。"

其实，学习就是如此，永不满足于现有的答案，向更远处、更深处挖掘，不断寻找最好的答案，才能走得最远。

很多人都知道登高望远天高地阔，但他们大多现实地把目标定在半山腰。一点点的满足就可以让他们笑意荡漾，止步不前。然而你要想事业有成的话，目标，就一定要在最高处。

优等生不会因为有了一点学识就夸耀，有了一点成就就赞叹。任何优点和美德超越某种界限，它们就会发生转化。例如，饱学的才华，如果没有可靠的判断力相伴随，经常会转变成错误、自傲和迂腐。

学习永无止境，不满足是向上的车轮。优等生不会躺在成绩上睡大觉，他们不断地有疑问，不断地去寻找最好的答案，永远行走在学习的路上！

19

优等生快乐学习

"明天又是周一了，又要去上学了"。你是否属于那种提起上学就觉得痛苦的人？如果是的话，就可以肯定地说你的学习处于被动中。就像拉车的马被鞭子抽着往前赶走不了多远一样，用木棒和鞭子灌输信息的学习很快就会成为一种痛苦。

研究发现，情绪能影响一个人智力的发展。实验表明，一组儿童在情绪良好情况下平均智商为105，但在紧张状态下却降至91，两者相差十分显著。看来一个人高高兴兴地学和愁眉苦脸地学，效果大不一样。心情高兴时，大脑处于兴奋状态，就会增强学习的信心和兴趣，产生学习知识的强烈愿望，会感到大脑像海绵吸水一样，比较容易把知识"吸"进去，进而也会延缓疲劳的时间；而烦恼、焦虑、愁闷、恐惧时，会降低学习的愿望和兴趣，抑制思维活动，使疲劳及早到来，从而影响智力活动。

学习不是为了解脱压力，学习是一种需要。优等生努力营造快乐学习的氛围，利用丰富多彩的学习手段激发自己的学习兴趣，乐观地面对学习上的困难，体验学习的成功，享受学习的快乐。

研究表明，快快乐乐学习到的东西记得比较牢。

有位心理学者做了一项"学习达成度"的测验，分两组进行：一组是学习的时候，安排一些游戏，让学习者快乐地学习；另一组是填鸭式的学习。学习完毕，测验的结果，两组并没有什么差别。但经过一个礼拜后再测验，快乐学习的那一组成绩优越很多。这是因为人的大脑有"尽早忘掉会联想到不愉快的事情"的防卫作用产生的结果。人们往往重视"只要坐在书桌前面就行了"的形式主义，却不去关心形式背后的实质问题，虽然坐在书桌前，却梦游周公，引不起更高的学习自发性和意愿。

把学习和快乐结合起来，即使我们不能像隐士那样超然物外，也要善于为自己制造一个轻松的气氛。比如每天早晨充满活力地起床，用手推开窗户，深深地呼吸一口新鲜空气，让身体沐浴在朝阳中，你的愉快情绪从心里升起。俗话说"一日之计在于晨"，当你将学习看做是一件真正使自己愉快的事，带着这样的心情去学习的时候，你的一天就有了一个良好的开端。而良好的开端就是成功的一半，就是处在学习的一种最佳状态，学习使你感到轻松愉快，那么你的潜意识就会自动运作，使你整天保持积极的状态。

给学习设定一个目标，达成了你就会快乐

每次学习时在大目标既定的情况下，再去设定一个阶段学习目标，小目标经过努力达成了，成就感有了，快乐就跟着来了。

调整心态学习

告诉自己将要学习一些快乐的事了！将要学到一些早就渴望学到的东西！即使再忙，你也会想办法腾出时间，坐在书桌前面学习的，而且会想多学一些时间，学习效率自然也就不可同日而语。

不定时地给自己创造一些奖赏，愉悦自己

个人奖励可以分为内在奖励和外在奖励。你学会一门乐器时获得的快乐，你学会控制自己的愤怒情绪所产生的良好感觉，这些就是内在奖励。孩子们在做完作业后获得的糖果，在辛苦学习后的合格证书，这些就是外在奖励。理论家研究结果说明，尽管获得外部的积极反馈很有帮助，而真正成功的学习者依靠的是内在动力。

在学习的过程中，当然并不全是快乐的。但如果最终目标的快乐大些，那么在学习的过程中也应该会快乐。

在最基础性的阶段里，可能无法那么快乐地学习。到了某种程度，就看你的方法是否得当，才有可能继续快快乐乐地学习。

第2章
好的计划是成功的一半
——优等生是不怕花时间做计划的

古人说："凡事预则立，不预则废。"智力相同的两个学生有无学习计划，直接影响到学习效果。科学地利用时间，在有限的时间内有计划地学习，这是科学学习方法的一条重要原则。所以学习缺乏计划性是成绩难以提高的主要原因之一。

优等生一定有计划

哲学家漫步于田野中，发现水田当中新插的秧苗竟排列如此整齐，犹如用尺量过一样。他不禁好奇地问田中的老农，是如何办到的。

老农忙着插秧，头也不抬，要他自己插插看。哲学家卷起裤管，喜滋滋地插完一排秧苗，结果竟是参差不齐，惨不忍睹。他再次请教老农，老农告诉他，在弯腰插秧时，眼光要盯住一样东西。

哲学家照做，不料这次插好的秧苗，竟成了一道弯曲的弧线。

老农问他："你是否盯住了一样东西？"

"是啊，我盯住了那边吃草的水牛，那可是一个大目标啊！"

"水牛边走边吃草，而你插的秧苗也跟着移动，你想这个弧形是怎么来的？"

哲学家恍然大悟，这次，他选定了远处的一棵大树，果然插出来的秧苗非常直。

老农并不比哲学家有智慧，但他懂得去比照目标做事。

插秧要选准、选对目标，学习更要定一个目标，这个目标需要一个切实的计划帮助它实现。优等生心里是一定有目标的，有目标当然会有计划。

也许你会发现优等生跟你一样地玩，甚至你学习的时候他也在玩，成绩却是超过自己一大截，也许你会以一句人家就是聪明而敷衍过去，却没有仔细思考为什么你的学习就会处于后进状态呢？

学习缺乏计划性，往往是一条重要原因。

学习其实也是一门艺术，她的美在于和谐，在于一种内在的平衡。正确处理学习与休息、娱乐、体育锻炼的关系，能提高学习效率，做到事半功倍；反之，就会觉得时间捉襟见肘，事倍而功半。解决、处理各方面关系的一个好方法，就是定计划——定学习计划，锻炼计划等。

放学后就去玩球，天不黑不散；回家后无休止地看小说、杂志、报刊；天天去市场集邮；天天看电视、玩电脑、看电影；串门、聊天、在街上闲逛；听音乐、广播等等，结果没有时间做作业，就开始拖延，实在不能再往后拖时就去抄别人和……学到哪里算哪里，或别人指向哪里自己就到哪里，或老师指向哪里自己也不到哪里，自己又管不住自己，每天常在无所事事中度过。这种毫无计划的学习是荒唐的，散漫疏懒，松松垮垮的，当然是不可能有进步的。

有无比较明确具体的学习计划，这也许就是差等生的优等生和差生的差异。

优等生知道计划是实现学习目标的蓝图，每个优等生头脑中都有这张蓝图。

一个宏伟目标的实现，要脚踏实地、有步骤地完成。这样时间和任务的科学结合，就诞生了计划。为了实现学习目的，制订计划努力去实现它，就可以使自己离目标越来越近，使自己每一个行动都具有明确的目的。

学习计划的制订，也有利于优等生良好学习习惯的养成。

长期按学习计划办事，使优等生的学习生活很有规律，甚至逐渐形成"条件反射"。到时候，就不必为起不起床，睡不睡觉，学不学习再付出意志上的努力了。学习生活完全达到了"自动"进行的境界：不起床睡不着了，不睡觉就困了，不学习就好像缺了点什么似的。科学的学习计划促进了良好的学习习惯的养成，良好的学习习惯又使得优等生轻轻松松取得好成绩，从而形成了一个良性循环。

一个学习计划能减少时间的浪费，提高学习效率。由于计划的科学性，计划里要办的事，应当说都是有益的。

优等生清楚地知道如果他多玩一小时，多聊一个小时，将会使计划上的某项任务告吹。根据学习上循序渐进的原则，将使整个计划中的许多任务受到影响，所以，他们对时间特别珍惜，不会随便地浪费时间。科学的计划使得他们每一步干什么都十分明确，不用白费时间去想下一步干什么，也不用为决定下一步干什么而游移不定。

缺乏计划的学生，一旦坐下来，还要为该干什么事考虑半天，尤其在完成了作业以后，这种现象就更为明显，因此白白浪费了很多时间。

总之，制订学习计划可以促进学习目标的实现，可以磨炼学习意志，有利于学习习惯的养成，还可以减少时间的浪费。一个想把学习搞好的学生，不妨制订一份学习计划，试着做做，看看效果如何。

优等生严格执行计划

制订一个学习计划或许还不算太难，把计划贯彻到底可就不是一件容易的事了。马克·吐温说：把你所有的蛋放在一个篮子里，然后看住这个篮子，不要让任何一个蛋掉下来。这句话用在计划执行上，意思就是：根据自己的情况，认真制订计划，一旦确定了奋斗目标，就要坚持不懈，直到成功。

也许你兴致勃勃地定了计划，按计划执行三两天后，一旦三分钟的热度过去了，也就偃旗息鼓，最终放弃了计划。而优等生一旦制订了学习计划，就一定会严格按计划执行下去。

一个人随心所欲当然很容易，优等生坚决地执行计划当然也是经过一番痛苦挣扎才形成习惯的。

一般说来，目标比较容易确定，计划也比较容易制订，难的是定时定量地完成学习计划，这就是通常所说的"知易行难"。优等生会要求自己每天定时定量完成计划。他们培养起严格执行学习计划的学习习惯，因为他们很清楚谁能根据奋斗目标制订出科学的计划，并且定时定量地完成计划，谁就能无往而不胜。

定时学习是完成学习计划的前提

定时学习，包含两层意思：一是每天必须保证必要的学习时间，二是到了该学习的时候马上学习。人脑也像机器一样，功率是一定的，不可能在极短时间内把大量的学习内容输入到大脑里去，因此，学习需要长流水不断线，需要安排足够的时间。一个人只要一日三餐，常年不断，虽粗茶淡饭，也不会影响身体健康；如果饥一顿饱一顿，虽吃山珍海味，也难有好体格。与此相似，知识必须日积月累，才能武装出聪明的头脑，如果三天打鱼两天晒网，必然事倍功半。俗话说"不能一口吃个胖子"、"不能一锹挖个井"，讲的都是这个道理。因此说，定时学习是完成学习计划的关键。

优等生不是神人，不会算计得天衣无缝，他们也会遇到特殊情况而完不成计划，这个时候，优等生和差生的差别又体现出来了。优等生不会轻易地将计划拖延，他们咬咬牙，对自己刻薄点，若有拖欠的任务，当天尽量补上去，当天实在补不上，也会尽快尽早地赶上进度，不让自己欠债。

优等生认为执行学习计划有"三忌"

一忌拖，因此不要把计划制订得太满，留一点自由支配的时间可避免拖延引起的恶性连锁反应。

二忌僵，学习计划可以随时调整。

三忌荒，学习计划必须坚持。

优等生有效执行学习计划的小秘诀

把计划摆在醒目的位置，随时提醒自己严格执行计划并且方便自己随时检查计划完成的情况。

把计划向众人公布，让老师、同学和家长提出意见，请大家帮助监督。

贯彻计划，需要提高自己的自控能力，定好的学习目标最终能否贯彻到底，关键在于你能否对自己的行动进行有效的控制。在学习生活中，努力挖掘，利用每一次机会积极地探索，就一定能把既定目标坚持到底。

优等生会节省时间

优等生好像总是很受上天的眷顾，他们成绩好不说，玩的还一样不落，他们哪里有那么多的时间呢？

鲁迅先生说过，时间就像海绵里的水，只要愿意挤，总还是有的。东汉时有一个学者叫董遇，他说："学习只怕不立志，立了志就不怕没时间，我就是利用'三余'来学习的。"什么叫"三余"呢？就是"冬者岁之余，夜者日之余，阴雨者晴之余"，他就是利用冬闲、晚上、阴雨天的时间来读书的。

那么优等生是怎样得到更多的学习时间的呢？

因为优等生从小就立下学习的志向

确立了学习志向的优等生，就会懂得珍惜一切时间，抓住一切可以利用的时间，为实现自己的志向而努力，就像彼埃尔·居里说的："使自己像一个嗡嗡地响着的陀螺一样急速地旋转，使外物不能侵入。"

那些立志攀登科学高峰，立志为国争光的学生，必然会为了实现自己的志向而自觉地抓紧时间学习，因此很难在逛大街，站马路，或胡乱聊天的行列中找到他们。

优等生主动排除学习上的各种干扰

这个世界上，没有活在真空中的人。在学习生活中，总会受到各种事物的吸引，学习时间少就是因为自己从事的非学习活动太多的缘故，你不能因为电视节目有趣，就放弃了作业，不能因为同学的极力相约，就将手中的书本放下……遇到这些情况优等生会用顽强的意志控制自己，除了参加必要的非学习活动之外，极力保证自己的学习时间。

优等生善于同时做几件事

科学地安排做事顺序也可以节省出时间来。

爱因斯坦即使是在做家务劳动时也从不虚度时间。"有一次，他推着一部婴儿车在伯尔尼的马路上散步。他迈着庄重的步子，每走十几步就站住，从上衣口袋里拿出纸片和铅笔，写下几行数字和公式，低头看一看甜睡的儿子，抬头看一下钟楼上的大钟，又向前走去……"他就是应约等学生时，也不会忘了拿着铅笔和纸条把他思考的成果写下来。

优等生在乘车上学的路上，带着耳机听外语，背外语单词、词组、句型等；排长队买东西时，背课文，想着疑难问题；做家务劳动时，收听英语广播或录音等等。他们跟你在做同一件事时，不声不响地又多做了件事。

优等生会不断地检查时间的利用率

一天过去后，优等生会多想一想，在过去的一天学习上完成了什么任务？花了多少时间？时间利用率如何？效果怎么样？怎么改进？有一个只有小学文化程度的武汉青年胡平，通过自学，考取了研究生。他抓时间讲效率的一种方法就是用"自查评分"来促进和调整自学过程，使自学的时间利用率不断地得到提高。

优等生不会在生活琐事上浪费时间

优等生崇尚简朴生活，交友谨慎。学生的主要任务是学习，优等生不会在追求吃穿玩乐上浪费宝贵的时间。一个人的精力是有限的，对生活中的某些方面关注太多，势必会影响在学习上的精力分配。优等生深知其理，他们自得其乐于简朴的生活中，他们会选择有抱负、有志气、好学上进的同学来往，如果交上了不求上进，只讲吃穿玩乐的朋友，就会仿效之，那自己的学习时间就会一天比一天少，学习的成绩也就会一天不如一天。

优等生定计划重点在时间安排上

有的时候，表面上看学习时间不少，但真正归自己支配的学习时间却很少，为什么呢？因为老师布置的学习任务太多。相反的情况当然也是存在的，即表面上看学习时间并不多，但却基本上可以由自己安排，原因是老师布置的学习任务比较少。这里面有怎样的秘密呢？

每天，除上课以外的学习时间可被分为两大部分：一是常规学习时间，主要用来完成老师当天布置的学习任务，"消化"当天所学的知识；二是自由学习时间，是指完成了老师布置的学习任务以后所剩下的归自己支配的学习时间。

在常规学习时间内的学习有几个特点：

学习内容是最基本的，在这部分时间内学习质量的高低，直接关系到课堂学习的质量；

学习的任务是具体的，主要是由老师安排的，不必自己去安排；

带点强制性，就是学习任务完成完不成，完成得好不好，是要接受老师检查的。

由于上述三个特点，所以一般在常规学习时间内，学习的效率还是比较高的。

其实，你定计划也就是定自由学习时间的计划。你不能不承认，优等生确实比你会利用时间。

优等生把自由学习时间看做是制订学习计划的重点部分。努力提高常规学习时间的效率，增加自由学习时间，使学习的主动权掌握在自己的手里。一旦你抓住了自由学习时间，将会给自己的学习和成长带来极大的好处。

为了提高常规时间的利用率，优等生在早晨或晚上，或者说一天学习的开头和结尾时间，安排侧重记忆的科目，如外语。心情比较愉快，注意力比较集中的时间，安排一些比较枯燥，或不太喜欢的科目。零星的、注意力不易集中的时间，可以安排做习题或学习自己最感兴趣的学科。学习活动和适当的文体活动交替安排，文科和理科的学习交替进行，相近的学习内容不要集中安排在一起，等等。由于学习安排的不同，在同样的学习时间内，就会取得不同的学习效果。

节省出了大量的自由学习时间，优等生是怎样的呢？

一般他们会做两件事：一补课，二提高。

补课，是指弥补自己学习中的欠缺；提高，是指深入钻研，发挥自己的学习优势或特长。不管是补课还是提高，总要围绕一个专题进行。例如，集中一个月或一周的自由学习时间专攻一个专题，解决一个专题后，再集中一段时间专攻第二个专题，第三个专题，这样学习比较容易见效。

对于你来说，可能在开始阶段，自由学习时间几乎没有或者很少，因为你们每天去完成老师当天布置的学习任务就需要不少时间。随着学习水平的提高，你的常规学习时间将会逐渐减少，而自由学习时间会逐渐增加。由于开始阶段自由学习时间较少，所以，可能开始你不容易抓紧，这也恰恰是你被动的学习局面难以改变的原因。

达尔文说："我从来不认为半小时是微不足道的一段时间。"如果你想急于改变学习现，那就应当以分秒必争的精神去抓自由学习时间。一旦抓住自由学习时间，并且体会到自由学习时间给学习带来的好处之后，你就会努力去提高常规学习的效率，以增加自由学习时间，使自己掌握的学习主动权越来越大，一个生动活泼的学习局面就会逐渐到来。

优等生制订计划的方法

优等生制订计划会全面考虑

想想看，你在制订学习计划时，是否只考虑三件事：吃饭、睡觉和学习？对集体活动不管不顾，对锻炼身体不予考虑，至于娱乐和休息，计划内更是没有它们的位置。这种"单打一"的学习计划，使得你的学习生活单调，乏味，从而容易引起疲劳，既影响学习效果，也影响全面发展。

事实上，计划里除了有学习的时间外，还应当有进行社会工作、为集体服务的时间，有保证睡眠的时间，有娱乐活动的时间。计划里不能只有三件事：吃饭、睡觉和学习。如果计划真是这样，那么这个计划就是片面的、不科学的。

思想、学习、身体是相互影响的。在计划时，优等生一定要兼顾三个方面。

他们除了学习以外，还要安排好社会工作时间，锻炼身体时间，充足的睡眠时间，文化娱乐时间等等，这样既能保证自己的全面发展，又能保持旺盛的精力，还能使学习生活丰富多彩，生动有趣。

优等生制订计划从学习实际出发

制订计划要从个人实际情况出发，目标要合理——也就是目标既不能过高，也不能过低，要量力而为。目标过高，经过努力仍难以达到，就会挫伤积极性；目标过低，极易达到，就起不到促进学习的作用。目标不是一伸手就可摘到的果子，而是跳一跳或想办法可以找到梯子攀上去才可获取的果实。

在制订学习计划时，不要脱离学习的实际情况，想想看，你是不是在制订学习计划时劲头很足，但往往忽略了实际情况，结果实行起来感到困难重重，十分紧张，最终计划不了了之。

什么是学习的实际呢？

一是自己将要掌握的知识和能力是什么。

例如，在这个月的学习计划中要接受和"消化"多少知识？要着重培养哪些能力？

二是时间的多少。

在每个学习阶段，能有多少确切可用的学习时间？常规学习时间可以安排多少？自由学习时间可以安排多少？

三是学习上的欠缺和漏洞。

自己在学习上欠的"债"是哪些？在某一阶段的学习计划中可以偿还多少"欠债"？

四是老师教学的实际进度。

不了解教学的进度，常规学习时间就不好安排，自由学习时间就更难以安排了。很多个人学习计划的"破产"，就是因为不了解老师教学的实际进度，因而使自己安排的学习任务不是过重就是过轻，还会出现自己安排的学习内容和老师的教学内容相脱节的现象。由于个人计划经常被老师的教学安排"冲击"，还有些人会错误地认为"订个人计划没有用，跟着老师走就行了"，结果使自己的学习缺乏主动性，把大量的学习时间浪费了。

如果一个人的学习计划能和老师的教学进度有机地配合好，就可以对学习起推动作用。例如，一个上高中的优等生，在老师讲电学部分的前一个月，利用自由学习时间系统地复习了初中电学部分的内容。由于他做好了知识上的准备，在学习高中电学时就很顺利，等高中电学学完后他又利用自由学习时间，把初、高中的全部电学做了专题复习，到高三毕业总复习时，他比别的同学就轻松得多。看来，安排学习计划，也一定要考虑到老师的教学进度，这样才能收到好效果。

优等生制订计划会留有余地

计划的具体内容和实施步骤是在学习之前拟定的，仅仅是设想，还不是现实。要想把计划变成现实，还要经过一段时间的努力，在这个过程中，自己的思想可能会发生某些变化，学习的各种条件也可能会发生变化，学习计划定得再实际，也难免出现估计不到的情况。例如，某个阶段有的学科难度大，作业多，这样，计划中的常规学习时间就会增加，自由学习时间则会减少，因而计划中的学习任务就可能完不成。再如，有时集体活动比计划的多了，占用了较多的学习时间，也会影响学习计划的实施等等。所以为了保证计划的实现，优等生的学习计划不会定得太满、太死、太紧，他们要给自己留有一定的机动时间，目标也不给自己订得过高。在机动时间内安排一些一旦完不成对当时学习影响不大的学习任务，或者说，安排一些时间性不强的学习任务。

由于在学习的时间和学习的内容安排上有了一定的伸缩性，优等生就可以适应临时变化的情况，完成计划的可能性也就增加了，这也有利于增强自己的学习信心。

回过头来，看看你的计划是不是定得太死、太紧，没有留有余地。一旦有什么变故，受到冲击，你的计划就轻易搁浅，难以实现，慢慢地你还会对制订学习计划的必要性产生怀疑，甚至干脆取消了订计划的做法。

话又说回来，优等生会尽量把握一个留余地的度，把握一定的度，计划中留的余地也不能太多，太多了会使自己执行计划时松松垮垮，缺乏争取完成计划的奋斗精神。

优等生在计划内容上会有侧重

学习时间是有限的，学习内容是无限的，优等生在制订计划时会突出重点，不平均使用力量。计划里要保证重点，兼顾一般，所谓重点，一是指自己学习中的弱科，二是指知识体系中的重点内容。订计划时，一定要集中时间，集中精力来攻下重点。

优等生懂得劳逸结合

发现没有，你身边的优等生绝不是一个一天到晚捧着书本死读书的人，他们深谙文武之道，有张有弛地安排自己的学习和生活。

这是合乎科学规律的。因为"心之官则思"，思维要靠大脑，学习是艰苦的脑力劳动过程。要想使大脑神经细胞正常工作，必须保证脑细胞的新陈代谢，脑细胞消耗着人体需氧量的四分之一，血糖量为120毫克时（指100毫升血内）记忆最佳；血糖量为60~70毫克时，思维迟钝；血糖量为45毫克时昏迷、惊厥。可见思维活动正常进行时，脑细胞消耗着大量的物质和能量，并产生大量的废物和二氧化碳。

研究大脑的科学家们经过无数次实验研究后认为，我们的大脑是人体内最精细微妙的组织，也是最容易疲劳的组织，一段时间的紧张工作后，它也会累，它也需要休息。在脑疲劳的状态下，人会出现头昏脑涨、注意力不集中、记忆力下降、反应迟钝等现象。如果大脑长期疲劳的话，就会出现失眠、恐怖、焦虑、健忘等生病症状，有时还会危及生命。

所以当大脑给我们发出提醒时，我们最好听从大脑的指挥，放下书本，出去玩会儿，如果还要硬着头皮撑下去的话，那你的学习效率肯定降低，严重的话真有可能造成脑功能的紊乱，导致神经衰弱的发生。

研究发现，如果在课间有哪怕10分钟的积极休息，便可使脑力活动的效率提高30%。有的同学不理解课间休息的重要性，下课仍在学习，表面看来学习抓得很紧，殊不知这点收获，远远抵消不了由此造成的损失。

大脑皮层有兴奋和抑制两种状态，当某一神经中枢兴奋时，其它神经中枢就处于抑制休息状态，当某一神经中枢长时间兴奋即工作时，将出现保护抑制你再用脑，效率就会下降。根据这一原理，就要交替不同的学习和活动内容，使大脑皮层不同的神经中枢轮流工作和休息，保证脑功能的有效发挥。

你在学习文化课一段时间后，可以做做体育运动，也可以换一些实际操作方面的训练与学习。那么多长时间进行一次交替为好呢？一般以一个小时为佳，当然这也因人而异，可以根据个人的具体情况而定。另外还可以在学习一段时间后，听听音乐，不仅使大脑得到休息，又可以陶冶人的性情，培养自己欣赏音乐的能力，也有的专家认为边听音乐，边用脑思考问题，这样也能提高工作效率。据说爱因斯坦就是在聆听贝多芬的著名《命运交响曲》时，发明了著名的相对论公式。

所以优等生在安排计划时，不让自己长时间地从事单一活动。学习和体育活动要交替安排，比如，学习了一下午，就去锻炼一会儿，回来学习。锻炼时运动中枢兴奋，而其他区域的脑细胞就得到了休息。安排科目时，文科、理科要交替安排，相近的学习内容不要集中在一起学习。

学习的胜利意味着获得新知识，但学习消耗的却是大量的时间和精力。如果一味地发挥"拼命"精神，整天只知道学习，头悬梁，锥刺骨，最终只能是筋疲力尽，学无所成。

优等生要计算计划的效益率

一条小河经历了重重阻挠，绕过高山与岩石，穿过森林和田野，一路奔腾，畅行无阻。最后，它来到了沙漠，小河想："前面那么多困难都克服了，这次也应该能成功吧！"可是，它的努力一次又一次地白费了，水都渗到泥沙中，迂回不前。小河叹息说："我最拿手的本事也不管用了，看来我注定平庸，永远也到不了大海。"

微风过来安慰它说："我可以穿越沙漠，你也可以的，不过你要尝试着改变一下你自己……"

"改变自己，升华自己！"小河默默地念着，可是我从来没有这样做过啊，我能做得到吗？如果不行，那岂不是自我毁灭吗？

"你这样想只是因为你从来就没有认识到自己还有巨大的潜能，没有认清你自己的本质，你可以的！"微风鼓励说。

小河鼓起勇气，对自己说："改变自己，升华自己！"于是，它投入了微风的怀抱，蒸发了，化作轻盈的水汽。第二天，它又化作了雨滴，终于融入了浩渺的大海。

每个人就是一条奔腾不息的河流，一路上你需要跨越生命中的重重障碍，才能有所突破，有所进步。在这个过程中，有一点很重要，就是像河流那样善于放弃你所认为的自我，并且根据自己的目标作相应的改变。

一个计划在执行当中，免不了进行不断地修正，使得目标顺利实现。优等生在执行计划过程当中，会不时地计算一下计划的收益率，根据收益率去调整计划，以达到收益率的最大化。

注重效果，及时调整

在计划执行到一定阶段以后，优等生就会检查一下学习效果如何，以便及时调整计划，使之更加切实可行。

主要检查以下内容

自己是不是基本按计划做了？计划中的学习任务是否完成了？

学习效果如何？

没有完成计划的原因？什么地方安排太紧？什么地方安排太松？

通过检查后，优等生会马上着手修订学习计划，或降低标准，或减慢速度，改变不科学、不合理的地方，使计划切实可行，为学习服务。

第3章
预习并不是你想的那么简单
——优等生的预习方法

古代军事家孙子有一句名言："知己知彼，百战不殆。"这是指对自己和自己的对手有了充分的了解之后，才可能有充分的准备，也才可能克敌制胜。预习就是"知己知彼"的准备工作，就好像赛跑的枪声。虽然赛跑规则中不允许抢跑，但是在学习中却没有这一规定，不但允许抢跑，而且鼓励抢跑。做好预习学习，就是要抢在时间的前面，使学习由被动变为主动。

预习帮优等生从五个方面提升自己

预习给优等生带来了什么？最大的好处是有助于形成学习的良性循环。预习使学生变得主动，站在主动进攻位置上的人当然容易打胜仗。一位北大生说，预习是"合理"抢跑，一开始就"抢跑"领先，争取了主动，当然容易取胜。

预习让优等生从五个方面获益：

第一，预习能帮助优等生培养自学能力和独立思维能力

因为预习是自己独立地接受新知识，需要自己独立地阅读和思考，这就要有较强的逻辑思维能力。在阅读教科书时，只有经过独立思考，才能搞清思路，抓住要点，解决难点。预习时有些地方没弄懂，听课时就会受好奇心的驱使格外留心，一旦理解了，思想上豁然开朗，印象就特别深，可以久记不忘，有时预习自己认为已经明白了的内容，听课时会发现自己还没有完全理解，因而引起进一步的思考，甚至发现新的不理解的问题，这对深化学习和提高理解能力是十分有效的。

自学能力的培养是让人终身受益的。一个人一生只有约五分之一的时间在学校学习，学龄以前和成年以后主要都靠自学，没有自学能力，将来就不会获得更多的有用的知识。已经学了的知识和自己工作的实际也常常挂不上号。自学，其实是整册书的预习。

预习是学习者自己单独首次接触新知识，要自己读、自己想、自己发现问题，并设法自己解决问题。实践证明，一些能长期坚持预习的同学，其独立阅读能力和思维能力都会有很大的提高，表现在他们阅读速度快、思维敏捷、善于分析综合、归纳演绎、抽象概括、比较归类，也很善于联想和想象。他们能够较快地发现问题并抓住问题的实质，通过努力而获得真知，这种独立获取知识的自学能力一旦形成，会大大提高学习质量，对今后的学习和工作大有裨益。其实人应该活到老，学到老，但人一生的学习，绝大部分时间是没有老师指导的，因此培养和锻炼自己的自学能力，养成自学的习惯，是一生中最好的学习方法。

第二，预习让优等生直接提高效率

课前的预习可以发现自己知识的漏洞。通过复习有关旧知识，弥补了漏洞，这样就扫除了知识障碍，从而使自己听课时精力能很快集中到新知识上面来。这样就可以避免再翻书查找，省去课上许多时间。

第三，预习能开拓思路

经过预习，已经心中有数，容易跟上老师讲课的思路，甚至可以跑到老师思路的前面。要跟上老师的思路，就要开动脑筋，多问自己几个"为什么"。讲到一个新概念，就想一想它是怎样建立起来的，与它相关的概念有哪些；讲到定理，就想一下它是怎样推出来的，适用范围是什么等等。有时预习得比较好，对所讲的知识比较熟悉，就可以跑到老师思路前面去，想一想下一步他会怎么讲，然后在继续听讲中加以对照。

由于思路开拓得好，听课效率就提高，老师布置的作业能顺利地完成，这样自由支配的时间就增加，学习就主动了。

第四，预习可以提高记笔记的水平

老师讲的内容大部分书上都有，由于做过预习，知道哪些内容书上有，哪些没有，就可有选择地记笔记。或用笔在书上划重点、做记号，或记下简略的提纲，而把大量的时间用于思考。这样做比把时间大量用在埋头记笔记上要强得多。

第五，预习能增强记忆效果

预习时无论对看得懂的知识还是看不懂的知识，因为都经过了独立思考，有了初步的印象，再加上课上老师的讲解、分析和自己进一步的学习，因此理解就更为深刻了。理解了的知识是容易记住的，特别是经过努力而攻克的知识更容易记牢。另外，预习加强了新旧知识的联系，使新旧知识组成合乎逻辑的知识体系，这也有助于记忆。

作为一个正在书山中求经，学海上苦寻舟的学生来说，预习简直就是一碗事半功倍的十全十美的大补汤。你可以从预习当中事先发现问题、提出问题，从中也可以领悟到一些书本当中的知识要点，那同样有利于你的学习效果。

优等生会控制预习的内容

预习是件讨巧的事情，做好了可以帮助你提高学习成绩，可是上学每天会上很多课，如果把每门功课都进行预习的话，肯定会出现时间不够、预习质量难以保证的矛盾。那么哪些科目需要预习，预习前必须解决好选择预习课目的问题，解决这个问题的要点是一定要针对自己的实际情况去选择要预习的课程。

预习难点课程

于政同学是13岁初中毕业考进中国科技大学少年班的，16岁时以全国第二名的成绩考取赴美物理学研究生，后获理学博士学位。

于政主要选择及时预习和学期预习两种方法。每逢寒暑假，小于总要考虑一下下学期要上哪些新课，然后选择一门进行预习。有一年寒假，他选择预习课目时，发现新开了好几门课，有《特殊函数》、《量子力学》等等。他听说这两门课都很重要，可是寒假时间短，只能选择一门预习，选择哪一门呢？小于思索起来。于政将《特殊函数》和《量子力学》这两门课程的内容作了比较，发现《特殊函数》内容繁多，必须靠记忆，《量子力学》概念多，主要靠理解，而自己的理解力强，记忆力弱。再看看课表安排，《特殊函数》的课时都排在后半学期。根据自己的经验，一个学期中前半期学习效率比较高，后半学期一般都是学习时间比较紧，加上面临考试，各科都要牵扯精力。比较之后，于政决定利用寒假时间预习《特殊函数》。

于政根据课程本身的特点和课程的授课时间安排，选择《特殊函数》作为预习重点。事实证明于政的选择是正确的。由于提前预习了《特殊函数》并做了部分习题，所以听课的时候对复杂的推导并不感到难，课后也不需要花费很多时间复习。难点攻破了，不仅《特殊函数》学得较好，学习其它课程的精力和时间也都有了保证。

预习薄弱的学科

预习主要是对要学习的内容进行熟悉，在老师教学过程中能够有针对性地学习一些自己不太明白的地方，从而在课堂上有效解决疑问。因此，预习的目的是了解这课的基本内容，包括主要内容是什么，有什么新的知识点，需要巩固哪些学过的知识，通过这课能够延伸学习哪些内容，等等。

由于预习的时间一般要安排在做完当天功课之后的剩余时间，在这宝贵的剩余时间里，怎样合理分配时间，让有限的时间发挥最大的作用是很重要的。优等生会把预习的重点放在自己比较薄弱的学科上，对于自己擅长的学科，则酌情减少预习。因为预习的目的是达到更高的目标，如果付出了一定的时间，某个自己比较擅长的学科的成绩提高却并不显著，就要相应缩短预习的时间，将时间用于比较薄弱的、收效明显的科目，这样有利于整体学习水平的提高。

优等生会控制预习的时间

王威同学是一名初三学生。初二那年暑假，王威学习了班里一位优等生的经验，在暑假里预习学期上的课，开学后那门课肯定能学好。小王试了试，利用暑假看了看下学期要上的几何。果然，那学期几何课程一直在班上领先。

小王尝到了甜头，逢人就讲预习的好处。他自己也近乎到了迷信预习的地步。

初二下学期开学之后，小王拿出了老办法，集中一切课余时间来预习新开的物理课，拼命地往前赶。结果打乱了学习计划，不仅物理课没学好，还影响了其他课程的学习，甚至连做作业的时间都没有了，各科学习成绩出现下降的趋势。

王威向优等生学了其一，没有学到其二，学习了学期预习的方法，却没有学到不同时间预习的安排也不同。

预习根据时间可以分为以下三种方法：

一是及时预习。

老师讲课前，自学老师要讲授的新课。

二是阶段预习。

这个阶段一般是一周。就是用一个比较完整的时间，把下一阶段要讲的一章或几章的新课内容自学一遍。

三是学期预习。

利用假期，自学新学期所讲课程的全部内容。

王威利用假期在几何预习上取得了成功，是因为预习方法和时间搭配得当。而开学之后，正常的教学活动已开展起来，每天上午、下午都要上课，各门功课都留有作业，仍然采取集中时间的学期预习方法预习物理，势必影响整体的学习。所以优等生在开学之后使用的预习方法通常都是及时预习，及时预习的突出点是实用性，老师讲多少，就预习多少。这样预习的内容少，花的时间也不宜太多，一般有一两个小时就够了。

优等生不在预习上花费太多时间，他们会根据学习计划中可以提供的实际时间来安排预习活动，决不会因为预习时间过长而挤掉学习其它科目的时间。如果时间过长，就会适得其反。

一是占用了过多的时间，影响做作业；

二是容易疲劳，效果不佳；

三是看了过多的内容，第二天上课还讲不到，用途就不太大了。

预习的主要目的是掌握基础性的知识，熟悉教材，在听课时能够有目的性和针对性。对于一时看不明白的问题，可以做个记号，留到课堂上认真听老师讲解，不需要将所有的问题都在预习中弄懂，那样浪费的时间太多，达不到很好的效果。

优等生的预习方法

迅速浏览一遍即将学习的新教材

这时要了解教材的主要内容，弄清哪些内容是自己一读就懂的，哪些内容是自己没读懂的。

带着问题，边思考边读第二遍

对于初次阅读没读懂的问题，在第二次阅读时，头脑里始终要带着这个问题，深入思考，仔细钻研教材。这时阅读的速度可以适当放慢一些，遇到困难，可以停下来，翻翻以前学过的内容，或者查阅有关的工具书、参考书，争取依靠自己的努力把难关攻克，把问题解决，把没读懂的地方读懂。对于自己经过努力仍未解决的问题，也不必勉强去解决，这样会花费大多的时间，可以把这个问题记下来，留待课堂上听课时去解决。

边预习边做好预习笔记

预习笔记有两种，一种是做在书上，一种是做在笔记本上。在书上做的预习笔记要边读边进行，以在教材上圈点勾画为主。所圈点勾画的应该是教材的段落层次，每部分的要点，以及一些生僻的字句。同时，也可以在书页的空白处，做眉批，写上自己的看法和体会，写上自己没读懂的问题。在笔记本上做的预习笔记既可以边读边做，也可以在阅读教材后再做整理。整理的内容包括本节课的重点、难点部分的摘抄及心得体会；本节课讲授的几个主要问题是什么，以及它们之间的前后关系、逻辑联系；预习时遇到的疑难点是什么，自己是如何解决的，查阅了哪些参考书或工具书，所查阅的资料中有价值的部分的摘抄及心得体会。

根据不同学科的特点采用不同的预习策略

预习也不能搞千篇一律，要根据不同学科的特点抓住预习的重点，选择不同的预习方法。比如，语文课首先要排除生字、生词障碍，再分析段落大意、中心思想以及写作风格、手法，而数学课则要把重点放在数学概念、数学原理的掌握上。

优等生能保证预习的效果

优等生为了保证预习的效果，要从以下方面的工作进行落实。

第一，优等生要定预习计划

学校里要学习的科目很多，不可能每门课都做预习。如果随便拿起一本教科书就看，就会因不专心而影响效率，况且也没有那么多自由支配的时间。优等生每天计划好要预习哪些功课，通常他们选择预习自己稍微薄弱、吃力的科目上。

第二，预习要有时间保证

优等生并没有比别人多出时间来，他们是必须靠抓紧时间来挤出预习功课的时间。平时，一定要保证每天预习第二天的一两门功课。如果某一章刚讲完，优等生就会趁热打铁，马上抽出一小段时间（一般在周末）把下一章预习一下。这样下来，不知不觉地就做了预习的工作，学习能力逐渐提高，从而形成良性循环，就觉得时间相对宽裕了。

第三，努力克服预习中的困难

预习的时候必然会碰到一些不容易明白的问题，这时候，优等生不会合上书本，等老师上课时再去解决，他们会先自己开动脑际，仔细思考，看能不能自己弄明白。如果无法弄明白也不太去考虑，因为每个人都不可能完全自己弄明白各种问题。这时候，优等生会制作一套预习符号。比如，"?"表示疑问，"＿＿"表示不太清楚，"『』"表示不懂的词语等。画"?"的去查字典，对于自己不太明白的内容重点学习，还不明白的，就用着重号或自己设定的符号表示出来，在老师讲解的时候认真听，直到弄懂为止。

一位小学五年级的学生是这样说的："在预习新内容的时候，往往不可能完全弄懂知识的内在关系。我的方法就是把不懂的问题提前勾画出来，这样下次听老师讲课时，我就能心中有数了。当老师讲到那些不懂的问题时，我就会特别细心地听，所以学习起来就会比较轻松。"

另外，预习的新内容可能会涉及到学过的旧知识，这只要翻翻旧课本或参考书，找到相应部分就能搞清楚。通过这样做，可以把新旧知识联系起来，同时旧知识也得到了复习和巩固。

第四，优等生会根据各科特点，采用行之有效的预习方法

优等生不会采用教条主义，去死搬硬套一种预习方法，他们会根据科目自身的特点，而去选择相应的预习方法。

优等生预习语文的方法

由于各门课程都有各自的特点和规律，因而预习方法也不尽相同。优等生在预习前就把握住课程特点，根据课程特点，选择相宜的预习方法，大大地提高了预习效率。

那么，优等生是怎样预习语文课呢？

语文课多是由一篇一篇内容上不相关联的文章组成，它的知识的连续性主要表现在字、词、句的含义和语法上。语文课的目的，一是学习母语，二是训练分析、综合的思维能力。从这些特点出发，语文课采用及时预习的方法比较好。

通读课文

优等生一般都要通读课文一次，接着再朗读一次。朗读不仅训练自己的发音，还可以通过语气的变换，加深对课文的理解。

清除障碍，过好字词关

在读课文的时候，优等生就会把课文中不认识的字、不会解释的词、不易理解的句子勾画出来。书上没有注解的字词，就去查一查字典、词典，特别是一些似懂非懂的句子，查资料去搞清楚。比如，鲁迅的《从百草园到三味书屋》，有这样一句话："其中似乎确凿只有一些野草。""似乎"是不确定的意思，"确凿"是非常确实的意思，鲁迅先生为什么要把这两个词连在一起用呢？找一找参考书，看看是怎样解释的，如果找不到参考书，就用彩笔标画出来，以便讲这部分时注意听老师是怎么解释的。

初步分析课文

了解课文的大概意思，识别层次与段落。在遇到写得好的地方或者自己有独特见解的地方，优等生就会在课文边作上符号，提醒自己在老师讲到此处时格外注意一下。

归纳中心思想

最后，优等生会用笔把自己对课文主题归纳的内容记下来。上课的时候，和老师概括的中心思想相对照。

经过上面四步，优等生就找准了自己听课时的重点、疑点和难点，一篇课文的预习就基本解决了。

总之，优等生给自己的语文预习归纳出一句话就是：在预习过程中要注意思考。

优等生预习数理化的方法

把数学、物理、化学等课程和语文课进行比较，就会发现数理化有一个共同的也是重要的特点：知识的连续性特别强。所以优等生虽然有时也及时预习数理化课程，但更多的是选择集中时间作阶段预习和学期预习，这样他们觉得学习效率会更高一些。

数理化课程虽然内容不同，但是预习时却有共同的规律可循。于是，优等生采用了下面的预习方法：

阅读课文

数理化预习的第一步也是阅读，这是预习下几个步骤的基础。

亲自推导公式

数理化课程中有大量的公式，有的课本上有推导过程；有的课本上没有推导过程，只是把公式的最初形式写出来，然后说一句，"经推导可得"，就把结果式子写出来了。无论课本上有无推导过程，优等生预习的时候都会合上书亲自把公式推导一遍。书上有推导过程的，可把自己的推导过程和书上的相对照；书上没有推导过程的，就在课堂上和老师的推导过程相对照。这一对照，就容易发现自己的推导出错的地方。

优等生把这个步骤作为预习的重点，因为自行推导公式既是自己在独立地分析问题和解决问题，又是在发现自己的知识准备情况。通常，推导不下去或推导出现错误，都是由于自己的知识准备不够，要么是学过的忘记了，要么是有些内容自己还没有学过，这就给自己提供了知识漏洞的讯息，便于下一步的补缺。

扫除绊脚石

数理化的知识连续性强，前面的概念不理解，后面的课程就无法学下去。预习的时候发现学过的概念有不明白、不清楚的，就一定要在课前搞清楚。

汇集定理、定律、公式、常数等

数理化课程中大量的定理、定律、公式、常数、特定符号等，是学习数理化课程的最重要的内容，是需要深刻理解，牢牢记住的。所以，优等生在预习的时候，就把这些内容单独汇集在一起，每抄录一遍，就能加深一次印象。上课的时候，老师讲到这些地方时，就把自己预习时的理解和老师讲的相对照，看自己有没有理解错的地方。

试做练习题

数理化课本上的练习题都是为巩固所学的知识而出的。优等生在预习的最后一步是试做那些习题，之所以说试做，是因为并不强调要做对，而是用来检验自己预习的效果。预习效果好，一般书后所附的习题是可以做出来的。

经过上面五步，优等生就找准了自己听课时的重点、难点，查出了自己知识的缺陷，一节数理化课的预习就基本解决了。

总之，优等生给自己的数学预习归纳出一句话就是：在预习过程中要注意思考和练习。

第4章
不能只带着耳朵上课
——优等生的听课方法

　　不管你愿不愿意，上课是一个学生必须做的事。

　　听课是学生在校学习的基本形式，是学生掌握知识，理解知识、增长知识，接受知识的重要环节和途径。提高听课质量必须会听课，课前预习是听好课的关键，听课要耳、口、手、脑并用。那些在老师讲课时不是埋头自思，就是不断记笔记的习惯都不好，要紧跟老师的上课步骤，积极参与课堂活动。

优等生懂得课堂学习是根本

期中考试结束了，于嘉的成绩又不是很理想。他回头看看坐在自己身后，又是第一的姚纳，心情十分低落。想想自己也是从不迟到早退，认真写作业，认真听课，怎么就总是不如姚纳呢？

坐在于嘉身后的姚纳好像会读心术一般，对于嘉说："问题出就出在你不会听课上。坐在你的身后，我可是看得清清楚楚，你呀，每天只是带着耳朵过来听课，学习效率当然不会高了。

什么？于嘉愈发的迷惑了，听课不就是"听"课吗？

虽然上课时，你认真地坐着，不交头接耳，也不做小动作，但你却几乎不去做笔记，也很少举手回答问题，更没有主动向老师提问题。

于嘉低头想想，嘿，还真是那么回事！看来自己成绩不好，主要是因为听课效率不高，课堂学习是根本，可自己没有抓住这个根本，当然事倍功半了。

我国物理学家严济慈曾说："听课，是学生系统学习知识的基本方法。要想学得好，就得会听课。"

听课是不可缺少的课堂学习手段

课堂所讲的知识是传承下来的大多数的课都是直接讲解式的。就是说，这些课的目的在于传递知识、题材或方法。

老师讲课时，一般是以均匀的速度往下进行，并且不知道学生对自己所讲的是否都理解了。有时候虽然也可能提些问题和进行讨论，但通常这种口头交流都是单方面的。

听课的效果通常比读书的效果更好些，这是因为，在本人亲自参与的情景中，更容易受热情和态度的感染。

对学生来说，上课是学习的中心环节，只有抓住这个中心环节，才能使学习获得成功。

获取知识，发展智能主要靠上课

老师是课堂教学的主导，老师根据教学大纲的要求，以课本为基础，参考有关资料，结合同学的实际情况，经过认真准备之后，进行教学，所以，无论在深度上还是在广度上都超过了教材本身。如果上课时能和老师密切配合，一般地说，是可以取得良好的学习效果的。

学生时代在课堂上听老师讲课是一天学习的主要内容，所以听好老师的每一堂课，是十分重要的。对于在校学生来说，老师的传授毕竟是头等的知识来源。如果我们不重视听讲，那么我们就是在最严重地浪费时间。

认真听老师讲课，这是优等生取得好成绩的主要原因。

学生时代是人生的"黄金时代"，这个"黄金时代"的大部分光阴是在教室里度过的。学生获取各门知识主要是通过课堂教学的形式，可见中学时代的大部分光阴是在课内度过的。从这个意义上讲，我们应当认真上好课，使"黄金时代"光彩夺目。

优等生能在课前做好准备工作

悠长的上课铃声已经响过了，正要推门进去的许老师被狠狠撞了一下，原来是张萌抱着足球冲进了教室。不用问，张萌又是利用这短暂的课间休息去踢球了，而且又玩过了头，忘了时间。

许老师皱了皱眉，她知道这节课张萌又不能好好听课了。

果然，匆忙回到座位上的张萌，此刻正埋下头来找课本，找到后，又不时掏出手帕擦擦满是汗水的额头。老师已经开始讲课了，他左顾右盼，看同学的课本在哪一页翻着，下一刻眼睛又停在某处，发起呆来……

没做好听课准备的张萌，这节课的效果之差可想而知。

优等生是决不会那样做的，他们不会去打无准备之仗，他们重视每一节课，当然肯定要求自己做好课前的准备工作。一般来说，他们从三个方面去做准备：

知识上的准备

主要是通过预习来进行。优等生在老师讲课以前，先自己独立地去阅读新课的内容，做到初步了解，并做好学习新知识的准备工作，这个自学过程就是预习。

物质上的准备

准备好上课用的各种学习用具，铃声一响，大脑就开动起来，这就等于在45分钟内加了5分钟、10分钟；相反，若铃声响过，才慢腾腾走进教室，或是像前面的张萌那样冲进教室，人进了教室心还在操场，再加上找钢笔，找墨水，找书本，老师讲了半天，还不知道说些什么，这就等于在45分钟里减去了5分钟、10分钟。

生理上的准备

你可能发现，优等生在要上课时，一般不会大声喧哗，他们静静地在自己的座位上，有时闭目养神，有时翻着书本。其实，这就是优等生的高明之处，他们在调动大脑，要使大脑处于兴奋状态，心之官则思，上课就是要靠大脑来思考问题。因此，大脑的状态就会直接影响到上课的效果。

平时的作息安排也是在调整好的状态。

优等生一般都早睡早起，不开夜车。中午和课间不做剧烈运动，午睡时间不会睡太长。午睡后还留点活动时间，洗洗脸，聊聊天，散散步，到上课就精神了。因为从起床到上课之间应当有一个抑制状态到兴奋状态的过度时间。

有些同学晚睡晚起或午睡时间很长或早晨起得很晚。起床不久就坐在教室里，还没有完全清醒，上课什么也听不进去，从生理角度讲，大脑还处于抑制状态。

也有很刻苦的学生，晚睡早起，但成绩提不高，什么原因呢？晚睡本身就减少了睡眠时间，大脑得不到充分休息，第二天上课就发昏，听课效率下降，上课时间白白浪费掉了。为了补上损失，只好又晚睡，如此恶性循环下去，对健康和学习都是不利的。

优等生专注地听课

从前，有一只流浪狗经常到寺院里寻找食物。当地有两座寺院，一座在河水的东岸，另一座在河水的西岸。贪狗听到东岸寺院僧人开饭的钟声，便去东岸寺院去讨食；听到西岸寺院僧人开饭的钟声，又去西岸寺院去讨食。

后来，两座寺院同时鸣钟开饭，贪狗渡河去讨食，当向西游去时，唯恐东岸寺院的饭食比西岸寺院的好；向东游去时，又怕西岸寺院的饭食比东岸寺院的好。它一会儿向西游去，一会儿又向东游去，最后浑身无力，活活地淹死在河水中。

专注投入地做好一件事，不要分神，不要像小猫钓鱼一样，否则什么事也干不成。太阳光的温度再高，也不能将地球表面上的物体点燃。然而，用放大镜就可以做到，把所有的光线聚于一点，纸就会燃烧起来，我们学习亦是同理。

专心听讲，即专心致志，集中精力听课，这是听好课的前提。

古代有个全国最好的下棋能手叫奕秋，别人请他同时教两个学生下棋。有个学生每当老师在讲授棋艺时，总是聚精会神地，专心致志地听，跟着老师学；另一个学生呢，虽然也同样坐在那里听讲，可他的心里老是想着天空中大雁快飞来，想着拿弓箭去将它射下来，人在心不在。结果，专心听讲的那个学生学得很好，而不专心听讲那个学生学得很差，难道是他的智力差吗？不是的，是他不专心的缘故。关于学习必须专心，荀子在他的《劝学》中还有更加精彩的阐述，他说："蚓无爪牙之利，筋骨之强，上食埃土，下饮黄泉，用心一也。蟹六跪（足）而二螯，非蛇鳝之穴，无可寄托者，用心躁也。"其意思是说，蚯蚓由于用心专一，结果获取了丰硕成果，而螃蟹由于用心不专一，结果落个连安身的地方都没有。

以上两例，充分说明，专心学习是多么重要啊！

认真、专注是提高学习效率的前提。看书时，注意力不集中，可能就会看书看串行，当然就很难把书读懂、读透、理解全面，其中的知识自然就难以掌握全面，这种情况必然导致学习成绩不好。

课堂上，注意力不集中，就会出现大量的知识遗漏和空缺，造成知识漏洞。

学习成绩提不高并不是智力的问题，而绝大部分是长期上课注意力不集中的问题。这样的人在不理想的学习成绩面前，有的学习情绪低沉，有的毫不在乎，而有的则感觉在众人面前抬不起头来。

在漫长艰苦的学习道路上，注意力的问题将直接影响则每一个人在学习期间的智力水平的发挥。一位著名学者说过："注意力是学习的窗口，没有它知识就照不进来。"我们知道，房间要使阳光照进来，就必须拉开窗帘，打开窗户。听课如果注意力不集中，就好像关闭了心灵的窗户，知识的阳光怎能射得进去呢？有人说，哪里有注意力，哪里就会有思考和记忆。专注是人在学习和认识一切事物时是否顺利的保证，如果没有了专注，那就不可能将自己全身心地投入到学习中去，甚至会陷入半途而废，一事无成的恶性循环。

怎样专心听课呢？首先课堂学习要"六到"。一是要精到（即兴趣浓厚），带着兴趣听课，效果最佳，否则"愁眉苦脸地坐在那儿学，效果决不会好"（吕淑湘语）；二是要心到，它是学好科学知识的根本所在；三是要眼到，它是获取知识的重要来源，俗话说"百闻不如一见"，"耳听为虚，眼见为实"；四是要口到；五是要耳到，根据老师思路专心听讲；六是要手到。实践证明，听课时"六到"并用，效果甚优，反之，收效甚微，甚至一无所获。

学习需要有执著专注的精神，这是克服一切障碍的最好药方。

优等生听课抓重点

学习中，最重要的东西不是知识的数量，而是知识的质量。有些人知道得很多，但却不知道最有用的东西。我们都懂得这样的道理：能够摄取必要营养的人，要比吃得多的人健康。真正能够学到很多知识的人，往往不是读了很多书，做了很多题的人，而是学到了最有用知识的人。什么是最重要的知识呢？对于学生来讲，老师在课堂上强调的，就是对你最有用的，也是你听觉和视觉记忆最深刻的。

爱因斯坦就卓有成效地掌握了这一法则，他说："在学习中要找出可以把自己引向深入的东西，而把其它的一切统统抛掉，就是抛掉使自己头脑负担过重和会把自己诱离要点的一切。"也就是说，在学习中，要做到"擒贼擒王"，而这个"王"就是重点，即你要获取的精华。

抓住讲课的重点，就能起到事半功倍的作用。

那么，讲课的重点有规律可循吗？当然是有的，就让优等生来告诉我们吧：

上课开始时是重点

每节课开始时，老师总要拿出几分钟的时间，将上堂课讲的主要内容提纲挈领地强调一下。方法比较灵活，有时是老师自述，有时用提问的形式考查我们，然后，根据我们的回答情况进行分析，并提出应该注意的问题，这就是讲课的重点。这时，你就应该格外注意听，从中找出自己上堂课学习中的漏洞并及时补上。

课后小节是重点

每节课讲完后的几分钟小结也是讲课的重点，也应该注意听。因为，这时老师要把本节课的重点内容画龙点睛地小结出来。老师讲课的结尾，虽然仅仅是几分钟，但却非常重要，关系到老师是如何将新知识串联起来的，凝聚着老师多年教学经验的结晶，一定要认真些，而这些地方往往不被我们重视。老师讲课结束时，一心忙着收拾东西，准备铃声一响，立即冲向操场，占领娱乐领地。这样，又误过了精华处，长此以往，学习成绩必然会受到影响。

老师新知识的引入是重点

一般地，老师在复习的基础上，会引入新的知识。因此，在听课时，一定要注意老师复习了哪些已学过的知识，这些知识与本节新知识有什么关系，老师是如何引入新知识的，这对于理解新知识是非常必要的。否则，注意力不集中，新知识不知从何而来，造成新旧知识的脱节，直接影响到后面课程的学习。

老师对新知识的讲解是重点

在引入新知识后，老师会接着详细讲解新知识的内容及其应用。这一部分是整堂课的中心，我们要下大力气认真听讲，注意力要高度集中，要了解老师讲解了哪些新的知识点，着重强调了哪几点，如何讲解的，老师又是如何应用新知识解决实际问题的，用的什么方法。

老师的提问是重点

老师在讲解新知识及其应用时，会提出一些问题让同学们回答，这时要认真听老师的提问。这些提问都是老师精心准备的，都与本节新知识及其应用有关系，我们要尽量结合所学新知识进行回答。

哪些是重点老师有信号

在讲课中，当老师讲到一些他认为特别重要的地方，他们会用各种信号表现出来。有人会提高嗓子或将语调降低；也有人会说："要记得的一件事就是……"或者用其它的词语来表示他对这点的重视；还有人可能将主要项目和概念用稍微不同的字眼重说一遍；有些人说到一个特别重要的地方会稍停一下，或者讲得比较慢些。只要看到老师用"一、二、三"的方式列举点数的时候，你就可以相信这就是要点。因为表达要点的方法繁多，我们无法给你一个恰当的公式来辨识要点。要辨识重点需靠你自己的警觉和悟性，但可以确定的是，在一般情况下，表示重点的线索总是存在的。不过你得经常注意这些线索就是了。

注意力的分配是不均匀的，优等生善于抓住注意力的这个特点，运用在课堂学习上。他们不平均使用注意力，善于抓住重点，难点和关键处听课。在听课中，保持注意力有张有弛，用脑效率高，比整节课高度注意，过分紧张听课，效果反会更好。

优等生会听课，想想看，是不是这些优等生重视的地方正好是你忽视的地方呢？

优等生会边听边思考

卢瑟福是个大科学家，一次他走进实验室看到一个学生伏案工作，便走过去亲切地问道："这么晚了，你还在做什么？"学生回答："我在工作。"卢瑟福又问："那你白天在干什么呢？"学生道："我在工作呀！"卢瑟福又进一步问："那么你早晨也工作吗？"学生自豪地仰起脖子说："是的，教授，早上我也工作。"卢瑟福迟疑了一下说："那么这样一来，你用什么时间来思考呢？"

有些人看上去一天到晚很忙碌，每天急急忙忙地赶着上课，每节课下来，他也能把上课内容复述下来，可是如果问他一个比较深入的问题，他就回答不上来了。这样的听课效率显然也是不高的。

专心听讲是上课的根本原则，但仅仅做到专心还不够，还要积极动脑，主动地听课。

有的学生上课很老实，目视前方，一动不动，老师讲的东西这耳朵进那耳朵出，没过脑子。一堂课完了，他们脑子里什么都没留下，只是在笔记本上工工整整地记下了几条板书。这种被动地听课也是学不好的，必须学会主动地听课。老师在课堂上是主导，学生是主体，老师启发学生，学生就要开动脑筋思考。老师讲概念、定义等，都要通过许多具体的例子去分析、讲解。任何结论的提出都有依据，都不是凭空提出来的。这就要求学生不能只记结论，死背板书，首要的是听老师怎样把一些抽象的概念具体化，弄懂每个概念的来龙去脉，理解每个例题或具体例子的含义，从这些具体的例子中理解那些难懂的、抽象的概念。

注意去思考概念和含义，不要只听其中的话语和事实。听课的时候要不断地反问自己，"老师讲的是什么意思？""为什么要这样讲？""怎样按照老师讲的去做？"等。这样顺着老师的讲解思路，将要学的知识弄懂、弄明白、学会应用。听课时，将重点的内容记下来，将发现的问题也记下了，以便课后复习和向老师请教。要按照老师的要求进行读书、思考和做联系。将新旧知识联系起来想一想，将所讲的内容和实际生活的内容联系起来想一想，做到边听、边看、边想。随着老师的引导积极思维，领会知识的内在联系，找出事物发展的规律。只有这样，才能真正掌握知识。

每个同学在听讲过程中都应积极思考，对当堂所学知识要有初步理解，能知其然并知其所以然。要彻底废除上课记笔记，下课对笔记，平常背笔记，考后全忘记的落后学法。因为这种单纯直接记忆现成结论的听课方法，是无法获取真知的。

思考比记忆珍贵。不论学习什么知识，还是从事哪种工作，都要经常思考，找出更好的办法，取得更大的效果，从而获得更多的成功。要经常自言自语："我是要创造历史，还是死记他人创造的历史呢？我要创造历史！创造未来！"充分发挥你的创造力，由此促进思考，避免以惰性为借口。

优等生力求理解

理查德·弗曼是20世纪美国最伟大的物理学家。他在巴西一所大学做了一年的客座教授。他发现巴西的学生上课唯一要做的就是记笔记，考试时，除了背下来的东西外，什么也不会。

作为老师的弗曼一再强调，学生要通过理解来获取知识。他最不理解的是：为什么那么多的人不是通过理解而学习，只是靠死记硬背，活生生把学习的乐趣变成了惩罚。

并且弗曼注意到有很多小学生在书店买物理书，巴西小孩比美国小孩更早起步学习物理，但整个巴西并没有几个物理学家——为什么会这样？那么多孩子如此用功，却一点成效也没有！弗曼又看了一本公认写得非常好的大一物理教科书，他说："在这本书里，从头到尾没有提及实验结果。随便把书翻开，指到那一行，我都可以证明书里包含的不是科学，而只是生吞活剥的背诵而已。"

丁肇中常说："我认为，比考试更为重要的是，我们应该对某一门课程有比较深刻的了解，而不是死背。用功学习首先要学会思考，在物理、化学等领域里，认真想一想每一个自然现象背后的真实原因，设法解释各种现象之间的内在联系，这样，我们不但能掌握已知的科学成果，而且可能发现新的问题。"

上课时要对当堂所学的知识有初步理解，这是提高学习质量，减轻学习负担的好办法。

什么是理解？理解就是掌握事物本质和规律的思考过程，对概念的理解是上课最基本任务之一。上课时遇到新的概念，首先要弄清它的内涵和外延，它是怎样提出来的；其次，要了解这一概念的表述方法；再次弄清怎样使用这一概念进行计算和解决实际问题；最后搞清这一概念的应用范围和条件限制。

如果把上课积极思考并注意理解的学习类型叫做"理解型"，那么可以说还有相当一批同学的学习是"死记型"，他们的特点是跳过自己认识事物应当经历的艰苦的思考过程，而直接去背人家得出的现成结论。他们满足于上课记笔记，下课对笔记，考后全忘记的学习状态。这种知其然不知其所以然，单纯直接记忆现成结论的听课方法，是无法获得真知的。我们应该努力争取采用"理解型"的学习方法，认真理解课堂所讲的基本知识。

发现问题，是理解的开端；解决问题，是理解的深入。在学习知识的不同阶段上，有不同的理解水平。对知识的理解是遵循由浅入深、由表及里的规律的。优等生就是在不断反复的学习过程中提出问题，不断地把学习引向深入，在这个过程中，他们的理解水平就不断地得到了提高。

记忆的东西往往靠不住，而理解东西却不用专心去记忆。

提高理解力，要学好语文，学好语文是提高理解力的关键。一个语文不好的人，无论看什么书都必然受到限制，当然也就不能广泛地选择世界，从而也就限制了对事物的理解力。

优等生爱提问

提问是人类获得知识的途径。

华裔物理学家丁肇中在上学时，常常是举手发问和第一个要求回答问题的人。他提问题，不是漫无目的或信口开河，而是自己百思不得其解时才举手。有些问题，连老师都难以作答。他回答问题，更不是心血来潮，而是经过深思熟虑，认为比较有把握时才要求试答。

优等生总是带着疑问听课。学贵有疑，"小疑小进，大疑大进"在某种意义上讲，学习的过程实际上就是从生疑到解疑的过程，宋朝大学问家朱熹说过："读书无疑者，需教有疑，有疑者却要无疑，到这里方是长进。"学习预习时产生疑问，在课堂自学、讨论和老师启发讲解中逐步解决，同时又产生新的疑问，再进一步解决。一个个疑难问题的产生和解决，就会使学习进一步深化，质疑能力进一步提高。

实践证明，优等生总是有许多问题问老师，而你却总觉得没什么问题可问，提不出什么问题来。我们在学习时，要善于开动脑筋，养成良好的思考习惯，在质疑、解疑中长进。一般来说，解疑有以下四个途径：

在上课开始时向老师提问

这通常是提问的最好时机，因为这些问题已被仔细考虑过了。措词准确地提出有关前次讲课或者阅读作业中的问题，常常很快就能得到解答。此外，你感到困难的内容，一般班上的其他学生也同样会感到困难，在上课的时候老师可能要求你们对此进行讨论。但不要问类似"如何做这道题？"这样的问题，如此提问能使你得到习题答案，但对你的理解没有什么帮助。好的问题应当是"我解这道题的方法对吗？还有什么别的方法？"这样提问会使你得到有用的信息——使你能掌握举一反三的能力。

打断讲课

如有需要，可以用提问来打断讲课，不要为此而感到害羞。特别是当一些问题模糊难解的时候，使讲课放慢速度或者停顿一下对整堂课来说是有益的。但也不能过多地打断老师的讲课，要确信你的问题对你来说是重要的。

课间休息向老师提问

要记住一件事：在你请求帮助之前必须先独立地思考过这些问题，做过（或者试过）布置的作业中的难题。老师与学生的个人接触只能补充你自己的工作，学习的主要部分必须由你独立完成。

向其他同学提问

与其他同学讨论会有很大的帮助。

优等生上课动口也动手

有实验表明，记笔记可调动眼、耳、脑、手多种感官，促进对课堂讲授内容的理解，避免"上课一听就懂，下课一问不知"。

课堂上，老师讲得真情投入，你听得津津有味，一切都是这样正常，仔细看时，才发现大多数人是"君子动口不动手"，一堂课下来，效果究竟如何？

美国心理学家巴纳特以大学生为被试做了一个实验：一篇1800词的介绍美国公路发展史的文章，以每分钟120个词的中等速度读给他们听。甲组一边听课，一边摘出要点；乙组在听课的同时，能看到已列好的要点，但自己不动手写；丙组只是单纯听讲，既不动手写，也看不到有关的要点。学习之后，对所有学生进行回忆测验，检查对文章的记忆效果。

实验结果表明：在听课的同时，自己动手写摘要的组学习成绩最好；单纯听讲而不做笔记，也看不到摘要的组成绩最差；在听课的同时看摘要，但自己不动手的组学习成绩居中。

事实上课堂上的活跃固然能够激起学生的学习热情，但也不可避免分散部分学生的注意力。记笔记则有助于指引并稳定学生的注意，使他们在听课的同时记好笔记，紧跟老师的讲课思路，把注意力集中到学习的内容上。同时，记笔记的过程也是一个积极思考的过程，可调动眼、耳、脑、手多种感官，促进对课堂讲授内容的理解，强化识记的内容，巩固学习的成果，避免上课一听就懂，下课一问不知的现象出现。

古人强调"温故而知新"，如果不记笔记，"温故"只能从头到尾去读教材，既花时间，又难得要领。如果在听课的同时记下讲课的纲要、重点和疑难点，用自己的语言记下对所学知识的理解和体会，这样对照笔记进行复习时，既有系统条理，又觉得亲切熟悉。此外，课本上并非什么都有，老师在课堂讲授的一些新知识、新观点可能是灵光闪现，只言片语，不做笔记，只能是过眼云烟，转瞬即逝。

课堂笔记反映了老师讲课的系统、重点、难点和疑点，通过课堂笔记可以掌握主讲人的思考过程和方法，以及讲授技巧和次序。这些在教科书和参考书中都是难以找到的。优等生在做笔记的过程中，明确听课和自学间的核心区别和特点，集中抓住老师主讲课程的重点和思路进行记录，特别是老师提出问题、分析问题、解决问题、启发引导问题的思路和方法，这些是做好课堂笔记的出发点和落脚点。

至于哪些内容你应该记下来，哪些可以省略掉，优等生会根据老师给出的信号而自行取舍。一般老师在强调重要地方时，往往都会采取一些方式，如停顿、放慢速度、音调的变化、重复、提高声音等等。通过这些信号，优等生就能够较好地鉴别出重要的地方，而省略掉那些次要的东西。但对一堂课做一个真正恰到好处的摘要，当然是指你的思路能跟随主要线索并能自己看出哪些内容比其它内容更重要。

一般来说，优等生会对老师讲课的要点、基本理论和公式的解释、说明、推导、结论，基本观点的论点、论据、论证，一些有价值的数据和事实，典型的实例等均应简明扼要地记录下来。特别是要记载老师对某些问题的新见解和思考方法。同时，通过自己思考还可以在笔记上加批注，做记号提示，以便于课后复习和进行课堂笔记整理。

以下是优等生做笔记常用的方法。

①运用康奈尔形式（即前述5R笔记记法）。在纸张距左边四厘米左右处画一条竖线，竖线右侧供做笔记之用，左侧仅用来记录要点，这是供记录、背诵和复习用的理想模式。

②在做笔记前先将课文读完。在没有把整个段落和有标题的部分读完之前，不要做笔记。这可以使你避免把一些并不重要的内容也记下来。

③要非常善于选择。找出要点，简洁地将它们写下来。这可能是所有规则中最困难的一点了。因为要选择，就要善于以判断的眼光来阅读，并且把阅读的内容好好地思考一番，这样，就能够用一句话来概括每一段落的内容。不要试图掌握书中的每一个概念、事实和细节，只要能掌握重要的概念和基本的原理就行了。

④用自己的话。读完一段或一部分后，要问一问自己："作者的主要论点是什么？"把这个论点背出来，然后把你说的话写下来。不要机械地将书面上的词句转抄到笔记本上去，这样做你是没有动过脑筋的，也就浪费了时间和精力。

⑤写完整的句子。笔记不能只是提纲式的，而是用完整的句子将完整的思想表达出来，因为在考试的时候你必须这样做。同时这样做能使你在复习和重新学习的时候马上领会每一个概念。工整的笔记也有利于复习。

⑥要迅速。你不可能用整整一天一晚的时间来记笔记。所以要保持机警，要求提高效率。这也就是先阅读，随后回过头去大略地复习一下，把作者的思想背出来并写下，然后去学习这一章中的下一部分内容。

⑦不要忘记直观材料。像重要的事实和概念一样，重要的图表也应该抄到笔记本上去，要背出来，并要复习。例如，在生物学里，想记住阿米巴变形虫的结构，就必须画一张草图标出它的各个部分。对地图、曲线图和表格的重要方面也要做笔记，它们是课本不可缺少的部分。

⑧记录下来的应该是思想而不是言词。不要试图逐字逐句地得到讲课内容，如果你这样做会妨碍你理解思想。记笔记的目的就是要记录讲课的主要思想，使你可以在日后为了加深理解，为了复习和准备考试的时候，在自己的房间里学习。

⑨要系统化。用康奈尔体系做笔记，把你的笔记记在右边大的一栏里，然

后尽可能在每一堂课后整理笔记，补充论说中的遗漏部分，检查错误，并予以改正。把新的笔记与前次的笔记联系起来，用关键字标出笔记中的每一个概念，把它改写在左边的一栏里。

⑩制作总的概要记录表。定期（为测验做准备或者在相隔一定的时间进行）在单独的纸上重新组织你的笔记，把主要标题和主要类目下的概念和细节结合成组。通过制作这样的概要记录表，你将使论据与思想彼此联系，使它们更易于记忆。

⑪快速潦草地书写。书写工整，是工作或学习中常常所需要的。然而，在记录写作素材、摘抄资料、起草文章和作品，或记下自己学习心得时，提倡快速潦草地书写，是有一定道理的。

快速潦草地书写，是为了跟上思维的进程。人脑的思维是复杂而迅捷的。有时写作灵感一来，真可谓神思泉涌，如不迅速写下，有可能会稍纵即逝。快速潦草地书写对追踪思路，训练思维的灵敏性是大有好处的。

为了快速潦草地书写，除了在每一个字上下工夫，使之尽可能快地达到要求以外，还可以运用代号、略语，也可以运用速记符号。有时为了跟踪思维，甚至可以用一个词或几个词代替一长串词句，比较有用的符号和缩写来记录。

第5章
不为作业而做作业
——优等生做作业的方法

知道吗？优等生可不是像你一样，讨厌作业，他们喜欢做作业，从来不认为作业是负担，他们喜欢一气呵成地完成作业，更喜欢遇到几个"拦路虎"，那种兴奋的感觉也许你在将来也会有所体会，但现在的你是不会明白的。优等生喜欢在做作业的过程中，发现问题，再去解决问题，总结问题，让问题不再成为问题。

优等生知道为什么要做作业

在一些人的眼里，所谓的作业好像就意味着做不完的题，他们把作业称为"作孽"。大好的时光都在这些永远都做不完的"破题"，真是"作孽"。既然是"作孽"，可不可以取消作业呢？

在"作孽"心态下，他们为了应付老师的检查，只好随便做一下。这种对待作业的态度决定了他们在考试时往往会出现这样的情况：拿到试卷的时候，发现上面有些题目是以前做作业时已经做过的。但不知为什么，这时就想不起来该怎么做了。

优等生可不这样看，他们深深知道：

平时作业是根据课程教学要求精心设计的，其目的是检查学生学习进度，为教与学的沟通提供一个互相反馈的渠道；

平时作业可以帮助检查对所学内容的理解和掌握程度，确定自己是否有足够的准备和能力学习课程的稍后部分；

平时作业可以帮助发现哪些部分需要重温或重新学习，哪些地方需要向老师和同学寻求帮助；

平时作业都有一个最后呈交日期，督促自己跟着课程进度学习，使自己的学习进度与辅导课的安排保持同步，并能够在期末考试前完成所有学习单元；

平时作业可以帮助在目前的学习内容与学习过的其它内容之间建立联系，帮助自己将学习内容与个人经验联系起来，鼓励自己利用所学知识解决问题。

通过辅导老师的批改和给出的评语，帮助自己发现和纠正自己对学习内容的误解。老师的鼓励还可以巩固自己的学习信心。

平时作业可能还会帮助你熟悉该课程期末考试的常见题型和答题的要求。

深知课后作业给自己带来的好处，优等生总是积极地、快乐地、认真地对待每一次作业，并养成了良好的习惯。

每天在什么时间做什么作业，如什么时间做语文作业，什么时间做数学作业，什么时间练习英语……都形成了规律，养成了习惯。有了这个好的习惯，优等生到了固定的时间就能自动去做作业，而且做作业时，注意力集中，效率提高，绝不轻易让别的事情挤掉做作业的时间。

优等生先复习后做作业

从前，有个人有两个儿子。有一天，他给了两个儿子每人一把锈了的柴刀，让他们去山上砍柴。一个儿子到了山上就开始干了起来，十分卖力。另一个儿子却跑到邻居家借来了磨刀石，开始磨刀。等到刀磨好了，他才上山。等到太阳下山的时候，两个人都回来了，先砍柴的背回了一小担柴，先磨刀的则背回了一大担柴。父亲就问打柴多的儿子，你没有先上山，怎么砍的柴比先砍的多呢？他回答说，磨刀不误砍柴工啊，刀没磨快，怎么能很快的砍柴呢？

这个故事就是说准备好了工具，做事情才可以事半功倍。

做作业之前先复习，就相当于砍柴前先去磨斧头。

优等生做作业时有个习惯，在准备好学习用具和书本，调整好心情后，他们不忙着去做作业，而是先把老师这一节课所讲的内容认真地看一看，弄清楚基本原理和概念，想一想这一堂课讲了哪些内容、原理、概念？提出了哪些定理、公式？这些定理、公式是怎样得出来的？有何意义和作用？互相间的关系是什么？特别是对例题要明白、清楚它的典型性和代表性，解题时用于哪些方法？解题思路是什么？突破口在什么地方等等。把老师在课堂上讲的内容，重点和关键所在，在头脑中像过电影那样"过"一遍，对疑问或不懂的地方，翻开课本、课堂笔记或有关参考书看一下，把知识的来龙去脉搞清楚。

上面这些工作做完之后，优等生才会正式开始做作业。就像他们预期的效果一样，作业做得既快又好。

那些拿起作业就做的人，他们认为先复习再做无形中给做作业又增加了一步工作，肯定会延长做作业的时间，实际情况恰恰相反，因为一头扎进去写作业，而全然不顾当天所学的重点和知识，做题容易出错不算还会不时遇到"拦路虎"，这个时候再去查书本，才真正地延长了做作业时间！

优等生独立完成作业

你小时候，有没有听过下面的故事：

从前有一个大富人家，生了一个宝贝儿子。由于这是富人家三代同堂的唯一男孩，全家都视其如至宝，甚至还取了个名字叫元宝。自元宝出生开始，他就是在爷爷、奶奶、爸爸、妈妈的手中抱着长大，幼小的元宝渐渐地养成了衣来伸手，饭来张口的坏习惯。3岁的时候还不会走路，衣服也不会自己穿，饭也不会自己吃，要人喂。有一天他全家应邀去参加了一个宴会，元宝在家里睡觉，他妈在他的脖子上挂了一个大饼，交代他："肚子饿了，就自己吃，妈很快就回来了。"过了一段时间，他饿了，可是却等着家人回来喂，等啊等啊，家人却一直没有回来。等到家人回来的时候，发现元宝已经饿昏了……

接下来讲故事的人会告诉你：一个人如果自己不学着独立，老想着依靠别人，到了关键时刻，吃亏的就肯定是自己……

依赖别人的人不能独立思考、缺乏勇气，对事物的判断力也差，往往会陷入犹疑不决的困境，会一直需要别人的鼓励和支持，借助别人的扶助和判断。

依赖性是很多人不能成大事的根本原因所在，这种习惯是把希望都寄托在别人身上，而自己不愿多付出一点力气。而成功的规则是依靠自己！独立自主！

独立完成作业是对独立自主最简单的诠释。作业是分析、解决问题的过程，有利于思考能力的发展。要达到作业的目的，起到应有的作用，就要自己开动脑筋，独立地分析和解决问题。自己不动脑筋，抄别人的作业，这就是一种单纯任务观点和不认真的态度，是绝对要不得的。

运用书上的知识，加上自己的思考，做出的答案会在脑子中留下深刻的印象。如果不经过自己独立思考，先请教别人，或抄同学的作业，这样做的作业，印象就不深。优等生在碰上难题时，会先独立思考，自己做不出来，就去翻书，看笔记，去深刻理解课堂上学习的知识，再进一步想想课堂上学的知识和这道练习题是什么关系，一般这样就做出来了。有时优等生也可能把这道练习题暂且放过，先做其它题，然后再来思考这个练习题，也许思路打开了，就能做出来。如果实在做不出来，再去请教别人，或同别人展开讨论。

实际上，更多情况下，遇到难题，优等生更觉得是培养自己独立性的绝佳机会。他们宁愿冥思苦想好几天，也不轻易请教老师或他人，当他们独自解开难题时，那胜利之后的巨大喜悦，是那些独立性差，动不动就放弃自己解决问题的人无缘品尝的。

总之，一个若连作业都要依赖别人的人，没有独立思考的习惯，没有独自做决定的习惯，小事上依赖，大事上更不敢自己作主，一生都要靠着别人活着，像一株菟丝花，只有缠着大树才能生存，这样的人生毫无意义！

优等生做作业不拖沓

情节一：

时间：礼拜六，9：00

场景：强强家

人物：爸爸和强强

剧情：强强：爸爸，我想写个作文的提纲，你看看行不，不行我再写。

爸爸：可以。

时间：9：30

强强：爸爸，你看可以吗？

爸爸：可以，写吧。

时间：10：30

强强：爸爸，我休息会儿。

爸爸：行。

时间：11：30

强强：爸爸，写完了，你看看行吗？我想看会儿电视。

爸爸：最好一气呵成，去吧，改改错别字，抄在本子上。

时间：12：00

强强：爸爸，我改完了。

爸爸：抄写呢？

强强：吃了饭再说吧！

这个拖拖沓沓的强强也许就是你！

学习坐不住，爱磨蹭。写1个小时的作业，站起来大概有10回，一会儿打开冰箱，看看有什么好吃的；一会儿打开电视，看看动画片开始没有；一会儿站在窗前，看看谁在外面玩儿。

做作业拖沓的人有的是因为贪玩；有的是对学习无兴趣而拖沓作业；有的是因为能力限制完成作业有困难而拖沓作业。

比如注意力不集中。边玩边写，思想总是"神游太空"。写作业时，总是想些无关的事情，想着想着，眼神定住了，拿着笔的手停住了，时不时还傻笑几声。

认真过头。过分地精益求精，写字时，一笔一画，不长不短，写一个字擦上好几遍，甚至最后把纸都擦破了。

但无论属于哪些情况，都不能养成拖沓作业的习惯。当天的学习当天完成，明天还有明天的学习任务，困难只会越积越多。克服作业拖沓的最有效的方法，就是天天督促要求自己当天办完当天的事。

优等生为了让自己能集中注意快速完成作业，他们尽量给自己创造一个安静的学习环境，避免外界的刺激。清除身边与作业无关的物品，甚至在书桌上写几个字，诸如：赶快写作业或者不能因为作业熬夜等等。

优等生在作业多的情况下，更懂得抓紧时间。在安排时间上应当先紧后松。他们要求自己必须要专注，一鼓作气地把作业做完。如果不能静下心来，状态不好，就先暂时不做，但是在抓紧时间的前提下适当的放松，做到有张有弛、劳逸结合。

优等生的做作业步骤

第一步：知识上的准备工作

老师布置了作业后，优等生不会马上动手就做，他们要先复习。做作业前，把所学的有关内容简要地复习一遍，掌握其中的概念、定理、公式、重要内容，理清知识体系，在脑海里形成总体印象。这样，在做作业时，才能头脑清醒、反应灵敏、思路清晰、考虑周全、得心应手。否则，知识不熟练，做起题来处处碰壁，不是公式想不起来了，就是单位不统一了，或相关内容混淆了，答跑题了。

第二步：感知理解题意。这一步实际包括审题、联想与课题的类化三个环节

审题即了解题意，搞清题目中的条件与问题，明确题目要求。

搞不清题目要求，忽视或遗漏某些必要条件，或领会错了题目意思，解题一定不会顺利。因此，我们应该养成一个好习惯，解任何一道题时，都应列出以下几项：已知、求解、解，认真写一遍，可预防遗漏。

联想是指由一种心理过程而引起另一种与此相连的心理过程的现象，它不是盲目的，它是根据已有知识经验进行的合乎逻辑的联想。怎样才能找到正确的解题思想呢？习题的设计一般是为了考查某一知识点，要找到正确的解题思路，必须首先分清这道题究竟考查的是什么。然后，根据解题要求顺藤摸瓜，则很容易得到正确的结论。例如，已知三角形的面积和一条边长，求三角形在这条边上的高。这道题考查的是三角形的面积公式，只要你列出三角形的面积公式：面积=（底×高）/2，将已知代入，即可解开此题。第三个环节是课题的类化，指把当前的课题纳入同类的知识系统中去。一般而言，公式是我们最常见的类化，例如，公式 $(a+b)2$ 在解题 $[(8a+6)+(7c-5)]2$ 的过程中就是一个类。虽然题目看上去很复杂，但它其实不过是公式的变形。题中，$(8a+6)$ 相当于公式中的a，$(7c-5)$ 相当于公式中的b。划到归类后，问题很容易便迎刃而解。同时，可以这么说，凡是找不到归类的习题都是没有练习价值的。

做作业最关键的一步就是审题，连题都判断错了，作业内容就全错了。解决任何一个问题都是如此，首先第一步是审题认真审题就要多琢磨，细推敲、深思考。审题时首先是弄清楚题目的内容，所给的条件，有什么限制？什么要求？需要联系哪些知识？等等；其次是考虑好解题思路、方法、步骤，要善于把一道题分成几部分，化大为小、化难为易、分清其中的已知和未知，弄清各部分的联系，设计好整个解题步骤，一定要让自己做到不明白题意不做题，不清楚方法步骤不下笔。

第三步：细心的做题

做题是表达思路的全过程，这个过程要求既动脑，又动手。做题的关键是要保证"规范"、"准确"。要做到这两点就要求学生认真的抄好题，书写格式必须正确、规范，严格按照各类题的解题要求，仔细演算解题的每一步，得出正确的结果。只有平时做题认真细致，步骤完整，思路正确，表达严密，准确无误，考试时才能按照这种良好的习惯进行。

审题后，把解题的思路表达出来的过程，是个动脑筋和动手的过程。在做题时，要注意质量，也就是要做到"准确、规范、快速"六个字。

①准确性。就是要求我们做题时争取"一遍对"。钱学森曾说过："科学是严肃的、严格的、严密的，是不允许马虎的，所以科学技术工作者必须首先有良好的科学工作习惯。"这种科学工作习惯不是凭空得来的。他要求我们从小事做起，每一个习题、作业，每一个标点符号都要力求准确、规范。从小开始就要培养"三严"的学习习惯，树立"三严"的学风。

②规范性。就是要求我们在解题时严格按照规定的格式进行，书写要工整，条理要清楚，简明易看。行要直，边要齐。要留出必要的空白，使复习时看起来方便，老师批阅时方便，有毛病查起来方便，错题改起来方便。做到规范的另一个措施就是不要轻易下笔，先把解题思路搞清楚，方法步骤搞准，然后再下笔。

③快速性。就是要求我们解题的效率要高。要对自己提出要求，在规定的时间里完成一定数量的作业，要积极主动地参加各科竞赛，通过各种途径训练速度使自己的作业和练习做得又快又好。

练习的效果不仅取决于练习的次数，也取决于练习的质量。决定于质量的关键在于所做的习题是否有较好的练习价值。一般而言，教材中的例题练习价值都比较高，教材中的练习题，练习价值也比较高。对教材习题的熟练掌握，能使你掌握最基本的题型，考试时，自然就胜券在握了。

此外，优等生还有一些做习题的技巧

①从最有把握的地方开始。为了更好地激发学习的兴趣，最好避免一开始就屡遭挫折。所以，最好从比较有把握的部分开始做练习，如果大部分题都能

做对，就会兴致勃勃。

②教材的练习题一定要无一不知，无一不熟，作为第一参考书。在此基础上，有精力和时间不妨多读几本参考书，把其中的精华都吸收过来。

③一定不能在习题旁写出答案。有些同学认为，在习题旁边注明答案以后就不会再错。恰恰相反，由于有了答案，下次做这道题时，会很容易产生依赖心理，不能独立进行练习，练习效果自然不会好了。为了及时知道对错，可将答案注在书后或其它笔记本上。

④选择参考书时，要选有答案的，答案越详细越好。如果有错误分析，则为上选。做过练习的题，应做上记号，对的打钩，错的打叉，但答案一定不要填上。做完一遍后，隔一段时间，再重做，同样，对的打钩，错的打叉。再隔一段时间，可把做对的放在一边，只做错的，直到做对为止。

如果你能按照优等生的做题步骤进行练习，相信你的成绩一定会有显著的提高。

优等生会自查作业

做作业是运用知识解决问题的过程，但我们的目的是能够正确地运用知识，正确地解决问题。解决问题错了，同不能解决问题一样，都是不可取的，都不是我们的目的。因此，必须使作业做得正确，审题、构思都是为了达到这个目的，但最后的结论、答案是否正确，还要注意检查、验证。这一点我们做作业时往往忽视了。

做完作业后认真检查，是保证作业质量的重要手段之一。在作业的过程中，由于种种原因，难免会出现各种各样的漏洞和问题，因此，作业做完了之后，一定要认真检查之后再交上去，这样就避免了作业中的差错和漏忘。

作业检查一般分四步进行：

一是检查题目是否抄对？

二是审题是否正确？

三是运算是否正确？

四是方法、思路与步骤是否正确？

平时做完题优等生都会认真检查，养成习惯，考试时也就自然而然地按习惯进行了。

检查出错误之后，接下来当然是改错了。

首先优等生会认真分析作业做错的原因。如果是属于理解上的错误，他们就回头认真领会教材（包括与新知识有联系的旧知识），直到弄明白为止。如果是由于在掌握知识技能上存在缺陷，就赶紧加强课外自学，弥补起来。

其次，优等生会把做错了的作业重新做一遍。如果时间允许，他们还会多选些类似的题目做一做，以加深和巩固对新知识的理解和对新技能的掌握。对于某些题还尽可能去尝试用不同的方式解答并检验。

再次，优等生如果经过反复地独立思考，不能弄清楚做错作业的原因，错误得不到纠正，就把题记下来，去请教老师或与同学讨论。

最后，优等生发现某些有些疑难问题的出现，是平时学习方法失当而造成的。在整个学习过程中，要发挥最大的学习主动性，去形成适合自己特点的最佳学习方法。

在自我检查的过程中，优等生还有个好习惯，他们准备了一个专用的本子，不论是平时作业，还是考试卷子，老师阅后发回来，他们都把错题单挑出来，在这个本上"登记备案"。第一步是把错题原原本本地抄下来，把错误的地方用红笔画出来；然后，在错题下面，按正确的做法再做一遍；最后分析错误的原因，并用红笔把错误的类型醒目地标出（是属于概念理解错了，还是没有弄清题意；是不善于分析、推理，还是计算上的错误……）。每一道错题登记时都要经过这样三道工序。

把错题"登记在案"，有怎样的好处呢？

一个学生要想正确地、牢固地掌握知识，一方面要靠听老师讲述，自己钻研课文，掌握知识的内在联系。另一方面要靠从作业、考试中暴露出自己理解和运用中的问题，并抓住这些问题作"答疑式"的"补课"和再学习。尤其是需要理解和掌握的重点、要点、难点，尽管老师讲课时一再强调，但学生自己没有被它们"困顿"之前，往往是深入不进去的。直到用的时候，譬如作业或考试，问题往往就会出在这些地方。如果学生善于在复检中抓住这些错误，"放大"这些错误，在错误的前前后后兜上几个圈子，把漏洞补好，就能把它转化成一种更实际，更扎实的"再学习"。

总之，编《错题集》好处有三：一能从反面入手，加深理解正确的东西；

二能把错误弄个水落石出，避免以后重犯；三能温故而知新，有利于后来的学习。

优等生把《错题集》按语文、数学、外语、物理、化学等各学科分类编。每一学科的《错题集》，他们都把考试、作业或练习中做错了的题目都记录在上面，并在错误旁边或下边认真加以订正，弄清楚错在什么地方。为了加深"错题"印象，他们还将错题进行了归纳整理。

编《错题集》是学习的好办法，你不妨尝试一下。

优等生用最好的方法做题

今天，妈妈拿着本《数学奥林匹克》看，我对数学很感兴趣，就和妈妈一起看一起做，可不知道为什么妈妈总做得比我快。我就问妈妈："妈妈，你怎么做得那么快？"原来我和妈妈的方法不一样，妈妈的方法比我简单多了。

其中有一题是找规律题，按1、4、9、16顺序填下面的两个数。妈妈一看就知道这是自然数的平方数，接下来的两个数是25和36。而我是用这样的方法做的，按照1+3=4；4+5=9；9+7=16，规律是相邻两个数的差是3、5、7、9、11……于是我用16加9等于25；25加11等于36。这样才算出了结果，可用这样的方法比妈妈慢多了。

通过这件事我知道，算题不只是要算对，还要掌握正确的方法和其中的窍门，才能做得又对又快。

哲人说："你在做事时，如果只有一个主意，这个主意是最危险的。"

不要被权威和书本中所说的理论束缚，优等生不满足这道题解出来了，而是关注用什么方法解的，还有没有更好的方法。他们努力用自己独特的思考去寻找不寻常的视角，只有找到独特的思考角度，才能打开新的思路。

而有些人却不懂得变通，一条路走到黑。优等生却在独辟蹊径的思考中一次次柳暗花明，看透了事物的现象，深入到了事物的内在结构和本质当中，抓住了潜藏在表象后面的更深刻、更本质的东西。

很多人看到了悬挂在比萨教堂里的油灯来回动荡个不停，但伽利略却从中获得了有价值的发现，发明了钟摆。

学习中很对难题的解决办法不是一种而是多种，你要想占得先机，就要和别人的方法不同。你要善于比较，从比较中打开思路。不谋求唯一正确的答案，要强迫自己通过不同的思路达到同一目标。从比较中，发现新问题、新情况，发现老问题的新的解决办法，发现已知情况的新变化，使自己的创造欲在执著的追求中受到激发、培养自己创造性解题的习惯，多种方法解题的习惯。

优等生认真对待每一次作业

平时的作业是在打基础，是对基础知识的训练，只有基础扎实了，才能掌握更多的知识，在最后的考试中取得优异成绩。

由此可见：认真完成每一次的作业是非常重要也是必要的！

要想取得好成绩，就得从认真对待每一次作业开始！

我们不仅要认真完成作业，还要讲究做作业的方法。有方法，做一道题顶别人三道题；没有方法，做了三道题也可能难顶别人一道题，效果差别很大。

着重做不会的题

很多同学都犯这样一个毛病：会做的重复做，喜欢搞"重复建设"，不会做的不闻不问，坚决不去主动找它，这是做题的一个误区。善于学习的同学则不是这样，已经掌握的题少做，专挑不会的题反复练习，这样才能学到新的东西，提高自己的学习能力。

经常整理作业

有些同学经常是做完了作业就一扔，同时大舒一口气："哎呀，终于做完了。"以后对做过的作业是不闻不问。有些同学则很珍惜自己的劳动果实，分门别类地整理自己的作业，不断地总结和发现新的问题。只有经常整理作业，学过的知识才会形成一个知识链，才能变成真正属于自己的知识，运用时得心应手。

不时翻看整理过的作业

作业整理好了，应该同课本一样放在书桌前或者最显眼的位置，不时地提醒自己翻看，这就起到了复习的作用。要不然，整理得再好又有什么意义呢？

抓住题目透露的信息

善于学习与不善于学习的同学之间最大的区别之一就是能抓住重要的信息，知道这道题主要讲的是什么东西，透露着什么信息，而不是眉毛胡子一把抓，一视同仁，虽然做了不少题，但效果不一定好。

第6章
功夫更在课堂外
——优等生的课外学习法

如果说课堂学习是门槛内的学习的话，那么课堂外的学习就是广阔的门槛外的学习。门槛外的学习是无穷无尽的，是自由度更高的学习，是更能拉开差距的学习。优等生们在课外时间做了大量的工作，他们阅读，他们复习总结，他们休息，他们娱乐，他们处处留心，让学习无处不在。

优等生会在课后及时复习

课后复习的含义用一句通俗的话讲，叫"当天课程当天复习"。

优等生选择课后立即复习，这样才不会使时间和精力白花。假如必要的话，不管你想不想这样做，都应克服对复习的心理上的障碍，要马上自觉地去复习。这时候你所花费的复习时间（不会需要很多时间）会节省由于你没有复习一个章节而在以后重新学习时可能要花的大量时间。

当天课程当天复习。老师刚刚讲过的内容印象深刻、清晰。心理学家认为，刚学的知识在两三天后遗忘的最多，最好在学后24小时内复习。如果拖得时间过长，上过的课程已经忘了许多，再去复习，就事倍功半了。有一位教育学家说得好："应该去巩固知识，而不是去修补已经忘了的东西。"就是说，要趁热打铁，及时复习。对你来说，这一点应当养成习惯，要做到不论出现什么情况不受干扰。

为什么立即复习可以降低遗忘率呢？这是因为它给予你一个机会让你把章节中各部分内容联系起来——把它们拼起来，就像把七巧板的各部分拼起来就能看到图案的整体一样。这样，你不用记许许多多零碎的部分，就可以看到有关章节内容的一幅整体"图案"。

立即复习是很容易进行的。在一个段落一个段落地把章节内容学完之后便可开始。用一张纸将这一章节的第一页遮去，但留出边线外的笔记部分。用自己的话，把边线外的笔记或单独的笔记作为揭示，将课文中那一页上讲述的思想、事实和细节出声背诵。然后，将纸移去，来找出错误和疏漏之处。如果对这一章中的每一页你都能这样仔细检查的话，你就会觉得你已了解这一章所讲述的思想的顺序和它的脉络流向，于是便能将它们记住。

及时复习是为了巩固课堂学习的成果，加深记忆。因此，复习与前一节课的时间不要隔得太久，全都忘了以后再复习，这样的复习等于新学习。一般说来，复习的时间最好安排在第一次学习后的半天、一天、三天、七天、半个月后，分次进行。同时，要注意合理安排，即要合理组织复习和分配时间，不要集中在一个时间内复习，这样做容易疲劳，收不到复习的好效果。开始复习时，次数尽量多些，时间间隔短些，内容可少些，以后再慢慢减少次数，延长时间，扩大复习范围。

课后复习可以分四步进行：尝试回忆，钻研教科书，整理笔记，看参考书。

第一步：尝试回忆

就是不看书，独立地把老师讲的内容回想一遍的过程。这就是自己考自己，逼着自己专心致志地去动脑筋。这种方法称为"过电影法"。这样做有四点好处：

一是可以检查每天听讲的效果。如果自己能够回忆出全部或大部分内容，就证明自己的预习和上课是有收获的，效果是好的，从而增强了认真预习和专心上课的信心。如果相反，就应当及时寻找原因，改进预习和听讲方法。回忆时，可以边回忆边对照书本，也可以先回忆后看书。为了使回忆专心，也可以在草稿纸上把回忆的主要内容写出来。

二是可以提高自己的记忆能力。因为尝试回忆是一种积极主动的活动，具有专心和开动脑筋两个特点。学过的知识，回忆一遍就会巩固强化一次。

三是提高看书和整理笔记的积极性。每次尝试回忆后，必然有一部分内容想不起来，自然会很着急地去看书，翻笔记。这样提高了看书和整理笔记的自觉性，主动地把忘了的部分作为重点来看，从而使看书和整理笔记有了明确的目的性。

四是培养了爱动脑筋的习惯。课后直接看书当然比尝试回忆省事，但不能不留下深刻印象，效果往往不好，而尝试回忆，要追寻思索的过程，要概括上课的主要内容，一旦想不起来，还要千方百计地寻找回忆的线索，很费脑筋，一个经常回忆的同学，不仅记忆力大增，而且养成了爱动脑筋的好习惯。

第二步：钻研教科书

尝试回忆后，应该从头至尾逐句地去钻研教科书，因为教科书中写的是需要记住的最基本的概念和最基础的知识，必须认真思考。对于已经理解和记住的部分，不用再花很多时间。要把时间花在回忆时想不起来或记不清楚、印象模糊的部分。

在钻研教材时，可用彩色笔把书上重要部分、新的概念和容易忽略的部分勾画一下，在书的四周空白处，可以记上一些自己的简要体会，或高度概括课文内容的语言，这样，有利于记忆，因为记上一些带提示性的只言片语，以便再查阅时从这些批注中迅速地得到启示，回忆起书中的关键内容。

第三步：整理笔记

笔记本不应当仅仅成为上课的记录本，而应当把它变成一份经过提炼加工的适合自己用的复习材料。

对课堂笔记进行整理、加工，其方法与程序大致是：

①忆。"趁热打铁"，课后即抓紧时间，对照书本、笔记、及时回忆有关的信息。这是整理笔记的重要前提，为笔记提供"可整性"。

②补。课堂上所做的笔记，因为是要跟着老师讲课的速度进行的，一般的讲课速度要较记录速度快。于是笔记就会出现缺漏、跳跃、简单甚至符号代文字等情况。在忆的基础上，及时做修补，使笔记有"完整性"。

③改。仔细审阅笔记，对错字、错句及其它不够确切的地方进行修改。其中，特别要注意与解答课后练习，与教学（学习）目的有关的内容的修改，使笔记有"准确性"。

④编。用统一的序号，对笔记内容进行提纲式的、逻辑性的排列，注明号码，梳理好整理笔记的先后顺序，使笔记有"条理性"。

⑤分。以文字（最好用红笔）或符号、代号等划分笔记内容的类别。例如，哪些是字词类，哪些是作家与作品类，哪些是作品（课文）分析类，哪些是问题质疑、探讨类，哪些是课后练习题解答类等。为分类摘抄做好准备，使笔记有"系统性"。

⑥舍。省略无关紧要的笔记内容，使笔记有"简明性"。

⑦记。分类抄录经过整理的笔记。同类的知识，抄在同一本子上，或一本子的同一部分里，也可以用卡片分类抄录。这样，日后复习，使用就方便了，按需所取，纲目清晰，快捷好用，使笔记有"资料性"。

第四步：看参考书

课后复习时还要适当看一看参考书。首先，要选好参考书。在老师的介绍下，每门课程可以选定一本主要的参考书，而其它作的为一般参考书。其次，要首先看教科书，在对知识基本理解后，再去看参考书。其三，围绕中心问题看参考书。老师当天讲授的内容，或自己发现的疑问，都可作为看参考书的主要内容，先看主要参考书的有关部分，至于别的参考书的相应部分，也是大同小异，因此，对照起来看，也是很快的，不会占去很多时间。最后，要做好笔记，把参考书中的精彩部分、精彩题目，摘录进笔记本的相应部分里。

优等生的四轮复习法

举世闻名的物理学家爱因斯坦有个著名的成功公式：

$$W=X+Y+Z$$

式中W代表成功，等式右边X代表勤奋，Z代表珍惜时间，Y代表正确的方法。也许对于学生来说，勤奋和珍惜时间都不是问题，而正确、高效的方法却不是每人都能掌握的。每个人有不同的复习方法，当然不同的复习方法适合不同的人，优等生经常使用一种简单而高效复习的方法——四轮复习法。这种复习方法尤其适用于考试前的复习。

"四轮复习法"是一种科学的学习方法，它告诉人们一个万能的公式：目标+计划+行动=成功，让学生根据人的普遍记忆规律和人类活动结构，不断提高自己的能力。

"四轮复习法"具三大特点

第一，"四轮复习法"强调知识的系统性和完整性，要求你建立知识网络，而不像传统复习法那样以记具体的题为目标。这种方法让你在知识网络中记忆相关知识点，在考试时能按线索找到知识，并明确知识点之间的联系，为你解题，特别是做多项选择题，提供了条件。

第二，"四轮复习法"使人从整体上把知识通过四个轮次逐步深化理解和记忆，从而对知识全面系统地掌握。而传统复习法由前向后的"渐进"式复习方法，很容易造成虎头蛇尾和边复习边遗忘的现象。"四轮复习法"改"渐进"方式为分层次"递进"方式进行复习，每一个轮次的目标明确，让你的复习印象逐步加深，最后全面掌握知识。

第三，"四轮复习法"与四轮复习时间表相结合，定时、定量、定问题，限期实现复习目标。你每天学什么、学多少，做到心中有数，这就避免了盲目和混乱。

使用"四轮复习法"来复习功课，还要抓住要领复习

在进行复习前，必须紧跟老师，将各科凡需要记忆的内容都要毫无遗漏地识记一遍，不管能记住多少，都要背一遍。

每一轮都要有所侧重。第一轮全面阅读材料、查漏补缺，在此基础上对各种知识进行梳理归纳，使之系统化。第二轮侧重解决教材中的重点难点，以及个人学习上的难点。第三轮侧重解题训练，除做一些模拟试题做考前热身外，还要针对自己在题型方面的薄弱环节进行单项训练。第四轮侧重对知识的记忆，以求在考试时仍保持"记忆犹新"。时间可根据自己的潜力做些调整，第四轮15天应尽可能严格保证。

"四轮复习法"的复习技巧

一是每科在各轮都要限时定量地复习，可把各科内容化整为零，每一部分限时，分期完成；

二是记忆量大的学科，在每一轮前一段少用一些时间，而在后一段多用一些时间，记忆量小的学科安排则与此相反；

三是各科交替复习，提高复习效率。可将每天复习时间分成四段：早饭前、午饭前、午饭后和晚饭后，在每一段时间里复习一门课，这样可避免硬性交替，大大减轻两门功课之间的互相干扰，即心理学上所说的前摄干扰和倒摄干扰。

四是外语复习每天60分钟~120分钟，最好在早晨起床后或晚上睡前，或一早一晚两头安排各占一半时间。

优等生的阶段复习、系统小结法

什么叫阶段复习呢？从时间来划分，如周复习、期中复习、期末复习、毕业复习、升学复习等，从知识上来划分，如章节复习、单元复习、总复习等，

都可称作阶段系统复习。

阶段系统复习的任务

强化记忆，使学习的成果牢固地贮存在大脑里，以便随时取用。专家实验发现刚记住的材料，一小时后，只能保留44%，两天后只剩下25%，可见所有的人都会发生先快后慢的遗忘过程。

有的学者认为，经过学习，在大脑形成了一定的神经联系，这种联系，如果不通过反复的，有效的刺激来强化，那么就会慢慢消退，表现为遗忘现象。采用各种方法来进行复习，正是为了强化和完善这种神经系统。

理解了的知识便于记忆，这是对的，但理解了的知识还要通过复习才能真正记牢。优等生不仅重视理解，而且重视复习。他们每天有复习，每周有小结，每章有总结，多次地从不同角度，不同层次上进行复习，从而产生了良好的记忆效果。

查漏补缺，保证知识的完整性。影响学习的因素很多，在一个漫长的学习过程中，很难保证各种因素都处于最佳状态，因此，难免出现漏洞和欠缺，通过复习，自己检查出来后，就可以及时补上，保证所学知识的完整性和系统性。抓紧复习的优等生，学习中的漏洞和欠缺，都能及时地得到补正，因此，他们的知识总是比较完整的。

融会贯通，使知识系统化。智慧不是别的，而是一种组织起来的知识体系。这里所说的"一种组织起来的知识体系"就是指系统化的知识。可以说，形成系统化的知识是系统复习的中心任务。

通过平时分科、分章、分节的学习，可以说基本完成了对各种基本概念、基础知识的理解任务。通过复习，全面回顾，查漏补缺，又保证了知识的完整性，但这时你对事物的认识还没有完成，复习的中心任务也没有完成，为什么呢？因为头脑中的知识这时还是"半成品"，需要采取分析综合，比较归类，抽象概括，归纳演绎等思维方法，把长期学习的各部分知识"组装"起来，融会贯通，透彻理解，使之形成系统化知识。这时，才能说完成了学习过程的全部任务。

阶段系统复习的准备工作

阶段复习必须注意做好"三准备"，即主题准备、时间准备和材料准备。

①主题准备。复习之前一定要明确这次复习的中心内容，复习时要围绕这个中心内容来进行。如果不明确中心内容，拿起课本从头捋到尾，不能称之为复习，只能算是一种重复，最多起到一个熟悉的作用，知识还是分散的，构不成体系，效果并不好。

②时间准备。由于阶段复习要看、要想、要查资料，还要写复习笔记，量比较大，因此复习的内容和复习的时间都必须相对集中，可以采取主动分配、被动安排两种方法。

时间的主动分配，即根据复习的内容安排若干天，每天或每隔一两天复习一部分内容，若干天后将全部内容复习完。

时间的被动安排，即复习的时间有限，不能任意安排，就要计算一下从复习开始到考试一共有多少时间，需要复习的内容有多少。如果时间不够用，那就要根据时间的许可，调整复习内容，熟悉的内容略去，保证重点学科等。

这样，虽然每天完成学习任务之后，所剩的时间不多，但是由于时间安排得当，可以避免出现手忙脚乱的情况。

③材料准备。当复习的中心内容确定后，一切与中心内容有关的课本、笔记、作业、试卷和参考书都应当尽可能准备齐全，复习时专心思考，需要查阅时资料伸手可得。

阶段复习的程式

第一步：先回忆后看书。

和课后复习一样，阶段复习进行时，也是先不看书，尽可能地独立思考回忆。遇到难题或不理解的内容，也不要忙于翻书，先自己想想看，实在想不起来才去看课本。这样做，是逼着自己动脑筋，有助于强化记忆，提高学习效率。

第二步：先看题后做题。

阶段复习时，对于过去做过的习题有必要再温习一遍。不过，不是一题不落地再做一遍，也不要一题也不做。看题是把书上的练习、日常的作业、阶段测验的试卷，从头到尾看一遍。看题的时候，只看题目，理清解题思路，会做的可以与原先的做法相对照比较，不会做的再看原先是怎么解的，自己这次"卡壳"是卡在什么地方，然后再做一遍。

除了看题之外，有必要选择部分习题做一做，尤其是选一些综合性习题做一做。因为平时学习所做的习题都是为了练习当时讲课的内容，都是个别的。

而综合性习题则要运用本章或本体系的全部知识才能解答，因此，做一些综合性习题是阶段复习中用来巩固知识、熟练运用知识的必要的方法。通过做综合题使知识系统化、完整化。

第三步：先复习后笔记。

阶段复习结束之前，应当把复习的成果记录下来。复习的成果可以包括通过复习而获得的系统知识，新的体会，新的解题方法，自己的难点弱点等等。复习笔记不是课堂笔记的翻版，而应当简洁明了，高度概括，如同你进入知识领域的一名向导，靠着它可以把你引入知识的各个角落。换句话说，看着复习笔记可逐一回忆起课本上相关的内容。

阶段系统复习的基本要求

①复习前要抓紧平时学习时间，做好准备工作。要利用平时零星的时间，围绕复习中心内容把有关的笔记、书本、作业、试卷和参考书等一一准备好。

②复习围绕一个中心内容来进行。复习时，首先要确定复习的中心内容，这个中心内容要按照知识的体系来确定。

在复习时，从内容上来说，尽量选择与讲新课关系最密切的内容来复习，这样，不仅完成了复习任务，而且还可以推动新课的学习，另外，每次复习的内容不要太多，要适当，要注意文理交替。

③要坚持用循环复习的方法。所谓"循环复习法"是：在学完一部分内容后，及时地进行一次复习，接着就是学习下一部分内容，学完了后再进行第二次复习，后一次复习要包括前一次复习的内容，如此继续下去，一环套一环。同时，学到一定阶段，要把整个复习的内容分成若干单元，每个单元复习后都要搞一次大循环，内容多的还可以穿插循环。

④要做点综合性题目。目的是检验复习的效果，加深对知识理解，培养运用知识解决问题的能力。选什么题，要围绕复习的中心来确定，重点是做点综合性的习题。综合习题类型和复习时所涉及的知识范围要一致，用做综合题来进一步使知识完善化和系统化，并以此培养自己综合运用知识的能力。

⑤要有集中的时间和安静的环境。复习时，要处理较多的知识，要看、要想、要写、要查资料、要设计系统表和比较表等等。这是比较费时间的脑力劳动，因此需要一个比较集中的时间和不受干扰的安静环境。否则就会因为时间和环境的问题打断正常复习思路，影响复习效果。

⑥制作复习笔记。在复习时，通过艰巨的思考形成了完整而系统的知识，应当珍惜这个学习成果，及时用笔记形式记录下来，以备今后使用。重视复习笔记，把握知识的精华，考试时就一定会取得优异成绩。

阶段系统复习的常用方法

时间运筹法

时间运筹法指的是从客观上制订目标计划的方法，是安排时间的艺术。时间运筹包括长期行为、中期行为、短期行为的运筹。而复习所采用的方法多半是中期运筹和短期运筹法。

中期运筹法指以月、年为单位，以完成一个复习目标的时间安排为限。具体每部分的复习方案又要采取短期运筹的方法。

短期运筹法主要指以周、日、小时为单位对学习进行时间安排的复习方法。这种方法有以下几个方面的内容：

①重点运筹复习法，指把复习中必须攻克的难点放到一天中头脑最灵活、精力最充沛的那段时间里进行，或者把难点的复习放在时间相对集中的日子里进行。

②绝缘运筹法，指的是在一段时间里与外界隔绝，闭门进行攻读的复习方法。为了在一段时间内突击复习某些内容或知识，要防止外界不必要干扰，以便集中全力复习。

③复线运筹法，指在复习一门知识的时间里，可以把同时复习的另一门知识放在一起进行复习。这样可以节省时间，提高效率，例如中文专业学生，在复习现代文学自由体诗发展时，又把当代作家艾青的许多作品拿来复习，并比较艾青作品前后三个阶段艺术特色以及引起的思想转变，这样有利于加深对当代文学和现代文学的理解。

④交错运筹法，在复习过程中，交换复习内容，可以减少大脑对某一内容的疲倦感，从而保持最佳效率的工作状态。交错运筹有两种情形：一是不同复习内容的相互转换，但要注意保持时间的相对完整性，不要把大块时间割裂成没有效率的碎片。可以用两个小时复习语文知识，再用两小时复习数学知识，

这是合理的交错运筹法。二是复习的进行和休息交错，为的是充分调节大脑的机制，在复习效率高时可以多复习一会儿，效率低的情况下可以多休息一会儿，或改成其它内容，在紧张的复习之后适当放松一下。

总之，时间运筹是宏观方面起调控作用的，与其它复习方法互相联系，有时又是不可分的，应从宏观角度正确把握。

分散复习法

分散，指时间分散、内容分散、地点分散。任何事物都离不开时间和空间，分散的复习时间就像储蓄一样，可以用零散的时间把化整为零的内容积蓄起来，"日积月累"会变成"富翁"。

分散复习法特别适用于知识联系不太紧密的内容。分散复习法要注意克服遗忘带来的影响。由于时间分散，又受到各种环境的干扰，印象并不深刻，容易遗忘，必须不断重温，以便巩固记忆。分散复习法不是盲目地抢时间学，而是有计划、有目的、有针对性地学，这样才能奏效。因此分散复习法最好能和整体布局法、时间运筹法结合起来运用。

集中复习法

集中复习法指集中较长一段时间专门从事复习，像期末复习、考试复习、自学复习等等。

这种集中复习的特点是内容多、时间集中、外界干扰少。如果自我安排得当，很容易安下心来，搞好复习。那么怎样掌握集中复习的方法呢？就是充分地利用时间进行综合性的复习，把各门知识的要点综合起来，进行比较，找出异同，把知识连贯起来，理解知识的发展脉络梗概，以便产生飞跃。由于时间集中，紧张地进行复习，把平时学过的知识加以整理排列，重新认识它们的联系，找出重点，加深印象，对应试取得好成绩并形成永久性记忆帮助极大。集中复习应注意和时间运筹法结合起来运用。

整体布局法

我们写文章，题目出来以后，首先要进行整体构思，即所谓"谋篇"。列出提纲，锤炼主题，整理材料，筹划段落，然后形成文章的结构和表达式，再正式动笔"开篇"，整体布局法的复习也是这样。从内容上讲，先复习什么，后复习什么，每科内容所占比重多少，排列好复习的顺序，整体布局。这样全盘考虑复习时间、内容的比重，既能突出重点又能照顾全面，有利于保证复习任务的顺利完成。

先易后难法

顾名思义，就是先复习容易的，打开突破口，逐步接触难懂的或难记的，循序渐进的复习方法。从心理学角度上看，人的承受能力是有限的。就精神力量而言，要完成复习任务必须调动积极因素，常言道："胜利的喜悦鼓舞人，失败的痛苦压抑人。"一个人在事业上的成功，特别是第一次的成功，在精神上的激励作用特别大。根据这个道理，先安排简单内容进行复习，可以逐步扫除畏难情绪，避免复习中的自我干扰，减少精神压力，容易取得圆满成功。按记忆的难度安排复习内容，对应试很适用，不易忘记的先复习，难记的后复习，易忘的安排在考前复习，会收到很好的效果。

先易后难的道理还在于：破易是攻难的台阶和武器，好比登山，先登缓坡地带，最后再登陡峭的山峰，对人的精神鼓舞极大，容易成功。

难与易是相对的，每门知识的前后构成都遵循先易后难的规律，先攻破易，应把易做为进攻难的阶梯和突破口。但要注意：一不要割断知识的连续性；二要紧紧把握住从易到难的过渡关。

提纲图解法

把知识用纲目的形式加以概括和提炼，化繁为简，化多为少，便于掌握和记忆，即提纲图解法。采取提纲图解法概括复习知识，可以防止局部遗忘。

图解法的特点是直观、简单、易记。但要注意的是：①必须对所学知识进行整理、加工、理解后才能提炼出纲目或图形来。②要层次清楚，要准确无误。图解法不能包罗万象，它在考虑各方面因素和条件时不能全部照顾到，只能是知识的骨架，血肉的充填还要伴以其它方法的复习。

交叉渗透法

交叉渗透法是系统复习法的一个特例，它有自己的特殊用途。

心理学家做过这样一个实验：用同频率的电脉冲刺激大脑的神经细胞，开始反应敏捷，时间越长反映越弱，间隔一段时间后再刺激，反应才恢复最初那样。这个实验说明，长时间复习一门知识，会产生一种自控屏蔽抑制，降低效率。在脑力、精力许可的情况下，插进一些与之无关的其它内容的复习，有利于调节大脑的兴奋中心。比如思维方式的交叉，由抽象概念的思维，改变为形象思维；由计算复习改换成解题推理等等。复习内容的交叉渗透，常常能改变思维方式，改变大脑的兴奋中心，使大脑机体有劳逸。

运用交叉渗透复习法，可以调整长时间复习某门知识带来的枯燥单调。同时还有利于把互相连接的知识互相渗透，相互借助，加深对知识的理解和应用，增强解决问题的能力。甚至会在交叉渗透的复习中，受到启发，取得意想不到的成果。

强烈刺激法

强烈刺激法是从心理兴趣上帮助记忆的复习方法之一，即在心理上引起强烈的刺激后形成的记忆会产生终生难忘的印象。在学习复习或其它经历中，造成精神情绪激烈变化，感情发生震动的事物，留下的印象特别深刻，比如：考试中没有答对的问题，事后印象深，弄懂后比别的题记得牢。强烈刺激有时靠外界施加，而自身产生的常常是不自觉的，比如：恍然大悟，豁然开朗，茅塞顿开等等，都是在百思不得其解中，在自身努力的基础上，得到外部的点拨即刻产生的变化，文学创作中叫灵感，心理学上叫神经的沟通，古人称顿悟。这种在复习中产生的强烈刺激是良性的，是大脑机制全面开动的反映。强烈刺激常常是在复习时精力高度集中，十分紧张的状态下出现的，我们把寻求这种高效率的复习方法称为强烈刺激法。这种复习中产生的高效率，伴之以精神上的兴奋，使各方面相联系的知识纷纷涌来，对解决难题，弄清实质，分析透彻十分有益。一旦出现强烈刺激，正是抓紧复习的大好时机。

优等生把总结作为必修课

看看那些优等生似乎不比你题做得多，但成绩却一路领先。经过观察，你不难发现，他们的一大长处，就是善于总结。因为善于总结，他们才会做同量的作业，却可学到更多的知识。

优等生做完作业后，在检查的基础上，还要耐心地再思考一番，想一想做这一道作业题用了哪些概念、原理、公式；这道题和例题有什么关系，和哪些题有联系，有什么特点、规律可循，稍加变化还能变成什么样的题；是否还有其它的解题方法等等。

经过这一遍再思考后，他们就把学习的知识融会贯通，达到系统掌握，触类旁通和举一反三的目的了。

优等生更会认真分析批改后的作业。

老师把作业批改发回来后，他们马上翻阅，认真分析，耐心反思。对做对的题目，想一想是采用什么样的思维和方法做对的，以后遇到类似的题能不能触类旁通；对做错的题，要找出做错的原因。做错题一般有三种原因：一是由于慌张、马虎、粗心大意而搞错的；二是基础知识没有掌握，弄错了概念、定律、公式等；三是思路不对，张冠李戴。属于第一种原因，就要警告自己以后做题时多加小心；属于第二种原因时，就要在预习、听课和复习上下工夫牢固掌握所学知识后再去做作业；属于最后一种原因者，就要认真钻研和分析例题，明确解题方法。只有经过分析反思，才能吸取经验教训，避免今后再有类似的错误发生。

而有些人在老师把作业批改后发回来时，只拿在手里打开看一下分数或对错，就往书包里一放再不管不问，为什么错，为什么对，从来不去反思。想想看，你是不是这样的？

优等生在具体做作业，尤其是理科作业时，会从两方面进行总结：

尽量尝试一题多解和一题多想。一题多解，就是说一道题寻求几种解法的学习方法。一题多解属于发散思维，发散思维是一种创造性思维，它沿着各种不同方向去思考，它的产物不是唯一的，而是多种多样的，它具有新颖性、多样性、伸缩性和精细性四个特征。

一题多想，就是每做完一道题后，要认真想一想，做这道习题运用了哪些概念和规律，这道习题主要考查什么，这道习题能不能变一变，从另一个角度提出等等。

比较归类，多题一解。习题千变万化，数量众多，所以有"题海"之称，怎么办呢？这个时候，优等生很善于比较归类，也就是说，做完作业后，他们会想一想，这道习题在知识上属于哪一类？解题的思路和方法又属哪一类？然后对做过的题目进行横向比较，找一找它们共同的地方，题目做得愈多，这种个别到一般的比较归类工作就越重要。

比较归类后，很多大同小异，具有同一种解法的题目，就把它们归入到同一知识体系中去。这样，优等生做上一道题，就可以抵上你做一类题，他们的综合解题能力当然可以得到很快提高。

优等生善于总结自己每一个阶段的学习情况，他们决不允许自己总是在同一个地方摔倒，不断地总结会使人变得聪明。

在平时的学习过程中，无论我们听讲或看书，知识都是根据别人的思路输入的，不是我们自己的。我们要在完成一个章节之后，站在较高的高度去归纳整理，深入领会书本上的思路和各部分之间的联系，在结合自己的认识总结为知识体系。这就像一棵知识树，顺着主干可以找到分枝、树叶，许多人可能不是反应最快的，但经过整理总结，就能比别人站得高，看得深。所以想要真正的融会贯通，就必须经过自己的思考总结，才能吸取精髓，提高记忆，书本上的东西才会变成自己的东西。平时不偷懒，有时间不妨静坐默想，回忆最近几天或几星期学到的各种知识，将其归纳总结，变成自己的东西。日积月累，你就有了属于自己的有创造性的知识体系。

美国著名的理论化学家莱纳斯·鲍林曾说："课本上每章每节的知识都是分散的、独立的，要想形成知识体系，必须课后花时间去整理、总结。通过对所学知识进行概括，可以抓住应该掌握的重点和关键。"

在学习中注意提炼升华，举一反三，力求深刻理解诸多学科的定义、概念及其相互关系和区别。

每学习一个专题，就要把分散在各章中的知识点练成线、辅以面、结成网，使学到的知识系统化、规律化和结构化。

鲍林说："这样运用起来才能联想畅通，思维活跃。"

优等生善于总结自己每一个阶段的学习情况，他们决不允许自己总是在同一个地方摔倒，不断地总结会使人变得聪明。

我们所学习的知识，不论是听讲或者是看书得来的，都是根据别人的思路输入的，不是我们自己的。而优等生总结工作所做的，就是把这些别人的东西经过整理、消化和吸收而变为自己的。

他们一般在完成一个章节之后，就会站在较高的高度去归纳整理，深入领会书本上的思路和各部分之间的联系，再结合自己的认识总结为知识体系。

这就像在优等生的脑子里，种了一棵"知识树"，顺着主干可以找到分枝、树叶，优等生可能不是反应最快的，但经过整理总结，就能比别人站得高，看的远。一个学期或一个单元，也或者是一册教材，也就是学完一个阶段的课程后，优等生就要对所学的知识进行一次"大梳理"。梳理时，要保证没有遗漏，哪个知识块里有多少定理、定义和公式，内容分别是什么，各有什么用处等。这本"账簿"清楚地呈现在心里，这样所学的知识才无所遗漏。

知识的遗漏必然会带来能力的欠缺和思维的死角。如同一位将军，如果连手下的兵员、作战特点和武器装备都心中无数，他多半会成为常败将军。

所以，想要真正地融会贯通，就必须经过自己的思考总结，才能吸取精髓，提高记忆，书本上的东西才会变成自己的东西。

看来，优等生并不是天生的聪明人，你和他的差距也许就是没有适时总结。

平时别偷懒，有时间就多想想，回忆最近今天或几周学到的各种知识，将其归纳总结，变成自己的东西。日积月累，你就会有属于自己的有创造性的知识体系。

优等生积极参加课外活动

有些人觉得课外时间用来学习都不够用，更不能在课外活动上浪费时间，优等生不这样看。他们觉得参与课外活动，不仅可以松弛学业压力，还可以开拓视野，锻炼多方面的才能，见多识广。

我们千万不可小视参与课外活动，日积月累可以得到丰富的知识。课外活动虽耗时耗精力，却与学业互有帮助和促进。处理好两者关系，可把成绩提高到最顶端。

事实上，在学习过程中参与课外活动有以下的好处：

课外活动与读书相辅相成

在参与课外活动时，除了松弛学习的压力与紧张外，更可培养广阔的胸襟与开朗的性格，对个人的特质培养及未来发展，是有极大益处的。况且运动有益身心，良好的娱乐爱好对调节身心也有帮助，二者之间是相辅相成，缺一不可的。

课外的知识与课堂所学同是成功的要素

我们千万不可小看日常生活中，及参与课外活动时，日积月累所得的知识。这些事业以外的知识，平常观之并无大奇，甚至稀松平常，只是一些常识或人情世故。但在日后工作上，却常有出人意料之外的助力，成为成功不可或缺的资本。

课外活动将人生的波折加以调合

人生有高潮起伏也有低潮动荡，此时，课外活动与兴趣爱好就担负舒解身心的调节作用。历史上有许多名人在政治上或事业上的成就外，同时也是画家、音乐家或哲学家，就是这个道理。人的本质天资固然重要，但在努力的过程中，波折是无法避免的，所以，每个人都应培养一项或多项的课外兴趣，在工作之余，有其它的管道来宣泄不愉快与烦闷。这样，就不容易被人生的波折打倒，而能愈战愈勇地迈向成功的大道。

优等生处处留心，学习无处不在

1904年诺贝尔化学奖获得者拉姆塞幼年时的许多行为，使成年人都感到吃惊。他小时候经常坐在教堂里听教士讲道，大人们都不明白这位平时活泼好动的孩子，此时为什么能安静地坐着。人们总看见他在阅读圣经，走近一看，才发现原来人家看的不是英文版的圣经，而是看的法文，有时又看德文版。原来他是在用这种方式学习外文。拉姆塞常去教堂的另一个目的是看教堂窗子上镶嵌的几何图形，他通过那些图形验证学校里学的几何定理。

优等生更善于从广阔的生活空间汲取到知识。处处留心皆学问，在生活中，优等生要求自己多用心，做个有心人。他们善于眼观六路、耳听八方，用心观察和揣摩每一条有价值的信息。优等生还要求自己细心，因为只有做到心细如丝，才能发现别人发现不了的问题，才能敏锐地捕捉到情况的细微变化，从而得到更多的收获的教益。

科学知识与实际生活密切相关，生活中处处有学问。一个人的学习只有从生活中来，到生活中去，主动参与，自主探索，才能将所学的新知识尽快内化为自己的知识结构，才能对所学的知识形成清晰的映象，这样不知不觉中就能培养自己的创新意识和实践能力。

从日常生活中学习，这是提高学习素质的有效途径。学习无处不在，只要抓住一切时机，创设一切条件，从生活实际出发不断探索新的知识，再把探索到的新知识应用到生活中去，就能真正体会到知识源于生活、用于生活的价值和魅力，就能最终掌握知识并有效提高学习效率。

课外学习是课内学习的补充和扩展，二者是相互联系、相互渗透的整体。在搞好课内学习的基础上，适当进行课外学习，可以开阔自己的知识领域，发展个人的兴趣、爱好和特长，同时对课内学习也会起到有效的促进作用。

但课外学习你要注意：要据自己的学习情况，有目的地选择学习内容，原则是有利于巩固基础知识，弥补自己的学习弱点；你可以根据自己的特长和爱好，选择一些有关学科的课外读物学习；但你进行的课外阅读一定要从自己的实际出发，量力而行，宁可少而精，也不多而滥，切忌好高骛远、贪多求全。

积极休息，不会休息就不会学习

西方有句名言，意思是：光学习，不玩耍，聪明的孩子要变傻。适当的体育锻炼和娱乐活动，在学习生活中是必不可少的，大家都知道一个学习效率公式：7+1大于等于8，就是每天7小时学习，1小时娱乐锻炼，效果大于8小时连续不断地学习。所以，保持充沛的体力和精力，也是提高效率不可缺少的一个方面。

学习的胜利意味着获得新知识，但学习消耗的却是大量的时间和精力。如果一味地发挥"拼命"精神，整天只知道学习，头悬梁，锥刺股，最终只能是筋疲力尽，学无所成。列宁十分反对这种"学习狂"的精神和做法，他说："不懂得休息，就不懂得工作。"毛泽东也曾责问鼓吹这种精神的人说："又叫马儿跑得好，又叫马儿不吃草，世界上哪有这样便宜的事?"

保持最佳的身体和心理状态

学习是一种高级的精神活动，视觉神经在接受到外界的信号刺激以后，把信号传到大脑，引起大脑皮质响应区域的兴奋，信号刺激强度和持续时间与这种区域兴奋成正比例关系，即强度越大，时间越长，兴奋就越高。大脑在这种兴奋状态下进行分析综合，判断推理，记忆理解等。一旦学习的时间超过大脑兴奋的极限，大脑皮质的该区域便由于工作过度，而逐渐失去兴奋的能力，开始由兴奋过程向抑制过程转化，于是疲劳就产生了。

如果你发觉自己反复读一段文字仍然不能吸收，那就表明，你已经达到了一天学习量的最高峰，应该立即停止学习。科学家调查表明：大多数人认为，他们一天学习最适合的时间长度是五个小时。如果你是精力旺盛的人，学习的时间会延长些。

大脑是学习的机器，它的工作状态直接影响着学习的效率。学习作为脑力劳动，和体力劳动一样都会产生疲劳。当体力劳动产生疲劳之后，立刻休息片刻就可以恢复，但是，脑力劳动的恢复就不同了。即使停止学习，大脑兴奋也很难在短时间内平静下来，因此，对于大脑的保护就是休息和放松。

爱因斯坦疲劳后，就拿起他的小提琴拉上几首喜欢的曲子，使自己从那些符号中解脱出来。当有人问他的业余爱好时，他毫不犹豫地说："小提琴。"

马克思在研究中一旦感觉到疲劳，就找出一张草纸，画一些图，借助这种方法转移大脑的兴奋区域。

聪明的学习者，善于在自己的大脑产生疲劳前，及时转换学习的内容，或通过休息和运动转移兴奋热点，巧妙地把紧张和放松交替在一天的学习中，保持最佳的身体和心理状态。

第7章

你害怕语文吗？
——优等生的语文学习法

语文知识本身包容着以文史哲为主的各科知识；语文学科，又是学习其他各个学科的工具学科、基础学科。谁都知道，其它学科的定义、概念的叙述和诠释，判断、结论的演绎和推理，都要依托语文来完成。没有语文这个工具和基础，任何学科也无法站立起来，只不过是一盘散沙。

优等生的厚积薄发学习法

众所周知，语文水平非一朝一夕或短期内就能得到提高的，靠的是长期的积累和广泛的接触。

来自山东的高考语文单科第一的李将，总结他的语文学习是一个"博观约取，厚积薄发"的过程。

李将平时随身带有几个小笔记本，其中两个就用在语文方面。一个是专门的字、词集锦，将平时所见的容易误读的字和容易望文生义的词语（主要是成语）全部收录，然后利用晨读大声朗读以加强记忆；一个是文摘集锦，专门收集一些俗语或从报刊中摘录一些他认为比较好的文章、段落、句子等，如果摘录的东西太长，就把它裁剪下来粘贴到本子上，晚上睡觉时躺在床上拿出来翻翻，这样既可以记忆也可以催眠。

每天，李将躺在床上还要做一件事，在他的枕头边长期放了一本成语词典，睡觉前他都要看3~5条成语。他说，不要认为每次看得少，一旦长期坚持下来，一年就会记住1000多条成语。

这些琐碎的工作给他带来的表面收益是："直到后来我才发现这些积累对我有多重要。因为我在今年高考中，前三道考查语音、字、词、句的大题中，自己一分未失。"

文言文在高考中无疑是一块难啃的硬骨头。很多考生一提到文言文就害怕三分，因为古代社会的语言习惯与现在有很大区别。而李将对付文言文也有自己的方式。他讲究的也是积累，按他的话说就是平时要多翻翻文言文字典。他认为，很多学生觉得文言文难，就是难在一些实词和虚词上。其实，对于文言实词和虚词的用法，没必要求全，只要能掌握考试大纲规定的文言实词和虚词的用法以及一些特殊的例句即可。

李将说，其实考试大纲中要求掌握的文言实词和虚词也不多，2004年要求掌握的文言实词有100个左右，而文言虚词只有18个，如果再把这些分摊到每天去学习的话，量就很小了。并且李将这样做了。

这样的坚持让李将在平时考试中的出错率大大降低，在进入第三轮复习之后，文言文选择题部分他每次保持全对，就是在高考中文言文阅读的选择题部分也是一分都没溜走，并且整个文言文部分只丢掉了一分。

语文无处不在，生活的各个领域都离不开，所以李将在语文的学习中很强调大语文观，他很注重广泛摄取，形成一定的积累，然后试着灵活应用。他说，大语文观要我们平时学会注意周围，其实周围有很多我们书本上学不到的东西，而这些往往就在于你经意与不经意之间。比如校园内张贴的一些名人名言、电视或广告牌上的广告词等，这些都可以去留意并形成积累，以备用时之需。

李将平时的"留意"也没让他白费精力，就在高考前学校的一次模拟考试中，有一道题是要求考生给书店或商店或食堂拟一副对联。如果李将要全靠自己去想去编的话，一是时间不允许他多想，二是自己想的未必就能得高分。当时李将就想起了自己有一次在逛一家书店时看到过的一副对联，而题中不是就有书店吗？所以他就把那副"学富五车地，才高八斗院"的对联给搬了上去，最后得了个满分。在高考语文试题中，有道考题的上联是"祖国江山好"，要求考生写出下联，李将当时很快就对出了"人民生活甜"的下联，此题12分，他拿了11分。

其实，很多名人也是通过厚积薄发、注重平时积累最终成就自己的。

我国现代著名历史学家吴晗，擅长以渊博的历史知识和优美的文笔撰写文章，这笔力来自他独特的"摘记卡片"。几十年里，吴晗凡是遇到自己认为有价值的资料就摘记在卡片上，并按内容、性质分类保存。他做卡片的经验是：一张卡片只写一个内容，加上题目，标上类别，并写清楚资料来源，即作者、书名、页码等。

美国作家杰克·伦敦也喜欢记录东西。凡是到过他家中的人都觉得很奇怪：窗帘上、衣架上、柜橱上、床头上、镜子上、墙上……到处贴满了形形色色的小纸条，初到他的房间里的人还以为那是什么特殊的装饰品呢。

实际上，这些小纸条并不是空白的。上边写满了各种各样他搜集来的材料：有美妙的词汇，有生动的比喻，有五花八门的资料等等。杰克·伦敦从来不愿让时间白白地从他眼皮底下溜过去。睡觉前，他默念着贴在床头的小纸条；第二天早晨一觉醒来，他一边穿衣，一边读着墙上的小纸条；刮脸时，看镜子上的小纸条；在踱步休息时，他一边回忆小纸条上的内容，一边到处寻找启发创作灵感的词汇和资料。不仅在家里是这样，外出时也一样。外出的时候，杰克·伦敦把小纸条装在衣袋里，只要一有空就随时随地掏出来看一看，想一想，记一记。由于他这样锲而不舍地搜集、积累材料，一点一点地把材料装进了自己的脑子里，再加以灵活运用，因此，他写出了一部部光辉的著作。

厚积薄发的学习方法要做到：读书学习的时候，要在书上及时写下自己的心得体会和疑问，在你认为重要的地方做你自己特定的符号；读书之后要做笔记，记录或者摘录下对你来说最有用的东西；平时要随时记下自己的想法、信息等；最重要的是，你要努力使之成为一种习惯。

语文作为基础性工具学科，想要学好是不容易的。它体系博大内容浩繁，融思想、知识与艺术为一体，需逐步培训良好的感知与接受能力。但作为中学阶段的一般性学习，需要的是扎实的文字、语言功底，良好的阅读习惯和顺畅的口头与书面表达能力，而达此目的，应该说是不太困难的，是有规律可循的。这里，首先需要端正一个认识，即语文成绩的提高有赖于语文素养的增强，是一个循序渐进，潜移默化的过程。语文学习内容的丰富性，学习时间的长久性决定它不能一蹴而就，所以不能急功近利，为应试求成绩，而应扎实语文基础，将其作为一项立身处世的本领努力学习下去。

多读书法学语文

阅读量大的人，作文一定不会差。

有一年的上海卷作文满分得主凌超，在小学时，他就读了《安徒生童话故事全集》、《钢铁是怎样炼成的》、《骆驼祥子》、《古文观止》等作品；进入初中，他读了《史记》、《汉书》、《资治通鉴》、《李白诗选》等古代名作，还读了《荷马史诗》、《堂·吉珂德》、《约翰·克利斯朵夫》、《莎士比亚全集》等外国名著；进入高中后，他除了继续阅读中外文学作品外，又读了不少文学论著，如《人间词话》、《王国维经典文存》等，尤其读了大量哲学书籍，如《周易十讲》、《西方哲学原著选读》、《西方哲学史》、《哲学研究》等。正是这些大家作品、大师专论，极大地丰富和充实了凌超的文化底蕴，滋养着凌超的成长，使他在阅读和写作方面远胜同龄人一筹。他的作文立意高远，文字流畅，才气充溢，还在高二时获得上海市"韬奋杯"作文大赛一等奖，高三时又获得上海市高三学生作文大赛一等奖；而且，他的数理成绩也依靠扎实的逻辑哲理基础而出类拔萃。他终于以566分的高分被北大中文系录取。

可以说，凌超重视阅读，他的实际能力充分体现了阅读的价值。纵观现今不少学子，埋头题海，以解题来填空自己的求知岁月，却置阅读于脑后；不少家长也不鼓励子女阅读，只要看到孩子在做题目就心安理得。诚然，把大量时间花在解题上，在测验、考试时也许能暂时取得纸面上的成绩，但解题获得的知识毕竟十分有限。由于不重视阅读，知识面必然狭窄，视野难以拓宽，积累自然贫乏，此现象比比皆是。一旦题目稍作变更，理解就常发生偏差，要求他们举一反三，触类旁通，去感悟试题中蕴含的一些共同规律，更是不可设想了。

阅读和写作是体现一个人语文能力的主要标志。大家在学习中要把握好这两点精髓。阅读是语文材料的主要来源，从小学高年级开始，就应该对一些名家名作进行有计划的阅读，不断扩展知识面。高中生已具有较强的自学能力，要根据有关的阅读书目制订自己的读书计划，时代上分古典和现代，体裁上分诗词和散文。国别上分中国和外国，可就自己的喜好侧重读来。还应涉猎当今报刊杂志和精妙时文，关心时事新闻。需知学语文仅有课本是远远不够的，要读社会，悟人生。其实有更多的东西是无须讲解的，多读多看自能领悟，自能通神，自能提高。

语文学习最重要的内容是读书。要学好语文，光读几册教材是远远不够的，必须要大量地阅读课外书籍，从书中获取丰富的精神养料。勤奋读书，必须做到珍惜时间，抓紧分分秒秒。欧阳修善于利用"三上"的时间读书，即"马上、枕上、厕上"，郑板桥读书则利用"舟中、马上、被底"的零星时间读书背诵。古人勤奋读书的精神值得大家学习。

勤写日记勤练笔法

作文是语文学习很大的一块，提高作文能力除了多读之外，多练笔是另外一种主要途径。其中，写日记又是练笔的主要形式。

日记就是把自己一天的所言所行、所见所闻、所思所感有选择、有重点地记录下来。日记对积累写作材料、储存知识的作用也是显而易见的。日记不但形式十分灵活，可长可短，可叙可议，可描写，可抒情，可说明，而且内容也非常广泛，可以海阔天空，无所不谈。日记是写给自己看的，自己想什么就写什么，不必进行过多的加工。最初可能写得很简单，语言也不一定通畅，坚持写下去就会逐渐提高。写日记主要是为了练笔，练习对客观事物的表现力和对自己思想感情的表达能力。

文科状元孙田宇就是用写日记的方式训练自己的写作能力的。

平时看到某一事物，哪怕是一朵花、一棵草，或遇见或听说某一件事，哪怕是司空见惯、不足为奇，只要有所感触，他都会提笔写出自己的感受和观点，只要写了，就有提高，好坏长短无所谓。这样坚持下去，久而久之，他在写作文的时候思路也会来得很快，因为可以从平时的日记里获得很多素材，如果作文的灵感和日记契合上了，下笔就觉得不费事，写得顺畅，比较流利。

长期这样记日记，对作文水平的提高有很大帮助。此外，我们也可以找一些和自己写作风格比较相近的范文，学习它们的长处。

因此，只要有利于练笔都可以写。写日记要注意把观察能力的训练和感受能力、思考能力的训练结合起来。日记往往记的是身边的琐事，但要注意从这些琐事中表达出自己的思想感受，反映出自己的观点、看法。许多好的日记就是把一些不引人注意的小事、琐事写得具体、生动，并能从中揭示出一定的道理而被人称颂的。写日记一定要坚持写真事，说真话，抒真情，真正做到"我手写我心"。至于文章写得是否有文采，是由长年的练习和个人的悟性决定的，我们不必太在意。

良好学习习惯的养成要有坚强的毅力，要持久地有意识地培养。只要有决心，良好的习惯就一定能养成。这对人的一生将是一笔巨大的财富，终身享用不尽。

勤于朗读背诵法

朗读背诵是我国传统的学习语文的重要方法，是积累语言、培养语感的重要途径。

朱自清把诵读作为理解与欣赏原著的重要方法，主张不仅阅读诗词等文学作品需要吟诵，而且对经典著作也需要反复熟读。他在《论百读不厌》一文中指出："经典给人知识，教给人怎样做人，其中有许多语言的、历史的、修养的课题，有许多注解，此外还有许多相关的考证，读上百遍，也未必能够处处贯通，教人多读是有道理的。"

傅雷一生博览群书，他在古今中外的文学、绘画、音乐等各个领域，都有着极渊博的知识，他对两个儿子的教育培养也要求极高，从小就要求他们背诵古文。

次子傅敏曾回忆说，刚进入初中，父亲就要求他读《古文观止》。傅雷对儿子说："这个古文选本，上起东周，下迄明末，共辑文章220篇，能照顾到各种文章体裁和多方面的艺术风格。其中不少优秀文章反映了我国古代各家散文的不同风貌，如《战国策》记事的严谨简洁；纵横家说理的周到缜密；《庄子》想象的汪洋恣肆……无论它的说理、言情、写景、状物，均堪称典范，对你的古文学习和修养有帮助。"他每星期天选择其中一篇详细讲解，孩子读懂后便要背诵。

不管是学习语文还是外语，朗读和背诵仍然是最基本的方法。学校里也一般要安排早自习让大家朗读背诵文章，凡是认真做这项工作的人，他的语感一定不会差。但朗读背诵不能是小和尚念经，有口无心，朗读要做到吐字清晰，音准气足，节奏停顿合理，要有抑扬顿挫的韵律美，准确地体现出作者的情感。朗读人物的对话，要力求模拟出人物的心情、口吻，使人物形象活生生地站立在听者面前。朗读诗歌要铿锵悦耳，语势错落有致，节奏抑扬回环，具有音乐美。通过有感情地朗读，文章的内容、情感、文句的优美、汉语音的韵律，也都能体会出来了。

一位北大状元讲到他的经验时说："多读，这一点最为大多数同学所不注意。高三一年的复习，我都十分重视这一点，每天留出约20分钟去朗读古文，不仅帮助了我加强对古文断句的语感，而且还增强了对古文的理解力。除此之外，我还尽量多记古文常识，这对我的写作也是有助的。"

多背，就是不仅要把课本中要求背诵的课文背得烂熟，还要尽可能地多背未选入课本的经典文章。

背诵当然也是有规律可循的，下面是一些优等生提供的窍门：

方法一：按层次背文章看上去是杂乱无章、毫无头绪的，然而一切文章都有它的层次，我们若是掌握了层次，背起来就容易得多了。比如陶渊明的《桃花源记》就按照武陵渔人进出桃花源的线索，分了一定的层次：渔人见到奇特的桃花林；渔人在桃花源内所见所闻；世人们寻桃花源的结果。记住了这个层次，背起来就"心中有底"得多。

方法二：想画面背。看了文章，人们的脑海中都会自然而然地出现了一幅画面。如读曹操的《观沧海》，我们就仿佛看到：水波动荡的沧海中，小岛高耸；那株株树木，聚集而生；棵棵草儿，繁多茂盛；一阵雄风卷起，壮阔的白浪千层万叠……脑海中映现着这一画面，背的时候那诗句也就从画面上"流"出来了。

再比如在背诵李清照的《一剪梅》和苏轼的《念奴娇》时，可根据词的内容加上自己的想象绘成一幅图画后才开始背诵的，画虽画得不美，但却使人加深了对词的意境的理解，使我们所读的古词在头脑中留下了永远不忘的印象。

方法三：先粗后细开始背的时候，不妨粗略一些，把文章的骨架掌握住，然后再仔细认真地牢记那每一行文字。如背鲁彦《听潮》一文中第十七自然段，只需先背下"光消——水涌——投岛。水扑——怒吼——泼浪"几个主词，进而再添"血肉"就迅捷多了。

方法四：录音协助录音机为我们的背诵也创造了条件。我们可以自己读课文，录下音来，然后利用零碎时间多遍播放，反复加深头脑中的印象，最后再边想边背，往往也会收到"事半功倍"的效果。

方法五：喜欢音乐的同学不妨试着将古诗词与歌咏联系在一起如岳飞的《满江红》、陆游的《钗头凤》、李煜的《虞美人》。这些古词歌曲都可尽力从收音机里学会唱了，词自然也就记住了。除了这些已谱曲的古词外，还可常常运用其它歌曲的曲调填上古词中的文字来唱。如范仲淹的《渔家傲》"塞下秋来风景异"，不妨将它唱成《我的祖国》的调，运用这种方法，也能够背出许多首词来。

背诵的方法层出不穷，还需要你去发挥自己的聪明才智，主动地去寻找。

勤做读书笔记法

读书必须学会圈点勾画，学会做读书笔记，养成不动笔墨不读书的习惯。写读书笔记有助于培养勤于思考的习惯，提高思维的条理性和深刻性，有助于加深对读物的理解、记忆。积累资料的方法人各有异，但最基本和常用的，莫过于做笔记。笔记可不拘体例，不限长短，内容庞杂，形式多样，然而主要是这样四种方式：

摘录式

这是使用最多的一种方式，主要摘录书籍、报刊、杂记、调查报告、文书档案中与自己学习钻研内容有关的原始材料。比如你学的是文科，便可摘录有关的学习资料、重要文章、警句格言、词语典故等。如果学理科，就得摘录有关文献、重要的结论与证明、独特的技巧，等等，这样便可备你不时之需。

提要式

即看完一本书或一篇文章，对文中的某一观点、事件、情节或某一章节、定理等进行分析、归纳，用自己的话把其内容、要点写出来。这不仅可备忘、备查，而且可训练你的综合、概括能力。列宁的哲学笔记，有很多就是采用的这种形式，如《黑格尔（逻辑学）一书摘要》，《亚里士多德（形而上学）一书摘要》等著作。而且他对摘录内容，还往往写出自己的意见、批评或注释，以及自己独创的符号和评注，比如"注意"、"说得对"、"辩证的精华"等提示性简明字样，明确地表明了列宁对某段论述的意见或批评。提要应力求简明扼要、脉络分明，最好以某一主线展开。

心得式

记下的是对某一问题思考的心得。如李贺的《史纲评要》，脂砚斋的《重评石头记》，皆是这样的著作。心得也可以是札记、体会，札记多为旁征博引，辩证考订；体会多为引申阐发、借题发挥。沈括的《梦溪笔谈》，茅盾的《读书札记》，马克思的《数学手稿》，就是用的这种方式。这是写笔记的一种高级形式，要求有更多的个人创见，难度也较大。但它却是创造的半成品或完善的精制短篇，一旦需要时，就可组织起来，使之成为有价值的作品。

写这类笔记，要特别注意捕捉生活中的火花。理科生则应注意抓住学习研究中所碰到的难点和问题。有些重大发现，往往是由一个简单的疑问开始，经过冥思苦想或从某一点上受到启示的。对任何一点良好的思索，哪怕是一丁点儿都不应放过，要把它及时记下来，这很可能成为你作出成就的关键。

索引式

即写下有关的论文题目或书名等。在学习中可能经常会碰到这种情况：看到某些东西感到十分有用，但内容却太多，上述三种笔记法又都不易采用。或者是这个内容，你本身就有这本书，所以也不必采用上述方法。但是往往到要用这个内容时，你却忘记了或找不到了，诸如此类问题，只要搞好索引，便可顺手拈来。自学成名的史学家陈垣曾说："教学和研究要从目录学入手"，"目录学就好像一个账本，打开账本，前人留给我们的历史著作概况，可以了然"。所以，平时应把所有的资料，按照内容本身的性质搞出一个索引来，以备查用之便。

上述四种做笔记的方法，可视各人的爱好、条件而定。至于书与格式，记在笔记本、活页张、卡片、纸条上均可。如果是自己的课本、书刊，那么写在天头、地脚、篇末、段尾都行，也可在书中作些符号或标记。总之，各种方式均有所长，但从使用价值来看，采取做资料卡片的形式更好些。做卡片请你注意几点：

一是每张卡片最好只写一个问题，一个事例。这样既灵活，又不乱，便于分类整理装订成册。

二是每张卡片须注明资料来源、书名、篇名、版本、卷首、页码等，便于查找。

三是随着学习水平的提高，应注意积累卡片向某些方面集中，使之更加系统化和深化。

四是一定要养成定期整理的习惯，按性质或需要把卡片编上页码，分类插放。既为查找使用提供方便，又可在整理过程中使自己平时分散、零碎的知识系统、条理起来。

触景生情记忆法

你可能都有这样的体会：以前学过的课程，许多课堂的细节你可能都已经忘了；但是你因病或因故所缺的课，却往往留有深刻的印象，你可以记住课文是关于什么的，甚至可以记住那其中的生字大概在何位置。一个小偷偷你的钱包，被你当场发现，他夺路而逃。虽然只有一次见面，但你一定忘不了他的模样。商店橱窗里摆着一个美丽的玩具，你无比喜爱，那么估计只是这一次路过看一看，你已经记住了它的颜色、标价。这些记忆，似乎是很自然的事，似乎是很轻松的事。为什么？

因为你融入了自己的感情。你生病了，你把痛苦融在了记忆中。对于那个小偷的相貌，你的憎恨、蔑视之情融了进去，而对你所爱的玩具，你的喜爱与关注使它在你的记忆中留下了深刻的印象，这就是感情的作用。用你的情绪来感染你所要记的资料，这在记忆学中称作情绪化。它可以使你强化对所要记忆问题的印象，爱它、恨它，同时你也就记住了它。

触景生情记忆法即是利用与记忆对象有关的景物促进记忆的方法。识记者置身于与记忆对象有关的景物之中，能对记忆对象产生丰富的想象和联想，并产生强烈的情绪和情感反应，从而对记忆对象留下较深刻的印象。与记忆对象有关的景物还能成为回忆记忆对象的中介和线索，使人们更好地回想出曾经记过的内容。

触景生情，可以使你记住生活中发生故事的每一个细节，同样，它也可以帮你记住许多要求你去学习记忆的东西。可能当时你记得不牢，印象不深，隔些天就会忘记，可一旦你将自己的情感也融入其中，它就会深深地印在你的脑海里，时间愈久，也就愈清晰。

在语文学习中用触景生情法可以记忆诗词文章。

那些课文，古诗词是作者思想感情的反映，正所谓"诗言志"。至于"言"何"志"，这是我们理解诗词的关键。如果我们把我们自己的感情和作者的感情相交融，就能更好地理解诗词的意境。那么，我们为什么不能给课文设计一个场景，闭上眼睛，让它像电影一样在眼前放映？也就是在脑海里设计一个个场景，一个个镜头，让抽象的文字变成你脑海中的图像，这其中都蕴藏着一环扣一环的情节，并让这图像运动起来，依着设计的情节向下发展。你就像导演一样，先在脑海里将这部"剧本"拍成了"影片"，记忆就会变得容易得多。举一个例子，假如我们要记忆这样一首古诗："葡萄美酒夜光杯，欲饮琵琶马上催，醉卧沙场君莫笑，古来征战几人回。"现在，这首诗就是你的剧本了。你可以闭上眼睛，设计一部小短片剧本了。屏幕上是刚刚进行过争战的军营，朦胧的夜色中，刚刚从战场上浴血而归的战士们还身着盔甲，在开庆功宴。芬芳的葡萄美酒酒香四溢，士兵们推杯换盏，好不热闹。身穿火红战袍的将军在那琵琶乐中刚要一饮而尽，忽然战士来催他上马征战。将军豪迈地拍拍战马，放下酒杯，高声说："要是醉倒在沙场上，众位可不要笑我。自古以来，冲杀征战，有几个能活着回来的？"说罢，拍马而去。好一个豪爽的将军！怎么样？现在试试背一下这首古诗，是否有思路顺畅、背得轻松之感？

再举一个意境诗的例子："枯藤老树昏鸦，小桥流水人家。古道西风瘦马，夕阳西下，断肠人在天涯。"与上面一首不同，这首诗以静物为主，缺少情节。你可以这样想像：屏幕上一片荒凉的村落，枯败的残藤牵牵连连地挂在老榕树的树干上，一只老乌鸦蹲在枯黄的树上一动不动，偶尔一点风，吹得黄叶一抖一抖，摇摇飘落。木板桥下，是浅浅的流水，桥头上有一个歪斜的茅屋。镜头向前推进，是一条黄土路在茅屋一侧，好像是过去送信的小路，荒荒凉凉的没有一个人。只在不远处有一匹瘦瘦的马正拉着一辆旧车在缓缓前行，夕阳落在天边。从路的那一头，风尘仆仆地走来一位老者，他在那里走着，走着，在整个画面上他只是一个小点。这是一组你设想的镜头，一个荒凉的场景再和诗句对照一下，你会发现你可以一边回顾那凄凉的景色，想象着作者对自己流浪在天涯，思念家乡的悲伤之情，一边吟出这首古诗。

使用触景生情法，可一定要注意细节的想象，细节想象得越清晰，记忆的效果越好，而且要综合运用你的感观。比如前一首诗中你可以想象那将军的红色战袍，这是细节，还可以想象美酒芬芳的气息，这就调动了你的嗅觉器官。第二首诗中的黄叶抖动，随风飘落，也是诗中没有的细节，却可以加深你对枯藤老树产生的感觉，你也可以想象瘦马拉着车，发出咯咯吱吱的响声，这可以调动你的听觉器官，而且越发能体会到那马是如何地瘦弱，在这荒凉的小路上是多么渺小。

再如学习《敕勒歌》一诗时，如果用语言描绘草原如何的辽阔和壮美，那也是显得空泛无力。于是你可以先放一首歌曲《草原上升起不落的太阳》激发自己的思维。寂静的环境，悠扬动听的歌声，把你带入一望无际的茫茫大草原的壮丽景色中。然后朗读课文，同时观看影片，展现高耸的阴山，广阔无垠的碧绿草原，成群的牛羊，牧民纵马扬鞭在草原驰骋的画面，这些画面能把四句诗的意境充分显示出来。读完之后你很快能够领悟到这首诗歌自由奔放的感情和对北国草原壮丽景色的赞美之情。在具体形象提供的氛围下，加上你的感情，词曲中形象自然而然地进入你的心灵中，进而品味诗词中的意境，理解蕴含在形象之下的深层内涵的艺术境界。

抄抄写写学语文

有什么一听就会的学习语文的方法吗？

有！就是抄抄写写。一种通过抄书来学习的方法。

人们都说宋朝著名文学家苏轼天赋好，能"过目成诵"。其实并不如此，而是另有其奥秘的。

一天，有位朋友去看他，等了好久，苏轼才出来会见。客人很不高兴。苏轼解释道："我正在抄《汉书》。"客人听了反而很不理解。凭苏轼的天赋和"过目成诵"的才能，还用得着抄书吗？苏轼说："我读《汉书》到现在已经抄了3遍了。第一遍每段抄3个字，第二遍每段抄两个字，现在只要抄一个字了，客人疑信参半地挑了几个字一试，苏轼果然应声能背出有关段落，一字不差。苏轼的"过目成诵"原来是勤学苦练的结果啊。

苏轼不仅三抄《汉书》，其他如《史记》等几部数十万字的巨著，他也都是这样一遍又一遍地抄写的，苏轼称它为"迂钝之法"。

到了近代，这种方法依然适用。

语言大师侯宝林只上过三年小学，由于他勤奋好学，使他的艺术水平达到了炉火纯青的程度，成为有名的语言专家。有一次，他为了买到自己想买的一部明代笑话书《谑浪》，跑遍了北京城所有的旧书摊也未能如愿。后来，他得知北京图书馆有这部书，就决定把书抄回来。适值冬日，他顶着狂风，冒着大雪，一连18天都跑到图书馆里去抄书，一部十多万字的书，终于被他抄录到手。

数学家王梓坤善用抄读法。他在上中学时，做完功课一有时间，便光顾图书馆。好书借了实在舍不得还，但买不到也买不起，他便下决心动手抄书。抄，他认为总还是抄得起的。他先后抄过林语堂写的《高级英文法》，抄过《英文大全》，还抄过《孙子兵法》，这本书爱不释手，则一口气抄两份。王梓坤认为，人们只知抄书之苦，未知抄书之益，抄完毫末俱见，一览无余，胜读十遍。

自古到今，不论什么年代，写文章都不是件容易事，但有句老话说"熟读唐诗三百首，不会做诗也会吟"，抄写可以提高写作水平。有些人读到高三，作文仍十分困难，45分钟只能写出两三百字，病句错字还颇不少，于是让他抄写范文，一般两三个月便大有改观。也有并非补课性质的——有的学生作文已相当不错，但还希望写得更好些，同样可以用这办法施教。只不过选材要恰当，要选既为抄写者所喜爱又确实适宜他学习的文章来抄写，才会收到显著效果。

在提高文言文阅读能力方面，这个办法也很管用。学过的文言课文，内容确实明白了，也能够诵读了，那么再认认真真抄一遍，对常用词认知的准确度必会大大提高。一个高中生如果每天抄写500~700字，大约用不了一个学期，高中三年学过的文言文便抄完了一遍，一学期下来，其中大部分同学文言文阅读能力的提高相当显著。

无论多少管用的方法，也完全有可能变得无用甚至有害，抄写也不例外。倘若"一刀切"，你不管自己母语应用的实际状况，不加选择地去抄，恐怕就难以行得通。如果也不管怎么抄写的，以为只要收上抄写本子就达到目的了，大约最终难免事与愿违。要想使抄写收到实效，必须有明解的训练规格，必须加强具体指导。比如先诵读后抄写，这一要求就必须反复强调；又如力争做到整句整句地抄写，而不可看一个字抄一个字，这对保证效果也至关重要；当然，材料的选择也必须同时慎重考虑。

读书札记法

许多中国古代名人都有"不动笔墨不看书"的好习惯。他们在读书读书过程中，习惯性地把看读物的收获、感想或者对读物内容的意见、见解、补充、评价和质疑等随手记录下来，这种记录被称为读书札记。往往将札记不限于所读的书，可以把联想到的所闻即录，所见即记，有感即发，不拘形式，也是一种片断性练笔方法。

札记要选准目标，定向积累，最好结合自己的主攻方向，养成习惯，持之以恒。"一日一根线，十年织成缎"。札记要经常翻阅复习，"温故而知新"，还要善于运用，举一反三，有所创新。在讲解这种方法之前，我们先说说读书札记的相关知识。

读书札记是读书笔记中最灵活的一种。它是在读完一本书或者是一篇文章后，把书中、文中的相关材料摘抄下来，以表明自己读书后的心得、体会或者是感想、质疑。之所以称读书札记最灵活，是因为它既可以对全书的内容发表感想，又可以考证或注释名篇佳句。因此读书札记与读书摘要有着明显区别——它能鲜明地反映出作者的观点和认识，同时又将自己摘引的材料保存于札记中。

读书札记不仅内容灵活，而且形式多样。读书札记可多可少，有话则长，无话则短。读书札记虽然没有固定格式，但其类型大致可分为两种：一类是治学札记。一般是作者在治学过程中对某些小问题的新的发现和认知，一般不涉及学术研究中的重大课题；作者的见解可以用论断方式来表述，也可以用假设、推想、质疑等方式启发读者自己去探究问题的结论。写这样的札记，切口要小，使读者容易抓住问题；材料要新，使读者产生阅读兴趣；语言要平实自然，使读者感到亲切。另一类是读书札记。它一般不涉及学术性问题，而只是谈论古今世事、社会沧桑、思想道德修养等，目的在于用具体的事理启发读者，使读者能明辨是非，知所行止。

既然是利用读书札记法学习，那么重点就是怎样写好读书札记——我们要掌握的知识都写进札记里了。前面讲过，写读书札记贵在评论。既然要评论，就要善于领悟文章的意义，善于发挥自己的想象力和创造力，善于质疑。这三条是写好读书札记的前提条件。做到了这几点，会大大提高写作水平。概括起来，写读书札记应该分下面几个步骤依次进行。

熟读原著，把握它的要点

从古到今，"纸上谈兵"都是一大忌讳，写读书札记也是一样。没有对原著的熟读，是不可能写出好的札记的。因为读书札记要求写出我们对所读内容的认识和感受，所以必须建立在对原著精读的基础上。精读之后，转为从原著中的关键词着手，深入研究，力争准确地把握住原著的主要内容。在此基础上，对原著内容融会贯通，深入理解。这样，第一个要求算是达到了。需要注意的是，熟读文章后要勇于超越书本中的观点，切忌人云亦云，以免对原著的理解发生偏差。

联系实际，发表自己的观点、感想

议论文写作的一大忌讳就是空发议论，不着边际，写读书札记也是如此。具体写作时，应该抓住文中最引人发生感想的关键词语或句子。如若不然，札记的评论会变得空泛无物，没有任何价值可言。此外，写读书札记时还应该注意抓住自己无意间冒出的思想火花——即使是不成熟的想法或者是片段的想法。因为它们是我们对文章最真实的反映，所以非常有价值。随时记录下这些稍纵即逝的火花，加工整理之后将会是非常好的随感。

对归纳出的观点进行整理分析，揭示其中的哲理

读书札记的范围很广泛，对象很多，所以我们在写读书札记时应该运用正确的分析方法，把握住原著的本质。也就是说，要在对原著充分领悟的基础上去写，有什么写什么，如果没有体会就不要硬写。

总而言之，利用读书札记法学习时要立足全篇，深思熟虑，有感而发，凸显哲理，也算得上是十六字"真言"吧。

第8章

你害怕数学吗?
——优等生的数学学习法

数学是人类几千年的智慧结晶,数学学习可以培养和训练思维:通过学习几何,我们学会如何用演绎推理来求证和思考;通过学习概率统计,我们可以学会如何避免进入思考的死胡同,如何最大化自己的机会。

数学是许多理工科的基础。学习数学,最重要的是要从学习中得到知识和思考的方式。

优等生学数学要把题做透

一位来自大西北的高考状元说，她复习时基本没买什么教参书，就是老老实实做课本上的题，把课本上的例题、习题都琢磨透。

研究者从近年来的高考和中招数学试题中发现，有相当一部分是对课本习题稍加改动，甚至就直接源于课本习题。

看来，优等生的经验是正确的。教材是根本，学习时一定要注意深入挖掘课本习题的功能，充分发挥某作用。解题时不要就题论题，不要题目解完了思路也就断了，而应该把思路延伸下去，从习题的各方面进行类比、联想、推广。

可是，学数学如果就那么几道题，有什么琢磨头呢？

一位老师认为至少可以从以下几个角度去琢磨书上的例题及习题：

其一，课前轻松读例题

上课之前要认真预习将要学习的内容，对其中的例题逐字逐句通读，力求在头脑中留下印象。碰上简单易懂的内容可以一带而过，遇着复杂难懂弄不明白的地方也不要着急，用笔做好标记，留待上课时解决。千万不要碰上困难就停止阅读，在难点上反复思考、斟酌、推敲，搞得头昏脑涨也理不清楚。要学会适时放下问题轻装前进，否则在浪费时间的同时徒增畏难情绪，还可能为以后的学习设置心理障碍。这又要注意以下几点：

首先，抓住课本上的方法后，注意一法多用。

其次，琢磨书上例题是否能一题多变（注意不是一题多解）。

把课本上的题目进行变通，既能激发探索兴趣，又能提高求同思维和求异思维的能力，从中尝到创造脑力劳动成果的无穷乐趣。

第三，琢磨书上的题是否能一题多解，除了对课本上一些比较重要的习题，或综合性较强的题目采用一题多解外，还可对一些看上去是平淡无奇的习题也作一定的努力，看是否能有别的解法。

其二，课堂认真抠例题

人的注意力不可能长时间高度集中，老师在课堂上所讲的内容对不同的同学来说难易也不同。上课时我们必须有张有弛，"劳"、"逸"结合（"劳"即注意力高度集中，"逸"即注意力相对集中），把握住老师讲课的节奏。简单易懂的可以轻松跃过（必要时也可精神溜号，思考某个问题或者记忆本节课要求掌握的定理、公式），主要精力要放在你预习时所标注的难点上。讲到重难点时，老师往往会加重语气、放慢语速、适时重复，我们可以抓住老师如何讲课的特征，及时"聚焦"注意力，一个字也不错过，看老师分析、比较、归纳、综合，如何联系以前学过的知识，如何融会贯通，举一反三。画龙点睛之处要打起十二分的精神，比如容易出错的地方、正负号的运用等。认真抠例题才能真正理清例题的解题思路，掌握重点，把握难点，为解题能力的提高奠定基础。

其三，课后分析看例题

课堂上例题弄懂了，并不说明你具备了解题能力和知识迁移能力。课后还需要从一个新的角度重新审视、分析例题。由于新知识的掌握、知识面的扩展以及老师的引导、点拨，再看例题时则对难点有了不同的认识，进入了更高的层次。对题中基础知识的运用，分析、推理方法的选择都会有更深的理解。例如，在做几何证明题时，通过看例题，可以分析该题涉及了哪些前面学过的知识，看还有没有别的（利用其它辅助线、定理）解题方法。如果课后不看例题思维就会停留在一个浅层次，无法完成由浅入深，由表及里的转化过程。

其四，作业推理识例题

做练习是运用知识解决问题提高能力的最重要最有效的方法，也是学好数学的关键。做作业时首先要识别题型（即这道题属于本章节所讲例题的哪一类型）；其次要回忆书上是如何解题的，再次分析有几种解题方法，最后明确哪一种方法最简便。需要特别指出的是，在识别题型时还要仔细回忆具体的解题步骤，如果识记不清或对以前学过的例题产生了遗忘，要不惜时间去翻阅、分析、记忆。通过做练习综合所学知识，分析所见过的题型，牢记解题步骤、方法。

其五，考试综合串例题

考前复习要归纳压缩知识，把书读薄。要做到这一点，除了大家常用的"知识串串"法外，"例题串串"也是学习数学必不可少的有效手段。所谓"例题串串"，就是要弄清全书有几章，每章有几节，每节有几道例题（其实每道例题就是一种题型），每种题型是如何解答的，对全书例题做到心中有数后，就进入了最后一道工序：抄例题、解例题。在作业本上工工整整地抄下一道例题，熟悉题型。合上书本（千万不可先看解法再解题），按书上解题步骤、解题方法认真解题（决不能马虎成删减，省略）。解答完毕后再翻开书本参照例题一一对照，看解题方法、步骤是否与书中一致，如有不同，分析原因，寻找存在的知识盲点和这样做的利弊，最后订正并记忆。如果针对例题的闭卷考试答案与书中（方法、步骤）完全相同，那你一定能轻松地完成书上所有的练习题而且不会丢步骤分。这就充分说明你不仅掌握了全书的内容，而且解题过程规范。

这一方法不仅学习数学时可用，学习理、化等课程时也同样适用。例题，是理科教科书的主体部分之一（试想删去例题，一册教材还剩下什么）。编书者在选择例题时，是费了许多心血的：选什么样的题？选多少？怎么选？所以说，教材是最好的参考书，你一定要琢磨深，琢磨透。

做不会做的，会做的就不做

你是不是会有这样的疑问：数学也没少做题，有些题还做了不止一次，怎么成绩还是提高不了呢？

上海师大附中的高考状元冯雨的经验是：做不会做的，会做的就不做。意思是会做的题目是用不着重复去做的。虽然这个学习方法可能听上去有点"投机"，但非常管用。落实到平时的学习中时，他说"比如上课，我就不能保证始终全神贯注，但会认真听那些新的知识点，遇到老师讲解一些我不会做的题目时也会特别留心。"同样，张丰羽说自己做习题时也是有"选择性"的，当然这主要是基于他自己所说的"一般不会在同样的题目上错两次"。

另一名状元周鸿说："我最喜欢的学科是数学，数学取得单科成绩第一的成就获益于一位老师。这位老师说过这样一句名言：做不会做的，会做的就不做。这句话让我琢磨了好长时间，觉得非常有道理。首先，我们要问，为什么做题？做题的目的是什么？不是别的，就是找一找哪些东西自己还没有掌握，哪些东西自己掌握了，重点应放在自己没有掌握的东西上，而不是没有目的地跟着题跑，那样就失去了主动性。每个人的情况不同，有的人这方面强一些，有的人那一方面差一些，如果能找出自己在哪些方面差，这就成功了一半，然后你再针对自己的弱项下功夫。这样，你就会不断提高的。"

周鸿同学说，他个人认为，做十道重复的题目不如做一道你不熟悉的题目。做一套卷子，做完后必须总结，从中发现问题。凡是属于自己做错了的题，决不能放过，否则就会一错再错，搞乱了阵脚。采取这样的态度，时间一长，就会感到要做的题其实不是很多。当你觉得没有什么题可做了，你复习得也差不多了。

"什么不会就做什么，什么会了就不做"，这真是简单得不能再简单的道理。你也许会说："这算什么经验？"先别忙着下结论。事实上，有多少同学就是忘记了这个简单的道理，什么不会就不做什么，什么会了却还做什么，浪费掉了宝贵的时光。

既然说"什么不会就做什么"，那么，首先，就要弄明白自己究竟什么地方不会，其次，要弄清楚为此去"做什么"。

既然说"什么会了就不做"，那么，也一定要搞清楚自己是真会了，还是假会了？是百分之百地会了，还是只会百分之五十？如果是真会了，就不做；如果仅是假会，那就还得做。

如果是百分之百地会了，那也不用做；如果只会百分之五十，那就要弄明白，不会的那一半是什么，这一部分，还得练！

数学的"理科文学"法

你也许认为，数学主要靠做题，没多少可记的东西。的确，与文科相比，甚至与同为理科的化学比，数学的记忆量的确不大，但这并不表明学习数学就无需记忆。至少以下一些内容，还是应该牢牢记住的：

对公理、定理、定义要记忆

立体几何第一章是立体几何的基础，其公理、定理、定义非常多，能否准确记忆这些公理和定理是能否顺利学习立体几何的关键。因此应采用课堂记忆、课堂提问、课堂测验、课后作业等多种方式反复进行强化记忆，使绝大部分同学对每个公理、定理、定义都能准确无误地叙述出来，为进一步学习打下坚实的基础。

对如何应用公理、定理要记忆

准确记忆公理、定理是为了能应用这些公理、定理来解决实际问题，但不少学生对具体的几何问题常常不知从何入手。因此，对每个公理、定理应用的条件，怎样应用不妨一一列举出来，并加以记忆，在思维中形成一个模式，即遇到什么样的问题应该怎样处理。例如，"线面平行的性质定理"，虽然能倒背如流，但遇到具体问题却仍束手无策，因此，针对定理本身的内容，要求记住"线面平行作平面"。这样通过反复的练习，对这类问题的处理已非常熟练，而数学能力正是在这种反复的记忆训练中逐步形成的。

对常用的数学方法要记忆

常用的数学方法的掌握是数学"双基"的一个重要内容，是学生必须掌握的一种技能。数学离不开方法，复习中，注意把常用的数学方法例如分析、综合、反证、配方、数形结合等反复加以训练，在反复训练中达到记忆的目的。同时注意每隔一段时间，要再现这些重要的数学方法，以防止遗忘。

对重要的习题要记忆

所谓重要的习题即是一个单元中紧扣教材重点和难点、具有一定数学方法的例题和习题。熟练掌握这类习题所涉及到的知识点和解题方法，就能够控制一类习题，就能够在以少胜多的优势中做到以不变应万变。因此这类习题一定要通过不断地再现以达到记住、记熟、会用的目的。曾有一位考入北大的女生介绍，她的方法，就是把课本上的例题都背了下来。

那么优等生有什么好的数学记忆法供大家参考呢？

方法一，理解记忆法

记忆以理解为基础，只有理解了的东西才容易记住，才易为人们所接受。反之，不理解或不太理解的东西，就不易记住，且往往容易出错。

例如，对于代数公式 $(a+b)^2=a^2+2ab+b^2$ 有的同学是硬记，一项一项，将三项按顺序背下来。这是机械记忆，不仅费力气，而且容易遗忘。

有优等生从图形的角度去理解：所谓 $(a+b)^2$ 不就是边长为a+b的正方形的面积么。把这个积图画出来就可以看到：整个正方形由四块组成，一块是a^2，一块是b^2，两块是ab，加在一起不就是$a^2+2ab+b^2$了么。这就比较好记了。还有的同学也从理解的角度了解到，$(a+b)^2$ 展开后，反正会有a和b的二次项，也就不用记了，只要记住有一个一次项"2ab"，放在中间就可以了。

方法二，比较记忆法

比较记忆法就是在数学学习中，通过知识的内容、形式、特征的比较记忆知识的方法。这种方法由差异明显的特征植入人脑，加上丰富的内涵，印象深刻，往往能收到事半功倍的效果。

方法三，口诀记忆法

数学中的某些概念、法则、定理和公式具有一定的规律，我们可以用通俗的语言编成口诀进行记忆。最常见的像三角中的诱导公式，共有54个，若孤立地记，十分不便；若根据角的情况编成"奇变偶不变，符号看象限"就容易记忆了。

方法四，图像记忆法

直观形象是记忆的基础，可借助某些特定的图形、函数图像，进行联想、抽象，是一种有效的记忆方法。

正如某特级老师所言，数学学得较差的中学生，普遍是对数学知识认识能力差、保持能力差、回忆能力差、再认能力差。就是说，看了记不住，用时想不起，见了不认识。所以，抓住记忆这一环节，也许是改写数学成绩的一个捷径。

做笔记学数学

坚持做笔记是学好数学的重要手段，除了记听课内容外，主要还有以下几个方面：

记作业中存在的问题

作业的好坏，能真实地反映学习的效果，暴露学习中的缺陷。作业中的错误可分为一般性错误和个别性错误，经常性错误和偶发性错误。记作业中存在的问题，分析错误的原因，重新建立正确的答案，实际是一次再学习、再体会、再认识的过程，也是进一步体会教材的重点、难点的过程。通过记录作业中存在的问题，可了解自己对哪些知识容易混淆、容易出错，及时采取适当的补救措施，把知识理解透、掌握牢，不留尾巴和后患。坚持做这样的笔记，有利于及时发现自己学习中的薄弱环节；有利于对所学知识的深入理解；有利于培养独立思考问题，解决问题的能力。

记一题多解的方法

数学题的解法，有时不是唯一的，随着知识面的不断扩大，解决问题的途径也越来越多。经常探讨一道题的多种解法，寻找最优解法，能将所学知识融会贯通，收到精益求精的效果；又能促进基础知识基本技能的牢固掌握；还能积累解题经验，提高分析问题和解决问题的能力。如对于"在直角三角形中，斜边上的中线等于斜边的一半"的命题证明，可利用中位线定理、全等三角形、矩形性质、圆内半径相等以及复数等方法给予证明。实践证明，对于一个数学命题，从不同的角度去分析，用不同的依据、不同的方法去解，能开阔自己的思路，培养思维能力。

记"一法多用"、"一题多变"

学习知识要养成探索规律的良好习惯。将具有内在联系的数学命题串在一起，形成问题链，分类记在笔记上，可以达到"举一反三"的效果。学习一个题，会一类题，做一个题，会解一串题。今后碰到一个新的命题，就不会去想以前做过没有，而是考虑它由什么简单形式变化而来的，应用什么手段将其化为标准命题，长期下来能消除消极的思维定式的影响，从而使所学的基础知识脉络清晰，解题活而不乱。

"一法多用"是命题角度的发散，解法角度的集敛，而"一题多变"则是命题角度和解法角度两个方面同时发散。因此，它是培养创造能力的有效途径。

记与教材有关的生活现象或事例

数学是从实际生活中提炼出来的。它是抽象思维的体操，要使它永葆青春，必需用生活作"支点"。为此留意生活中的现象，并把它与数学教材的内容联系起来，可以获得形象而恰当的比喻，更能激发起学习兴趣，加强时数学概念的理解，增强知识的记忆。如集体照相中每个人的位置关系变化所得照片的张数能加深对排列组合概念的理解；用工地上钢管的堆放强化数列求和公式的记忆；用天上的云彩与下雨的关联阐述中学数学中的难点"充要条件"……日积月累坚持这项工作，能使学习情绪始终饱满，学习数学知识有更大的乐趣。它使抽象思维能力得到进一步提高，数学素养更上一个台阶。

记学习成功的经验与失败的教训案例

在漫长的学习生涯中，每个人都存在着大量的成功经验和失败的教训，它们是重要的个人财富。及时将它们记录在案，可以帮助自己不断提高学习效果，增强才干。

经验和教训的总结，要写得深入浅出，就自己感受最深的一个方面、一点体会去谈，不必面面俱到空洞无物，要正确描述（把握）学习实践中的事实及其产生的过程，揭示事实之间的因果关系，提出规律性的认识，使之对未来的实践产生指导作用。持之以恒，长久不懈地记下去，体会自然会转化为能力。教训也会转化为经验，随着时间的推移，个人的数学素养将达到新的高峰。

实践说明，坚持做好数学笔记，并将其有机渗透于数学学习过程之中，能简化复杂问题，降低概念的抽象程度。同时能充实教材，丰富经验，增强学习趣味性，从而改变数学教材的枯燥、抽象的现状，提高学习数学的兴趣，增强数学素养，完成由"知识型"向"能力型"的转化；由"封闭型"向"开放型"

的转化；由"经验型"向"科研型"的转化。

弄清体系，大局着手

数学里面概念，分式……一大堆，也不好记，怎么办？

以优异成绩考入南京大学国际贸易系的赵静同学说，她数学成绩一直欠佳，后来老师教给她一个很简单的办法：弄清数学课本一共有几章，每章讲些什么，她竟一下子开了窍。她在她的高考总结中写道：

数学，从初一起就是我的老大难，中考时就让我吃过大亏，可无奈我对那一堆枯燥的字母颠来倒去的计算实在缺乏激情，所以高中以后成绩仍未见起色。结果，高三第一次家长会班主任就严重"警告"，说我高考将"成在数学，败也在数学"！我当然不想败，可在我为了数学脑细胞死亡了n多个后，仍处于一看就懂，一做就错的"高超"境界。我拼命想向前冲，可总觉得自己在原地踏步，到了12月份，我的数学成绩仍在及格线上挣扎，我急得真想撕书，可又觉得该撕的是我自己，只好厚着脸皮去请教数学老师。她第一个问题就问得我哑口无言——从高一到高三数学书共有几册，每册又分哪几章。看到我一脸尴尬，她笑着指出我的毛病：只会就题论题，不明白书本体系则不能融会贯通，不会归纳题型则无法举一反三。我若有所悟，在老师的指导下，首先回归书本和笔记，把各章要点和基本题型列成提纲，反复琢磨。也不像以前那样乱做题，而是拿到一题先分析题干，划出关键字词和条件，辨别它考了哪几个知识点，再想需要用什么思想方法来解决。我专门选定了两本参考书，把上面的题做了三遍，每做一遍就对同类型题加以总结记在本子上，想不通的马上请教老师或班上数学泰斗级人物。结果当我再拿起题目时已不像无头苍蝇一般无所适从了，有许多题我能看一眼便知它考的是什么知识点。我的数学成绩开始上升，甚至有一次考了全班第一，140分，这正是"柳暗花明又一村"。虽然我基础不好，后来高考只考了117分，但值得庆幸的是它最终没有拖我的后腿。

显然，这位高明的老师教给赵静同学的办法是：

第一步，弄清高中三年共有几册数学教科书，每册书有几章，每章又主要讲什么。这个问题弄清楚了，实际上高中教学的知识框架就基本清楚了。

第二步，每一章有些什么基本题型。

第三步，将知识框架和基本题型列成提纲，反复地看。

第四步，通过做题，熟悉并补充上述提纲。

弄清了数学一共有几册书、每册书有几章后该干什么呢？

弄清教材有几册几章，这和以高考理科状元身份考入北京大学的胡智同学的"高中数学分板块"有异曲同工之处。他认为：高中数学内容看起来不少，但归纳起来也无非是几大"板块"。一是函数板块，二是三角板块，三是立体几何板块，四是解析几何板块，五是数列极限板块，六是排列组合板块，七是复数板块。其中第一、二、四板块是尤其重要的，比较难的大题大多出自这三块，因此可以多花一些力气。复习时可以先按照大的板块复习，争取搞清每一个板块的各种题型，并做到能熟练地对付每种题型。

看来英雄所见略同。

按照新的国家课程标准和新的教科书，高中数学的内容略有调整。不过不管内容如何调整，胡湛智的方法仍是适用的。我们可以将他的方法归纳、充实为以下几步：

第一步，将数学知识分为几大"板块"。注意结合高考试题的分析，研究每一板块的特点。

第二步，每一"板块"下又可分若干小"板块"。如函数这一大"板块"下，就又可分为二次函数、单调函数、反函数、对数函数等若干个小"板块"。对每一小"板块"的特点，也应心中有数。

第三步，每一小"板块"下有哪些基本题型，应心中有数。应该尽量多见、多做相关的题型。

第四步，相关题型不仅应会做，还应做熟。

将内容按照"从大到小"的原则，串起各个知识点。理清主干，接下来，才是具体知识点的总结列举，因为你所学的东西不是散落的，凌乱的，而是有条不紊的。就像给了你一大把七彩珠子，你先要按大小颜色分好类，擦干净它们，找回丢失的珠子，然后，用你自己的美学的观点，把珠子恰当的搭配组合起来，用坚固的线穿起来，在你需要的时候，你不会手忙脚乱地抓着一把珠子，捡了这个丢了那个，而是轻轻松松地拎起一串珠链。

第9章
你害怕英语吗？
——优等生的英语学习法

英语是一门国际语言，它是一扇能给你打开更广阔世界的窗口。任何语言的学习都没有捷径。也就是说你不管学什么都要付出艰苦的劳动，必须要脚踏实地刻苦努力。学习语言没有早晚之分，只要你努力，再加上正确的方法，就会成为出色的人才。

虽然英语学习没有捷径，但有窍门。窍门就是解决问题的一个好的方法。学习英语的窍门，就是要创造环境，每天坚持一定时间的学习，因为它是一个实践性极强的学科。

英语的逆向学习法

英语的逆向法就是先听录音，然后写出自己听到的句子，再学习其发音和读英语并进行背诵，最后对自己的学习进行归纳总结。这样就和传统学习英语的程序相反，所以称之为逆向法。

逆向法是一种"以迂为直"的学习方法。有点违背正常思维，在刚开始逆向学习时，可能遇到的困难会比较多，短期的实时收效可能不如"正向学习"来得"立竿见影"，但它可以收到"正向学习"所达不到的效果。

逆向学习的具体做法包括"听、写、说、背、想"五个步骤。英语水平不高的初学者听英语录音，没有文字材料做依托，困难很多，逐词逐条才能真正听懂，具体做法如下：

把听到的写出来

先把某一条录音内容从头到尾听几遍，听不懂也要硬着头皮听。先听懂其大意，分出段落和句子，然后再以一句话为单位反复地听。搞清楚一个句子由几个词组成，每个词在句子中起什么作用，主、谓、宾语都是哪些词等。每听一遍就把听懂的词一个一个按照顺序写在纸上，排列成句子，听不懂的词就先空着。对于英语听力比较低的人来说，刚起步时听不懂的地方实在太多了，有时恐怕连自己也说不清到底有多少处听不懂。在这种情况下，只有把听懂了的词写出来，才能搞清楚到底有多少处听不懂。

对于碰到的生词，一定要听到能模仿录音正确地念出来，准确地抓住各个音节的发音为止。因为只有准确地把各个音节的发音抓住了，读出来了，才有可能根据语法和语音知识试拼出一些词，再到词典里查找。由于正确答案往往需要反复多次才能找到，所以听写时要"写一行，空两行"，留下充分的反复修改的余地。为了纠正不正确的拼写，"写"的时候稍有疑问就要查词典，并用有色笔标出生词和错误的拼写。

对于听写不出来的词，不要就"词"论"词"，一听写不出就立即把录音机停下来，不再往下听写，应该继续听写下去，把听写不出的词放到文章的整体内容上去理解。常常有这样的情况，孤立地去抠一个词，百思不得其解，但若与整句话，整条消息联系起来去理解，思路就宽了，往往也就知道是什么词类和怎么拼写了。

有时同一个生词在录音中多处出现，一处听不清或听不懂，可以先放一放，看看能不能从别处得到启发。因为可能别处的录音很清楚，或者与别的词搭配在一起被你听懂了。听写过程中，对于没有确切把握的词，也要先"写"出来，再在以后的不断听写过程中去校验和纠正。同一新闻在不同的时间由不同的播音员播出时，由于各人的语调有区别，有助于听懂一些疑难词的发音。

"听"与"写"两个步骤不是截然分开的，对于英语水平不高的初学者来说，一段录音的听写不是一次就能完成的，而是要经过多次的"听"与"写"互相促进，互相启发，交替前进才能最后完成。

从学习英语的角度出发，初学者在起步阶段必须一边听一边写，如果光听不写，可能会有以下两种情况。一是漏掉了一些听不懂的词，失去了学习和提高的机会；二是有了听不懂的词时，如果只听不写，往往听的遍数再多也可能还是听不懂，但是如果把听懂的部分写在纸上，前后内容联系在一起，经过思考以后再去听，可能又会听懂一些别的内容，如此不断反复，直到全部听懂。

由于严重杂音干扰而无法从语音入手推断的词，可以根据语法进行补充，就假定自己是这条新闻的作者，在听不清的地方应该用什么词。或许填上去的词不正确，但总比空着好，而且随着听录音时间的增长和英语水平的提高，自己也有可能发现并改正。

学习过程中应用自己脑子中已有知识进行推理，是人们认识事物的正常思维现象，在听写英语录音过程中很难完全避免。但是对于英语程度不高的初学者来说，为了真正提高自己的英语，尽量不用专业知识推测去搞懂英语的意思，而要主动地多听写与自己专业无关的英语录音，而且要一词不漏地全部听写出来。在一定的阶段上这样做可以大大提高根据发音从词典里找生词和直接从英语本身去理解文章内容的本领，其效果比听与自己专业有关的英语录音要好得多。这种情况很像戏曲演员的反串，唱花脸的演员要特意去学唱其对立面青衣，以锻炼全面的表演能力。在这方面，我们要向专职的翻译人员学习。他们翻译的内容五花八门，今天这个专业，明天那个专业，根本没有可能搞懂所有要翻译的专业内容，有时甚至仓促上阵。但是由于他们的英语基本功扎实，只要临时把有关的一些专业名词"突击"一下就能随机应变地进行翻译。

会说后要达到会背

整篇文章听写出来以后，就要学"说"。方法是：听一句播讲人的话，自己学说一句。学"说"时尽量使用能不断重复一段录音内容的复读机，根据自己的水平确定学"说"的时间长度，尽量"说"完整的一句。

学"说"过程可以分两步走：第一步是"比读"，即把自己学"说"的语音录下来，与录音带上标准的语音对比，看看什么地方学得不像，如此不断重复，直到能模仿说出大体上正确的语音为止；第二步是要与录音带上的声音同步"说"。

学会"说"以后，就要"背"了。把一段录音的听写记录翻来覆去地高声朗读，达到基本会背诵的程度。"背"对于提高听力有很大的作用：例如慢速英语新闻广播有一定的格式和句型，"背"上一段时间的消息以后，就会熟悉它的风格和常用的句型，就比较容易听懂新的内容，有时甚至可以超过播讲人的声音，听了一句话中前面的几个词后能提前说出后面的一些词，或听了上一句话后能提前说出下一句来。到了这个地步，听写时的紧张心情就减轻了，或者基本上消除了。心情一放松，水平就能发挥出来，应该听懂的也就能听懂了。

做个有心人，"想"在全过程

如果前面"听、写、说、背"四个学习环节突出了"苦干"精神的话，那么"想"这个环节就主要是讲怎样在"苦干"的基础上"巧干"了，就是要求在整个学习过程中做一个"有心人"，善于开动脑筋。"想"的内容有以下三个方面：

首先是想一想学习的进度是否合适，学到的知识是否扎实，本书提出的学习要求达到了没有。前面已经提到，由于学习进度是自己掌握的，不知不觉地会加快学习进度。由于没有客观考核，即使学得不深不透也还自以为学得不错。所以在整个学习过程中，尤其是在打基础阶段，要经常告诫自己"慢些，慢些，再慢些"，时时检查学到的知识是否扎实，如果不扎实则坚决重新学。

其次是总结和归纳学习方法方面的经验和教训。和学任何别的知识一样，只有经常总结和归纳的人才能学得快学得好。每个人所处的环境不同，学习过程中不同阶段碰到的困难不同，因此取得的经验和教训也不同，应该及时地进行归纳和总结。自己总结和归纳出来的经验和教训，适合自己的情况，用来指导自己学习，效果特别好，可以收到事半功倍的效果。进一步说，自己总结和归纳出来的经验和教训可能对别的人也有参考价值。孤立地去看，每一个具体的经验和教训都是很小的，不系统的，没有多大价值，但是积累多了，量变引起质变，可能会成为系统的、有价值的、有一定新意的一种方法。

最后是总结和归纳学到的英语知识，使之系统化，记忆深刻化。例如每学到一个单词或一些文法知识，要好好地想一想，过上一段时间还要很好地归纳整理一下。归纳和总结的一项主要内容是分析自己在听写过程中所出现的各种各样差错。实践证明，通过分析自己的差错进行学习，效果特别好。比如有的内容听写不出来，有的听写错了，有的听懂了但写得不对等，就要分析原因和寻找避免的方法。就拿单词来说吧，如果听写中自己不会的单词，多次试拼出来的词在词典里都没有，或虽然词典里有，但不是所要的答案，最后通过别的途径找到了真正的答案，就要很好地总结一下为什么自己多次试拼出来的词都不对，是不是没有准确地抓住播讲人的发音，还是自己的语音知识不高，或是碰到什么特殊的发音。每学到一个新的单词，都应该在拼写、发音和释义等三个方面与自己已经掌握的单词进行对比，找出异同点，以形成"联系记忆"。发音和拼写上有特点的词要倍加注意，看看能否找到记忆的窍门。对于语法也是一样，如果理解不了或理解错了，就要找语法书来看，搞清楚正确的理解应该是什么，自己为什么理解不了，或者自己的理解错在哪里等等。

逆向学英语的优势所在

一些优等生在逆向学习法的实践过程中，通过"听、写、说、背、想"五法并举，使脑子的潜能得以充分地发挥，具有许多优点：

①能迫使学习者注意力高度集中，充分调动其主观能动性和学习积极性。

用逆向法学习，没有现成的书面课本，而以录音带为学习内容，以录音机和各种词典为自己的第一老师，学习者的思维完全受"老师"（录音机放出来的声音和查阅各种词典）的制约，与之同步。录音机不停地转动，放出来的声音连续不断，迫使听者的注意力高度集中，稍有疏忽就得重来。对于难以集中起自己注意力的人来说，确实是一种好方法。

用听写的方法由学习者通过自己的艰苦努力，一个词一个词地写出一个课本来。由于学习者本身是课本的主动"创造者"，因而会有很强的参与意识，能充分调动学习者的主观能动性和学习积极性。

②融各种英语知识的学习和能力的锻炼于一体。逆向法的"听、写、说、背、想"五法并举，是比通常的正向学习要难得多的一种学习方式。它把发音、语调和语感、单词的意义和拼写、句型、文法等知识的学习和运用融于一体。在反复听的过程中，不知不觉地掌握了单词的发音、重音和朗读的语调；在不断地猜测和查字典的过程中，不知不觉地学到了很多发音规则并牢牢地记住了猜出来的词；比较简单的课文，等到基本正确地写出来的时候就已经会背了；对于各种常用的句型也很熟悉了；长期听写，对于英语的语法结构也就习以为常了；能用英语的思维方式直接接受英语了等等。

③学到的英语知识印象深，记得快记得牢。

不少人学习英语过程中感到最头痛的一个问题是记不住生词。研究记忆的科学家们指出，记英语单词，不能完全靠机械地死记死背，而是要靠"听、说、写、背、想"五法并举，耳、嘴、手、脑同步动作。这样做，视觉、听觉和口腔肌肉以及手部肌肉运动等在脑子里产生的印象就会很深。最近的脑科学研究表明，人们在听、写（写的同时也有"看"的过程）、想、说时用的是脑子的不同部位。逆向法"听、说、写、背、想"并举，耳、嘴、手、脑齐开动，是全面利用脑子的潜力，而不是单打一，所以其效果必然很好。

④大大提高英语的熟练程度。

听写时，自认为听懂了的词和句子都要写出来，句子结构要符合语法，每个单词的拼写要准确无误，没有把握就勤查语法书籍和词典，以纠正不准确的语法知识和单词拼写。不断地"听、写、说、背、想"各种单词和句型，不但可以把原来"晃晃悠悠"的英语知识固定下来，把"滥竽充数"的剔除出去，而且可以在脑子中形成音形一体化的英语形象，只要听到一个词的发音，脑海中会立即浮现出这个词的形象，反之也是一样，只要看到一个词的形象，耳边似乎会立即响起这个词的声音。到了这种程度，说明你的英语熟练程度已经大大地提高了。

⑤一定程度上也可锻炼"说"英语的能力。

虽然听录音是单方向的，但是由于在听写的基础上增加了一个"说"的环节，一定程度上也可使"说"英语的能力得到锻炼，起码可以做到俗话所说的"舌头不发硬"。坚持不断地"听、说、背"英语，熟练到了一定的程度，在与外国人对话时，不知不觉会从自己的嘴里说出一些语句来。真是"熟读唐诗三百首，不会做诗也会吟"，而且符合英语语法。由于日常会话所用的词汇与科技慢速英语所用的词汇有很大的不同，这里所介绍的"说"并不能代替口语的训练，想学日常英语会话的人仍然必须去学英语会话读本。

逆向学习法有很多的优点，但是能否有所成就，关键还是在于个人。它要求我们在苦学的基础上巧学，必须付出艰苦的劳动。其次还要在学习别人介绍的各种方法时，必须结合自己的情况灵活运用，不要生搬硬套。把别人介绍的各种方法变成自己的东西要有一个过程。看几遍以上介绍的学习方法，似乎是理解了，其实不一定。因为"感觉到了的东西，我们不能立刻理解它，只有理解了的东西才能更深刻地感觉它"（毛泽东：《实践论》），只有在自己的不断实践中才能一步一步领会各种方法的要领。最后是在学习别人介绍的各种方法同时不要过分迷信这些方法，被这些方法限制住自己的主观能动性和创造性。只要在学习各种方法的同时结合自己的情况，用心思索，不断总结，不但能学到这些方法的精神实质，而且还能总结出自己所特有的学习方法来，正是这些自己所特有的学习方法才是最有效的。

广播学习英语法

学习英语的方法、途径虽然多种多样，但绝大多数学习英语的人却苦于缺乏一个地道、真实、立体化的学习环境。而利用收音机学习英语恰好可以弥补这一不足，大大提高英语学习的效率和水平，因为利用广播学习英语具有如下优点：

①语言地道、准确。

收音机里的英语广播节目所使用的语言都比较规范、地道，尤其是像BBC、VOA、Radio Australia、China Radio International等广播电台能为我们提供非常地道的英语语言范例。

②时效性强。

英语广播节目因为其自身特点，具有很强的时效性。因此无论是我们所收听到的内容，还是所听到的语言往往都是非常鲜活，非常具有时代感的，这样可以弥补平常学习材料内容陈旧的重大不足。

③信息量大，具有选择性和开放性。

英语广播节目信息量大，内容丰富，涉及政治、经济、军事、文化、体育、生活、娱乐等与学习、工作和生活密切相关的方方面面的知识和信息。

同时，英语广播还具有很强的选择性和开放性。我们可以根据自己的能力、需要选择收听不同的电台以及不同的节目内容，如英语入门、英语新闻、专题讲座等。

英语广播节目的内容丰富，可谓五花八门。俗话说，"弱水三千，只取一瓢"。可以利用英语广播节目重点学习下列内容和培养下列能力。

①学习词汇。

扩大词汇量是利用英语广播节目学习英语的一个重要内容。电台的英语广播节目会为我们英语词汇的学习提供大量具体、生动、真实的范例。因此我们应该好好利用英语广播节目学习生词、词组、成语及习惯用语、流行词语，并注意学习掌握一些常用词汇的不同用法，从而丰富充实自己的词汇库。

②培养和提高听力，促进口语能力的提高。

正所谓熟能生巧，坚持收听英语广播，听力会自然而然地提高。但在培养听力时，应有计划性和针对性，注意处理好泛听与精听的关系。英语广播节目有一些内容是以对话等互动的方式呈现，因此，收听这些节目时应注意节目中的人物如何进行表达和交际，从而通过收听提高、促进自己的口语表达能力。

③积累文化背景知识，提高英语综合能力。

英语广播节目还给我们提供了大量有关英美等西方国家的文化背景知识。如VOA的The Making of A Nation（建国史话）、American Mosaic（美国万花筒），BBC的英国生活、西方音乐的故事，Radio Australia的澳洲风情、澳洲生活等。它们能使我们了解这些国家的历史、地理、建筑、音乐、风俗习惯等多方面的文化背景知识，所以，我们在收听学习时应注意在这方面进行积累。这些对提高我们的英语综合水平和能力是大有益处的。再谈谈利用英语广播节目学习英语的大致方法。

要制订一个切实可行的收听计划

凡事预则立，不预则废。制订一个切实可行的收听计划是保证收听时间，提高收听效果的前提。因此在利用英语广播学习英语时，要根据本人的英语基础和能力、需要、喜好、可支配时间等因素来制订好收听计划。

要循序渐进，持之以恒

利用英语广播学习英语时要量力而行，循序渐进。在收听之前收集一些所要选听电台的资料，熟悉其栏目内容与播音员常用语句，会对收听大有帮助。在此过程中，我们也可以去买一些英语广播节目的图书资料与录音带进行热身学习或在收听学习过程中对比参考。另外，向那些有英语广播收听学习经验的人请教也不失为一个好的办法。

在日本，对收音机的收听时间以及利用方法的调查认为，广播学习法利多弊少。收音机同在教室里上课一样，是以讲课为主的，利用它来学习要始终集中注意力。

在利用广播学习时还要注意

①要有计划地收听，列入自己的学习计划，养成按时收听的习惯；

②有选择地听，目的不同收听的科目也就不同。

在选择节目时要考虑到本人的特点、学历程度以及对这门学科的兴趣大小等因素。

联想法学英语

所谓联想，就是由当前感知或思考的事物想起有关的另一事物。心理学认为，联想实际上反映了客观事物之间的联系，它在促进人的记忆、想象、思维等心理活动中，占有重要的地位，它成为了人的思维的一种形式，成为了学习的一种方法。学习的一种主要机能就是在有关经验中建立联系，思维中的联想越活跃，经验的联系越牢固。经常地形成联想和运用联想，可以增强学习效率。

在我们学习外语的过程中，联想更是一种重要的方法，它可以使我们避免那些枯燥的语法，生硬绕口的发音，极大地提高效率，达到事半功倍的效果。前人总结的比较有效的联想方法有以下一些，还附上了一些例子，以供参考。

①比较联想。

比较联想，是指由视觉看到或听觉听到的词而引起对另一个词的回忆，并从中进行比较，找出它们之间的相同、相似或相反之处，从而建立起某种联系。这种联想常可用于一些同义词、近义词、反义词（或短语）的学习。如：learn——study, high——tall, just now——a moment ago, long——short, open——close, get on——get off, husband——wife, teacher——student, king——queen, teach——learn, 等等。

当然，应避免机械的、简单的联想，在比较联想中，有比较还应有鉴别，特别是对近义词，尤其应这样。

②近邻联想。

心理学认为，人的心理机能活动具有一定规律性，这种规律性也体现在人们对时间和空间上邻近的事物会自然地展开联想。近邻联想指的就是这种在时间和空间上由一事物引起对另一事物的回忆的一种心理现象。如，ice→snow→winter→skate；或ice→water→steam等，由此再与solid→liquid→gas相联系。这种联想，只要有时间，尽可不受约束地进行下去，在复习单词时，更可以这样做。

对单词按词义分类联想，也是近邻联想的一种形式。如把名词分成人物、家庭、地点、建筑物、气候、自然、时间、人体、动植物、学科、语言等类，这样，在学习、复习一个词时，会较容易地联想到同类词中的其它词。

③情景联想。

这种联想是从某一单独的、具有普遍意义的词（或短语）引起对某一具体的、特定的情景的联想。这种联想，不仅加深了对单词的印象，有利于记忆，还能把词与句、词与文相结合，达到理解掌握、准确运用所学词汇的目的。

情景联想，首先在于情景，情景应生动有趣，与众不同；其次在于联想，联想应恰当、合理。如在学习单词cry时，先将其读音/krai/与小孩的哭声相联系，这是情景之一；在学过这一课的课文后，把cry与课文中the baby有关的情景联系起来，这样，学生对cry的词义、过去式、动名词形式及其与hard的搭配用法等，就有较为鲜明、深刻的印象。有时，还可把某个词与多种情景相联系，加强记忆效果。复习该单词时，多回忆这些特定的情景，多联系在不同情景里的用法是很有好处的。另外，还可以通过语言、图片、动作、表情等为某些单词创造一些情景。

④趣味联想。

这是一种发挥想象力，由所学的语言材料通过某种不大合理但有趣的手段，引起对另一语言材料的回忆。这两者之间可能风马牛不相及，但正是这种不合逻辑的、荒诞的、离奇的东西，给人留下深刻记忆。如学单词see（看），该词中的"ee"如同两只眼睛，因而与"看"有关；学习look（看，注视），观其形，"oo"如同一副眼镜，故该词与"看"也有关，而且戴上眼镜看，这种"看"无疑就是有意识的"看"了。这样既认清词义、拼写形式，又能道出see与look的基本区别。

　　⑤语言联想。

　　这种联想指从某个词的发音引起对某种事物或状态的联想。如：单词cough，其中"ou"发/[ɔ]/音，整个词读起来短促，如同连续发出咳嗽声，其意为"咳嗽"；单词laugh，其中"au"发长音/aː/，开口较大，整个词读起来直抒胸臆，如若开怀大笑，故这个词意为"笑，发笑"；单词spit（吐痰），读此单词时状若吐痰；ball（球）中"al"发/ɔː/，是个圆唇音，可以想象口形圆如一个"球"；读单词monkey（猴），语音清脆，如若猴之活泼、灵敏；单词camal读音较长，字母"m"发音浑厚，尾音绵延，由此想象出骆驼的雄浑高大；而单词cat读音较短，尾音干脆，让人联想起猫的小巧、灵活。

　　熟练掌握联想的学习方法，可以达到深刻理解，快速记忆，熟练应用的效果，使学习者事半功倍，是一种值得借鉴和采用的学习方法。

卡片记忆学英语

　　李清照的丈夫在太学做学生，每月领到生活费时，夫妻俩常常跑到相国寺买碑文、水果回家。他俩一面欣赏碑帖，一面吃水果，有时一边品茗，一边校勘不同版本，此外还做游戏。后来丈夫去世了，李清照回忆这段生活时说："每饭罢，坐归来堂烹茶，指堆积书史，言某事在某书某卷第几页，以中否决胜负，为饮茶先后。中即举杯大笑……"。正因为李清照夫妇都是饱学之士，才敢于进行这种游戏（比赛），而通过这个活动，又加深了记忆。

　　卡片记忆法在学习语言的时候效果尤其显著。

　　英语学习中有大量的单词，且易遗忘，这里我就以记忆英语单词为例具体讲述一下利用卡片记忆的一般方法和步骤。

①制作。

先制作卡片盒。用硬纸板或厚一点的纸盒制成长约30厘米、宽约10厘米、高约5厘米的盒子（可视你手头材料的尺寸进行调整），中间用硬纸板隔成5格，5格的长短比例依次为1:2:3:4:6，然后制卡片。每个英语词汇用一张卡片，英语单词写在卡片正面，中文意思写在卡片反面，实际上，制作卡片的过程也就是学习单词的过程。

②使用。

将新学的词汇放入卡片盒第一格，每次以20~30张为宜。读卡片的中文词，将其译成英语，如译不出，则把卡片翻到反面，熟读直至记住英语单词后，将卡片重新放回第一格的最里面，以便在第二轮能从头开始，其它的卡片也照此进行。

对能记住的单词卡片，不要放回第一格，阅后直接放入第二格中，以免与不会的单词卡片互相混在一起。以后每学新内容都可采取同样的方法。待第二格基本装满卡片，可顺序在第二格中取出部分卡片，检查一下自己是否遗忘。如果没有，将此卡片放到第三格；若没有答出或答错，则将卡片放回第一格，以便从头开始记忆。

若第三格也填满，可取出开头部分卡片，再检查一次自己是否已掌握。将掌握的卡片放到第四格，未掌握的那部分卡片仍放回第一格，再一次从头记忆。

用同样的方法抽取填满的第四格。若第五格也已装满，可取出开头部分的卡片，考考自己是否仍旧掌握，如未遗忘，可将其取出，因为这说明你确实已长久记住了这部分词汇。对个别未记住的，仍旧退回第一格。

卡片记忆主要用于记忆那些最难记住的词汇，对那些比较简单、容易记住的单词不必用此法。另外，使用中要经常除旧更新，发现第一格较空时，就应及时制作一些新的单词卡片放入。

当然，你也可以不必拘泥于上述的形式，简单地制作自己需要的卡片也可以达到很好的记忆效果。

也许觉得用这种卡片记忆来记单词没有用，反而多费一道手续，但是时间久了就发现卡片的用途了。尤其是对于要掌握一门语言而又不年轻的人来讲，更是这样。下面就讲一下利用卡片能提高英语单词记忆的原理。

我们学会了一个新单词，一般来说是记不住的，需要反复的复习和体会才能掌握。很多人学英语就是看书，遇到生词查词典，过后顶多复习一次，写几遍就扔到一边了。直到下次再遇到这个单词，又去查词典，总是这样一个程序。使用这种方法的人一定会发现，那些出现概率多的单词就记得牢，而出现概率少的则记不住。卡片法实际上是用最科学和系统的办法来完成这一过程。它实际上是将记忆的负担与所得到的印象逐渐增加。假设第一天我们找到了50个生词，做了卡片，把他们背熟。一般这个记忆是不会延续到3天后的，因为人的"忘性"随时都在起作用，卡片法实际上是如何战胜这个"忘性"。为此，根据各人情况我们设定一个忘记的时间。对你来讲，它可能只有一天，那么你在没忘以前，也就是一天之中复习一次。其中还可能有几个被忘掉，就把它取出来放到明天作为生词背，而还能够记住的单词，由于已经加深印象了，所以隔3天以后再分离记住与记不住的。对于3天后还能够记住的则推到一周之后分离，而3天后记不住的单词按生词处理。这样，每天复习的单词虽然仅有一二百，但是半年之内你所掌握的单词可以达到一、两万甚至更多。

另外，利用卡片记忆法可以不必占用大块的时间来进行记忆。你可以将要记忆的内容制作成小卡片后，放在口袋里，这样可利用一切有空的时间，对单词进行再现记忆，哪怕是一分钟。如在校排队取饭、乘车回家、上学、甚至上厕所等都可用来记忆一两张卡片。这样不断反复，日益积累，久而久之，你的记忆量和记忆能力就得到大幅度提升了。

滚雪球记忆法

你小时候大概都玩过堆雪球的游戏，先团一个很小的雪球，然后让它在雪地上不停地滚动，雪球就会越变越大，一直大到超过我们用手所能堆成的最大的雪球。这正是巧妙地利用了雪球本身的连带与扩散作用，最后产生了意想不到的效果。在记忆学习中也可以利用这个原理，我们称之为"滚雪球"记忆法，即在记住了某个对象之后，以此为基础，根据对象之间固有的联系使认识向外扩展，以便记忆更复杂的对象的记忆方法。这种方法可用于各门知识的学习。

人们对任何知识的学习都要以已有的知识为基础，都要有一个从少到多，从简单到复杂的过程。运用"滚雪球"记忆法，可自觉地利用这个规律，把对新知识的学习和记忆同已掌握的知识有机地联系起来，在已有知识的基础上不断前进，就如同滚雪球一样，从而大大提高学习效果。

运用滚雪球记忆法可以采取以下步骤进行：

组织选取核心

①捏紧核心。雪球可以滚得很大，但滚动之前不是一个球而是一个捏得很紧的小雪团，这就是雪球的核心。要使雪球滚得顺利，越滚越大而不松裂，这个核心要捏得十分紧，尽管可能捏得不匀称，并不像球。打算滚雪球了，你必须抓两把雪花两手合起来捏呀捏呀，捏得紧之又紧，然后才能用它粘附新雪，形成小球，再放到雪地上去滚动。

核心的选择，十分重要。我们记忆的内容有很多，但并不一定都适合作为基点。基点指具有生成能力而又必须掌握的内容，它与重点难点常相一致，这种基础材料不宜多，这样才能使学习的负担不过大。但基点也必须有一定的高度，有一定的挑战性，才能激发学生的潜能。

②分级。分级是把选好的教材突出重点、分散难点、循序渐进地加以组织，它要求步步为营，各步又构成一个整体。在构建结构的过程中，为了增加知识，一般来说会出现扩大范围的现象。因此，在选择"雪花"即材料的过程中，所选材料应具备三个条件：适应性——能概括大量实例；有效性——例外少；简便性——明确、简单、清晰、运用方便。不是主要但相关的知识读者也应根据自己的兴趣和以后的知识要求灵活地引申进主结构。

③展示。展示作为捏紧雪球之核心的最后一步，它要满足三点要求：a.展示的内容和要求与学习阶段相适应。不同的基点有不同的学习要求，有的内容要求呈现，属于要求记忆范型；实践是从记忆中认识规则的阶段，要求变换、延伸、扩展范型；迁移是应用所学内容，要求复用以致自由表达，也称运用。各种要求不同，对基点的学习程度的要求也就不同。b.防止思维定式。思维定式使思维按已熟悉的路线机械地活动下去，以致只注意不要偏离主题而不知其所以然。c.保证练习的质和量。数量不等于质量。要保证质量，基点内容必须围绕重点并且能新旧结合。

做到点面互及

雪球是个球，它在雪地滚动时以接触之处粘附雪花而迅速壮大自己。由于是球体，接触之处不可能全是面，而也有点；并且由于点面互及才能粘附更多的雪，也才粘得牢固，所以运用滚雪球记忆法，必须使用点面互及。点指单个知识点，面指整块的结构。点面互及的技巧可分作由点及面和由面及点。

①由点及面。实践中常用的形式是：先理解基点及从基点扩展的知识点，再把它们作为一个整体综合把握。下面介绍两种由点及面法。

a. 对比比较法。以历史学习为例，土地制度在中国封建时期深刻影响着朝代的兴盛、衰落与变迁，我们可以从一个朝代的土地制度出发，与其它朝代进行纵向比较。最初的有"井田制"到土地私有时的庄园制、屯田制、均田制、王安石的土地改革等。这样就能对中国整个封建时期的土地状况有了很明了的掌握。

b. 公式扩散法。以英语学习为例，从已学材料中归纳一些"公式"，再由"公式"扩散、衍生语、句。比如，按所学语法归纳句型公式：

Ⅰ. 谓语动词：

Sb.+agree/decide/hope/manage/offer+to do sth.

Ⅱ. 谓语动词后非谓语动词的形式：

Sb.+try/remember/forget/stop/begin/start/like+to do /doing sth.

Ⅲ. 复合宾语：

Sb. A+ask/order/want+sb.B+to do sth.

Sb. A+ make/ let/ have+ sb.B+ do sth.

Sb. A+see/hear+sb.B+ do sth./ doing sth.

Sb. A+ see/hear/"have+sth." +done.

Sb.+ "have+sth." +done.

Ⅳ. 虚拟语气：

If were …，I would …，→If I were you, I would buy it.

If he did…，he would…，→If he had enough money，he would buy it.

If you had done，you would have done.→If you had taken her advice，you would have succeed.

②由面及点，也以英语为例介绍三种。

a. 大中求小。先学习大块语言材料，再从中验证、复习小的语言材料或规则。比如，阅读理解以下文章，再从文章中全面归纳、复习动词时态和复合句的知识。

When you visit London，one of the first things you will see is BigBen，the famous clock which can be heard all over the word on the BBC.If the Houses of Parliament had not burned down in 1834, the great clock would never have been corrected. BigBen takes its name from Sir Ben jamin Hall who was re-sponsible for the making of the clock when the new Houses of Parliament were being built .It is not only of immensesize, but is extremely accurate as well, Officials from Greenwhich Observatory have the clock checked twice a day. On the BBC you can hear the clock when it is actually striking because microphones are connected to the clock tower . BigBen has rarely gone wrong.Once, however, it failed to give the correct time. A painter who had been working on the tower hung a pot of paint on one of the hand sands lowed at down!

b. 大同小异。多次都学习、记忆一个相同的材料（大同），而每次侧重材料中之一点（小异），这种方法用处很广。例如，学习一个词语，第一次侧重它在句中的含义；第二次侧重它的同义；第三次侧重它的变化和拼写，第四次……学习一篇课文也是如此，第一遍只认关键词和全文讲的时、地、人、事；第二遍了解主要内容；第三遍读懂复杂句子，弄清语言点；第四遍分段落，找出各段的中心句子；第五遍缩短全文；第六遍扩展全文；第七遍转述全文；……

c. 大异小同。大的语言材料如句、段、文每次变化，而如重点内容词语、规则每次相同。以不同的学习方式如阅读、听音进行学习。

循环往复

一个滚得很灵活的雪球如果停在雪地上，不用多久就会裂缝崩破，记忆学习也是如此。在整个学习过程中，都如逆水行舟，不进则退。如果长期不进，甚至会形成僵化现象，即养成改正不了的错误，而使学习老无进展，所以滚雪球技巧的一个成败性的要领是滚动不息。

形式一是可以不断增加相关内容，每加一词等于滚动一次。由词radio（收音机）可以联想到无线电，即射线、放射radi-radiant（光芒四射的）-radioactive（放射性的）-radiate（放射、散发）-radium（镭-放射性元素）-radius（半径-放射线的长度）-radiator（辐射器，暖气），再由植物的根也是放射状的则有radical（根本的，根部，基础）等，依次往下类推。

此外，一种形式表达多种功能或多种形式表达同一功能，也是滚雪球的一种形式。如表达建议可以说成Shall we go at ten? Let's go at ten. Why not go at ten? How/What about going at ten? We had better go at ten.外语教材为什么适合滚雪球呢？一因语言有无限生成力，不同的听说读写往往重复同一语言能力；二因言语内部并无教学的严格逻辑顺序。因为，同一材料必须经多次螺旋式的往复，所以运用滚雪球法记忆英语单词、语法，不失为好的选择。

口语突破关键

衡量口语水平有四大要点：

语音、语调是否正确，口齿是否清楚；

流利程度；

语法是否正确，用词是否恰当，是否符合英语表达习惯；

内容是否充实，逻辑是否清楚。

这些是衡量会话能力的主要标准。针对以上标准，我们可以采取相应的训练方法。

俗话说"熟能生巧"，"熟练"是与人会话的前提，只有熟练，在会话时才能流利。熟练的标准就是要达到不假思索地脱口而出。而英语口语要做到熟练，有两大步骤不能忽视：一是要学会模仿，二就是要学会复述。

模仿的原则

一要大声模仿。这一点很重要，模仿时要大大方方，清清楚楚，一板一眼，口形要到位，不能扭扭捏捏，小声小气地在嗓眼里嘟囔。

二要随时都准备纠正自己说不好的单词、短语等。

有了这种意识，在模仿时就不会觉得单调、枯燥，才能主动、有意识、有目的地去模仿，这种模仿才是真正的模仿，才能达到模仿的目的，也就是要用心揣摩、体会。

三要坚持长期模仿一般来说，纯正、优美的语音、语调不是短期模仿所能达到的，需要一段时间，时间的长短取于自学者的专心程度。

模仿的标准

模仿要达到什么程度才算好了呢？简单地说就是要"像"，如果能够达到"是"就更好了，但不一定要达到"是"。"像"是指模仿者的语音、语调等都很接近所模仿的语言，"是"就是不仅在语音、语调等方面都很接近所模仿的声音，而且非常逼真。

模仿的方法

第一步，模仿语音。模仿时要一板一眼，口形要正确，刚开始模仿时，速度不要过快，用慢速模仿，以便把音发到位，待把音发准了以后，再加快速度，用正常语速反复多说几遍，直到达到不用想就能用正常语速把句子轻松地说出来（脱口而出），对于自己读不准或较生疏的单词要反复多听几遍，然后再反复模仿，一个单词一个单词地练，在那些常用词上下工夫，尽量模仿得像一些。

第二步，模仿词组的读法。有了第一步的基础，这一步就容易多了。重点要放在熟练程度和流利程度上，要多练一下连读、同化等语音技巧。

第三步，段落及篇章模仿，重点在于提高流利程度。打开录音机或收音机跟着模仿，"他"说你模仿，同步进行。目的要提高口腔肌肉的反应速度，使肌肉和大脑更加协调起来。

模仿练习时要注意一个问题，就是害羞心理。害羞心理一方面源于性格，一般性格内向的人，讲话时易小声小气，这对学习英语语音语调很不利，要注意克服。另一方面是源于自卑心理，总以为自己英语水平太差，不敢开口，尤其是当与口语水平比自己高的人对话时，更易出现这种情况。克服这种心理障碍，是学好口语的前提。

复述的方法

学英语离不开记忆，记忆不是死记硬背，而是要有灵活性。复述就是一种很好的自我训练口语，记忆单词、句子的形式。

复述有两种常见的方法。一是阅读后复述，一是听磁带后复述。后种方法更好些，这种方法既练听力，又练口语表达能力。同时，可以提高注意力的集中程度，提高听的效果，而且还可以提高记忆力，克服听完就忘的毛病。

复述的原则

要循序渐进，可由一两句开始，听完后用自己的话（英语）把所听到的内容说出来，一遍复述不下来，可多听几遍，越练遗忘就越少。在刚开始练习时，因语言表达能力、技巧等方面原因，往往复述接近于背诵，但在基础逐渐打起来后，就会慢慢放开，由"死"到"活"。在保证语言正确的前提下，复述可有越来越大的灵活性，如改变句子结构，删去一些不大有用或过难的东西，长段可以缩短，甚至仅复述大意或作内容概要。

复述的内容也要有所选择。一般来说，所选资料的内容要具体生动，有明确的情节，生词量不要太大，可选那些知识性强的小短文。开始时可以练习复述小故事，有了基础后，复述的题材可扩展开些。

复述表面看慢，实际上对英语综合能力的培养很有帮助。如果时间较充足，可以在口头复述的基础上，再用笔头复述一下，这样做可以加深掌握语言的精确程度，提高书面表达能力。

英语的超级学习法

课文也看了，题也做了，疯狂英语也学了，怎么英语成绩还是提不高呢？

但怎样才能学好英语呢？——背诵法。

大家知道托福对英语水平的要求是比较高的，上六百分就已经很不容易了。有个中国同学想考托福，但他英语水平一直很差，那他怎么学呢？他花了一年时间，把（新概念）英语第三册的所有课文背了个滚瓜烂熟。你随便抽哪一课，比如说第12课，不用说课文的标题，他就能一字不漏毫不停顿地背出来。然后去考托福，考了630多分。后来到美国留学，美国的教授第一次给大家布置作业叫大家交一篇论文，他很快就写了一篇交上去了。

过了一天，教授叫他到办公室去，然后把他的论文拿出来问他这篇文章是不是抄的，他说不是。教授说："不可能，这样的文笔流畅的文章就是一直在美国读书的大学生也写不出来，你刚到美国不到一个月，怎么能写出这样的文章？"这位同学当时就说："好，我证明给你看。"他就把《新概念》拿来递给这个教授，然后就从第一课开始背，果然一字不差。背了不到六课，这个教授就哭了起来。这个教授为什么哭啊？那位教授觉得《新概念》里面这么好的文章，没有一个美国学生背过，却被一个中国学生背了，他很难受。他再也不会怀疑这个学生的文章是抄的了。

关于背英语文章，北京市第八中学高考"状元"曲阳同学介绍了一种具体做法：看着中文背英文。他说："在初学《新概念》时，觉得里面生词多，要背熟并不容易，经过一段时间的摸索，慢慢发现了看中文，背英文这条途径。"《新概念》每课都有相应的中文译文，看中文，即指看中文译文。背英文，即指在看中文时，在脑海中默忆（或用笔默写）相应的英文。如以《新概念》第三册第一课为例，看到译文"山狮是一种产于美洲、外形似猫的大动物……，就应默忆或默写出相应的英文：Pumas ale large，car—like animals which are found in America…

曲阳同学说，用这种方法学《新概念》，学得十分扎实。在高二时，他已用这种方法学完了四册《新概念》，实际上等于将这四册书都背了下来，这意味着记住了7000~8000单词以及众多习惯用语、语法点等，在这样的基础上再去应战高考，当然不在话下。曲阳同学也顺理成章地取得北京市第八中学英语单科的高考"状元"。

对于一门语言的初学者来说，背诵是最好的学习方法。古人说，读书要不求甚解。其实，学英文又何尝不是呢？囫囵吞枣地去背英语，什么语法、句型、时态、语态，都不去考虑它们。这么做实际上就是一种语感的培养，背得多了，记得多了，感觉就到位了。所以，苦恼于英语学习的学生们，不妨对自己狠一些，见英文就背，保证不出一年，你的英语成绩肯定突飞猛进。

英语复习三个本

英语复习时，又要记单词，又要记语法，又要做题，十分忙乱，怎么办？

清华大学苏锋同学英语成绩相当优异，他的学习方法是准备三个本。他总结经验时说：很多英语学得好的人可能都有体会，分数的提高往往不在于你的死记硬背，而在于自己的一种"语感"。有人说："跟着感觉走，这和瞎蒙有什么区别。"其实不然，语感来源于你对语法、句型、词汇的积累，来源于你对各种英文阅读量的大小，是一种对语言的熟悉程度。那么，语感从哪里来呢？我的经验是："涓涓细流汇成河。"高中三年，我依照老师说的，为自己准备了三个笔记本，第一个本把名词、动词以及常见的形容词、副词形式写在一栏集中记，由于单词构成基本相同，既好记又可避免混淆，每天利用早上的一二十分钟背诵，第二天把昨天新记的再背一遍，反复几天就有深刻印象，以后每隔半个月再从头复习就不会忘记。第二个本用作语法归类，对词语辨析、句型用法、各种时态等进行归纳，不时拿出翻看，一目了然。就好比储藏东西，随意摆放自然比分类整齐堆放要省事，但当你需要用它时，哪一种更容易寻找使用呢？可见，综合归纳是必不可少的。还有一个本，是我在每次考试后把错误登到本上，答案写在本子背面，一有时间就拿出重做。因为错误的概念往往不容易纠正，需要反复考验。这三个本子现在还在我家，虽然已经很旧，却一直舍不得扔，因为我觉得自己的英语成绩之所以一直很好，这三个本子功不可没。

一个本记英语词汇，一个本记英语语法，一个本记考试错题。这一方法的确有独到之处。但不要忘记在借鉴别人的经验时，还要琢磨一下人家没有说出来的东西：

首先，不一定用本，用书也未尝不可。比如现在有些编得词汇书，英、中文分处正、反面，以免记忆时相互干扰。每个单词后有一括号，自己可在其中打上"√"、"×"一类符号，检测自己是否记住。每页下方有小结，以总结自己这一页记得如何。另外，在书的边空上有些词自己不妨补上。有了这样的书，不一定自己非得在本上一个词一个词地记。自己动手去做的，应是无法利用别人成果的东西。

其次，记很重要，记下后要看这也同样重要。你看苏锋同学，第一个本是词汇，"每天利用早上的一二十分钟背诵，第二天把昨天新记的再背一遍，反复几天就有深刻印象，以后每隔半个月再从头复习"。第二个本是语法，也是"不时拿出翻看"。第三个本是错题，则"一有时间就拿出重做"。如果不如此，记了也是白记。

最后，记下的且需时常复习的，理应是最最基础、最最常用的，有的同学手很勤，将课本来个大搬家，抄上一大本，那样做费力不说，效果也未必好。

第二篇

优等生的记忆方法

第10章
记忆力到底是什么

日常生活中，我们见过的东西、结识的人、说过的话、做过的事，都会在大脑里留下一定的印记，虽然有些很快便忘记了，而有些则刻骨铭心，终生难忘。所有这些，都源于大脑的记忆功能。那么，记忆力到底是什么呢？

记忆力是大脑的固有功能

简单的说，记忆力就是我们用来记住事物的一种功能。它是大脑的一种固有功能，人人都有，伴随着人生命的开始而开始，随生命的终结而消亡。

比如，在某个竞赛中，有人问你："第二次世界大战发生在哪一年?"你会毫不犹豫地回答："1939年。"就像你知道中国的首都是北京一样，记得清清楚楚……

记忆力使你能够在脑海里重新浮现出一件自己经历的事情。比如，你上一次度假时去过的乡间小镇；你很久以前游览过得一处名胜古迹；你分别了多年的一个同窗好友；以及已经去世多年的奶奶脸上的笑容……都会时不时地在你的脑海里重新浮现——所有这些，都归功于记忆力这一神奇的功能。

记忆力的作用

记忆力对人的成功有着极其重要的作用。具体表现为：

1. 记忆力为我们搭建起事物间联系的桥梁

我们大部分的行为都不是瞬间能完成的，都会持续一段时间。比如阅读报纸上一篇文章的某一句话，这一行为也不是瞬间就能完成的。所以，在阅读的时候，我们需要记忆力的帮助，来不断地回忆起自己现在读的这个词前面的词是什么，否则根本无法理解整个句子的意思。

再比如，你到市场上去买东西时，你会先转一圈把所有的商品看一遍，然后走到当日减价的商品前，一一比较哪些是真正物美价廉的商品。这时你已经在不知不觉中，在大脑里储存了大量的信息。这些信息会在你需要的时候给你提供相关的帮助，我们的行为需要什么信息，它就能自动为我们提供。

2. 记忆力是一个有着无限容量的信息储存库

记忆力是一个信息储存库，而且它的容量是无限的，只要你愿意，你可以主动在里面储存满各种信息。比如，在学校里，我们每天都在花费大量的时间学习各门科学文化知识，这时，记忆力就成为你的知识容库。而在成年以后，我们仍然需要学着去记住很多东西——一首歌的歌词，一出戏剧，一门外语，同事的名字，为会议准备的提纲，甚至是一大串数字……成年人会多多少少怀着愉快的心情处理记忆这个任务，把一个个句子、一串串数字，甚至一些手势储存在自己大脑的记忆库中。

3. 记忆力是我们一切事业成功的基本前提

可以想象，人如果缺乏了记忆力，会是一个什么样子呢？最恰当的比喻大概莫过于"白痴"了。如果我们的大脑信息一片空白，那么无论我们做什么事情，都将会一事无成。尤其在当今飞速发展的信息时代，要想成就任何一项事业，首先必须占有各个方面的足够的信息，而要做到这些，就必须以良好的记忆功能为基本前提。从这个意义上说，我们不但要充分利用好我们的记忆力，而且要充分挖掘它的潜力，让它发挥更大的作用，给我们带来更多的成功、幸福与快乐。记忆力不但本身是一种财富，同时还能够促进大脑其它机能的发展，让人永葆青春。

测测你的记忆力

我们先来作一个小测验，看一看你的记忆力如何？是非常好，还是要经常依赖于小小的记事簿或者其它类似的"提醒工具"？

1. 在某一天晚上睡觉前，在未作任何计划和准备的情况下，决定回忆一下当天每一个小时内发生的所有事情。尽可能详细地回忆当时的情景，然后在一个笔记本上记下自己回忆的情况：

——能回忆起当天发生的所有事情，而且连细节都非常清楚：3分

——大体上能回忆起，但是有些细节比较模糊：2分

——有些情节已经完全忘记了：1分

第二天早上起来，再次决定自己在当天晚上要回忆这一天所发生的所有事情。（当然，不要把这些事情写下来！）到了晚上睡觉以前，重复前一天晚上的测试，记下自己回忆的情况：

——能非常详细地回忆起当天发生的所有事情：3分

——大体上能回忆起，但是有些细节比较模糊：2分

——有一个地方或者好几个地方已经完全忘记了：1分

2. 在某天晚上睡觉前决定回忆当天自己见过的三个人（同事，或者客户，或者店员……），尽量详细地回忆每个人的穿着打扮是什么样的，然后记下自己回忆的情况：

——所有的情形都能清清楚楚地回忆起来：3分

——大体上能回忆起，有些细节已经不是很清楚了：2分

——一些细节（比如衣服的颜色）想不起来：1分

——完全没有任何印象：0分

第二天，提醒自己仔细观察你碰到的三个人，观察他们的穿着，晚上再次回忆这些情景，并记录自己的得分：

——回忆没有任何困难，所有的情景历历在目：3分

——能记起某些细节，但是不能十分确定：2分

——一些重要的细节想不起来：1分

——几乎没有任何印象：0分

3. 在某天晚上睡觉前努力回忆一下自己当天读的报纸上或者当天看的电视上都有什么新闻，然后记录自己的得分：

——一切都记得清清楚楚：3分

——只记得所有的大标题，但是内容已经完全忘记：2分

——有些大标题已经想不起来了：1分

第二天在看报纸或者看电视时，记住提醒自己要认真看。晚上继续回忆当天的报纸和电视内容，并记录自己的得分：

——切都能记得清清楚楚：3分

——能记得所有大标题，但是有些内容已经比较模糊：2分

——有些大标题已经想不起来了：1分

评价

这并不是一个真正意义上的"心理测试"，而是给你提供一个观察自己、与自己对话的方法，从而使你能够更好地了解自己。

在进行完这三组测验之后，比较一下自己当时记录下的分数情况：

——如果完全随机的回忆与事先有提醒、有准备的回忆之间存在很大的差别，这说明倘若你不记着提醒自己注意周围的事物时，你就会像一个机器人一样的活着。但是，只要你对事物加以关注，就完全能够回忆起一切——你的大

脑在要求更好地发挥自己的功能。

——如果完全随机的回忆与事先有提醒、有准备的回忆之间差别不大，这说明你的记忆功能出现了某些障碍。有可能是因为你不知道如何正确地去看，正确地去听，即使你有意识地提醒过自己也无济于事；或者是因为你总是受一些因素的干扰，以至于将自己刚刚注意到的事情抹去了；也可能是因为你不能长时间地将自己的注意力放在同一个事物上。

记忆的过程——人是怎样记住东西的

为了使大脑的记忆功能更加有效，我们就需要掌握构成大脑记忆功能的脑细胞状态，也就是大脑的三个基本过程——识记、保持和再现（回忆）。

第一步：识记。

识记——或者说注意——意味着对某一个事物的关注不仅仅停留在粗略的一瞥上。

在日常生活中，我们时时刻刻都在进行着从外界信息到大脑反映（或者是大脑反映到大脑信息）的活动，因此很容易养成对周围的事物看上一眼，然后继续赶路的习惯。但是，对于那些实际上根本没有引起注意的事物，我们怎么可能记住呢？任何记忆过程都是从对事物的识记开始的：小孩子会本能地做到这一点；而对于成年人而言，只需要看上一眼，脑子稍微转一转就能做到识别事物。但是，仅仅能识记某物并不一定就能够记住，我们还必须采取小时候那种认真的态度去密切观察，去仔细聆听。

第二步：保持。

要将某些东西保留在记忆中，需要强行保持。所谓强行保持，就是将我们识记的东西同在记忆中已经保留的东西之间建立一种联系；也就是说，要产生某种联想，甚至多种联想。这种联想越密切，刚刚识记的事物就越容易长久地保留在记忆中。

但是，仅仅依靠这样的联想还是不够的。你必须把这个名词归类，以方便下次轻易地找到，就像图书馆里给书分类一样，否则，你可能将它存在记忆中了，但是到了需要使用时却无法回忆起来。试想，如果图书馆里的书没有分类，你怎么可能从书架上摆放的成千上万本书中找到你想要的那一本呢？而你的记忆库中所储存的信息不仅仅只有成千上万条，甚至可能有几百万或者上亿条……

事实上，所有活动不管是简单的还是复杂的，不管是只有早上才进行的还是只有晚上才进行的，也不管是我们单独进行还是和朋友们一起进行的，我们连想都不用想就能自动地将这些识记内容或者行为进行归类。因为这已经是大脑的一种习惯行为了，只要我们想到了这些内容，大脑就能够自动完成。

所以，我们需要重复！当然这种重复不能像小孩子们背乘法口诀一样机械地进行，而应该通过经常跟别人谈论，或不断回忆与之相联系的信息来进行。大脑中最久远的记忆往往是最深刻的记忆，因为许多年以来我们会经常不断地回忆起它们来——这也就是经常重复的结果。

第三步：再现（回忆）。

回忆活动不会在大脑中自动进行。

为了记起某些信息，我们往往需要深入挖掘记忆库，让这些信息浮现出来。但是，我们经常会不顾方式、杂乱无章地将所有的信息左翻右扔，弄得一团糟。而事实上，大脑的这种机能非常神奇，它时时刻刻都能够自动作出反映，就像汽车只要放在第二档上，就能够非常平稳地前行一样……

我们用下面的比喻来解释一下。已经记住的事物都好像系在一根根丝线上，要想回忆起某件事，就必须找出正确的丝线。这些丝线实际上就是一些可供联想的来源：在保持记忆的过程中，储存得越多，我们就越容易找到合适的丝线和新信息相联系。此外，如果这些丝线按照不同层次来归类，一旦我们找不到合适的丝线时，只需要找到合适的层次，问题即可迎刃而解。

所以，要训练自己的记忆力，我们应当知道如何去观察，去注意；要对周围的世界充满好奇心，善于关注，善于倾听；还需要机敏灵活：准备好各种丝线和联想的线索，从而顺利找到问题的解决办法。

走出记忆力的认识误区

许多年以来——可以说自从我们有了义务教育以来，一代又一代的父母们将关于记忆力的许多错误观点传给了他们的孩子，这无疑在客观上阻碍大部分人的记忆力的发展。因而我们有必要澄清一下某些关于记忆里的错误认识。

1. 记忆力没有先天之别

一种观点认为，人的记忆力是有着先天的差别的，有些人天生就是记忆力好，而有些人生来记忆力就差。

这是一种完全错误的观点。

事实上，人的记忆功能是与生俱来的，每一个人都拥有记忆力这个天赋，因为它是我们人类大脑的一个固有功能，没有先天的优劣之分。

大脑的记忆功能就是从婴儿出生的那一刻开始，分秒不断地工作着，日复一日，年复一年。我们记住了日常生活中无数种千差万别的事物，却从来没有意识到自己的大脑在不断地进行着记忆活动。不管我们忙忙碌碌还是悠闲自在，不管我们在等公共汽车还是准备上床睡觉，各种形象、念头和想法总是不断地浮现在脑海中。这种在脑海中川流不息的影像如果不是我们记忆中产生的各种相互交织在一起的思想和记忆链，又会是什么呢？

而且，我们大部分的行为（比如写日记，点燃煤气灶等）正是来源于我们曾经接受过的某种训练——我们的大脑在某个时刻记住了某些信息，并随时准备着在我们需要的时候浮现出来。记忆功能本身就能够不断获得信息，将这些信息储存起来，然后在必要时刻重新显现出来，不需要我们刻意去做些什么，因为大脑能够自动地启动"记忆力"这个机器。

这个极其复杂的机器能够一直自动运转着，只要我们不想听之任之，就可以充分发挥自己的能动性，让它运转得效率更高。这个机能就像人天生拥有的音乐或者绘画天赋一样神奇……但是，它的潜力是非常巨大的，须要后天的挖掘才能展示其金子般的光辉，而能否充分挖掘它的潜力，让它发挥更大的作用，给我们带来更多的幸福与快乐，则完全取决于我们自己。

2. 机械重复≠记忆力良好

在学校里，孩子们为了记住某些东西，总要一遍又一遍地进行机械地重复（比如背诵乘法表以及类似的东西）。被称赞为好学生的是那些努力地背诵所学内容并在第二天早上鹦鹉学舌般地复述所学课程的孩子，做不到这些的人都被称为懒学生，都被认为是"记忆力很差"的人。然而，实际上，在8到10岁的年龄阶段上，孩子们很容易将接受的信息全部都机械地记住，尽管他们可能根本就不理解这些信息的真正含义。而对于4岁到5岁之间的小孩子而言，他们可能连重复都不需要，就能够记住。

人们经常会认为，良好的记忆力是因为人们拥有机械重复的良好习惯——尽管我们根本就不理解自己重复的是什么，成年人亦是如此。而且，人们还错误地认为，这样的机械记忆跟逻辑的推理和分析是矛盾的："你跟一个机器一样机械地重复，肯定就不能思考了。"按照这个说法，我们把人分成了两类：一类是记忆力特别好但不怎么聪明的人，另一类是智商非常高但是记忆力非常差的人。

再没有比这更容易误人子弟的观点了。的确，正如我们前面说到过的，人在8到10岁之前，大脑成长非常迅速，它会毫不辨别地将所有展示给它的信息囫囵吞枣地容纳进去。处在这个年龄阶段的孩子还没有能力辨别和选择哪些东西需要记忆，哪些不需要记忆。但是，一旦经过了少年时代，尽管人的机械记忆能力仍然存在，依靠机械的重复方法记忆事物却已经越来越困难，效果也越来越差。在青春期初期，联想记忆的方法开始活跃起来——经常在孩子们还不知道该怎么用这种方法记忆的时候，他们就已经具备这个能力了。联想是一种智力活动：我们的"智商"越高，记忆力就越好。

3.年龄变老≠记忆力衰老。

还有一种观点认为，随着年龄的增长，人们的记忆力会慢慢丧失，而我们对此无能为力，只能听之任之。每天都有成千上万的脑细胞在死亡，而且脑细胞不能再生，因此，一旦这些决定记忆功能的脑细胞消失殆尽，我们就什么也记不住了。

这种想法是完全错误的！只懂得一点点肤浅的科学知识比完全无知更可怕。的确，从我们出生的那一刻起，每天都会有看起来数量相当惊人的大脑细胞在不断消失。但是，我们的大脑细胞数量多得惊人——这都是我们与生俱来的——即使我们活到120岁，大脑内的细胞数量足以帮助我们像爱因斯坦一样发现新的物理定律，足以让我们将曹雪芹的传世名著《红楼梦》从头到尾地背诵下来。

的确，我们开始慢慢变老的时候，记忆力似乎也越来越差了。我们总是会丢三落四，仿佛什么也记不住了，总是不厌其烦地说同一件事情，因为我们并不记得自己已经说过了。但是，所有这些情况并不是因为大脑记忆力功能退化造成的。科学试验的确表明，人的记忆力功能会随着年龄的增长退化得越来越快。但是，问题的实质在于，随着年龄的增长不断消退的，是我们对事物的关注程度和对周围的一切的兴趣——不是因为脑细胞功能退化的缘故，而是因为我们从心理上任其自然消退了……正是这种兴趣，这种对生活的好奇心的消退，让我们大脑的行动缓慢下来的，不是身体机能上的衰老和障碍。随着年龄的增长，我们失去了对生活的兴趣和好奇心。事实上，我们可以很容易地避免这种情况。的确，我们会随着年龄的增长而出现许多变化，但这种变化绝对不是大脑功能的衰退。

战胜记忆的敌人——遗忘

心理学家赫曼·艾布豪斯写了一本《关于遗忘曲线》的著作，书中写道，如果我们今天学到什么东西，而不在24小时内复习的话，我们就会忘掉其中的一大部分；第二天我们又会忘掉一些，但不如第一天忘记得多；但可喜的是，我们在复习时会回忆起第一次学习的情景，我们当然还会遗忘，但第二次，不会忘得像第一次那么快。我们学到的知识运用的越多，记忆得越深；越是不用，忘得就越快。遗忘有很多原因，不用是其中最主要的原因。这时是我们自己给自己设置了记忆的障碍。但还有一些障碍是我们无法控制的，这并非不能理解：

1. 向焦虑挑战

在焦虑时我们的记忆力就会减退。你这天老是不记得东西搁在哪儿，因为第二天你的一位家人要动手术，这是可以理解的。当你停止焦虑时，你正常的记忆力就会回来。

2. 向沮丧挑战

这又是一种减弱记忆力的情感因素。如果你正为一位好友或同事的过世而伤心，你无可避免地会遗忘。

3. 向着急挑战

急急忙忙往往是造成遗忘的一大原因。想想你正在做什么，而不是将要去做什么，深思熟虑，井井有条，往往可以节省时间。

4. 向紧张挑战

生气、愤怒、压力、热情都会影响我们的记忆。它们会暂时使大脑停滞，这时你应该休息一会儿，喝杯水，或者做做运动来恢复记忆。

5. 向干扰挑战

新事情的干扰可能会造成遗忘。这并不表示你的记忆库接受新信息的能力有限。不是我们新学到知识的多少会影响记忆，而是我们学到的内容会对记忆形成干扰。遇到的人与一个朋友的名字一样，学了法语又学英语，就会形成干扰。

6. 向破坏记忆的化学物质挑战

咖啡因、香烟、酒等等都会影响我们的知觉和判断能力。无论是像咖啡因或香烟这样的刺激物，还是像酒这样的抑制物，都会干扰你回忆信息的能力。这些物质会使脑细胞受到损害，使永久记忆衰退。一些长期饮酒的人一旦停止，就会发现它们的记忆又好起来。减少这些物质的摄入，有助于记忆的提高。年纪大的人可能不会有效地恢复记忆，因为他们的记忆常年受到这些物品的损害。咖啡因也是一种会损害记忆的物质，在最好的情况下，我们的大脑都是出于一种既警觉，又放松的状态下的，咖啡因使我们处于警觉状态，让我们不能放松。年纪大的人们喝茶或咖啡来提神，这也有一定的好处。每个人对这种无知的承受能力不一样，要靠自己掌握。

第11章
提高记忆力的七种练习

　　很多人懂得如何充分利用自己的大脑，因为他们找到了正确开发和利用大脑的方法，而其他的人根本不知道如何去做——他们只是让自己的脑细胞静静地呆着，并不去激发它们活动起来，也就不能怪这些脑细胞效率低下了。事实上，任何人在任何年龄阶段都可以学会如何让自己的大脑更有效地工作，也就是说，提高记忆力，我们是能动的。

　　应当把记忆力训练看作是自己在玩的一种游戏。最重要的是，在这个过程中，你不仅会因为自己一点一点的进步而高兴，还会从中获得很大的乐趣。练习的目标是改变你同周围事物（人或者情景）的关系和联系——也就是说，如果你封闭了自己同周围事物的联系，练习的目的是重新恢复这种联系，让它更有效地发挥作用。

　　下面为你提供一些行之有效的提高记忆力的训练方法，坚持练习，你一定会受益匪浅。

识记练习

这个练习算是一个热身活动。你只有不到7秒钟的时间来记录你所识记的内容。在这样短的时间内，你能记住的东西是非常有限的。但是，这些东西的形状可以各不相同。这个好比一个只能装个硬币的钱包，如果里面是1角的硬币，那么里面最多只能装10元钱；如果里面是1元的硬币，那么里面最大只能装100元钱。

1. 颜色识记联系

在某一天决定自己要在一整天中对任何红颜色或者带有红颜色的东西进行系统的观察。到了晚上，将所有你能够记起的当天看到的红颜色的东西记下来。第二天，到前一天去过的地方检查，看看自己有没有漏掉什么。你会发现，自己可能不仅仅没有记住某些东西，还有一些东西自己在前一天根本就没有注意到。记下有多少这样的事物（只记最大数就可以了）：

有多少是你根本没有注意到的

有多少是你当天没有记住的

几天以后，用另一种颜色来重复同样的练习，你一定会注意到自己有所进步。

2. 形状识记联系

你决定自己要在一整天中对任何正方形或者长方形的东西进行系统地观察。到了晚上，将自己能够记住的物体记下来。

第二天，检查前一天的记录并记下有多少这样的事物：

有多少是你根本没有注意到的

有多少是你当天没有记住的

几天以后，用圆形物体或者椭圆形物体来重复同样的练习。

根据你的进步情况和你从这些游戏中获得的乐趣多少，决定在某一天重新进行"颜色"的测试，然后间隔几天后再进行"形状"的测试。一定要注意，测试与测试之间要间隔至少两三天，因为大脑细胞需要一定的时间来"消化"这些强化练习。

如果取得了一定的成绩，不要忘了给自己一点奖励；如果没有进步，那么作为惩罚，你要一直将练习进行下去，直至出现进步为止。

3. 人物识记练习

如果给你15分钟甚至更长的时间，让你来观察一个人，你也许不知道该如何去观察，如何去注意有关这个人的所有情况。只有事先经过一定的训练，掌握了一定的观察方式，你才有可能做到这一点。

你首先应该制定一个观察计划：

比如，你可以从大体的轮廓开始观察：身高，胖瘦，削肩还是宽肩等等。

然后你可以开始观察他的衣着：款式，颜色，面料……

然后是手和脚。

然后是面部特征：皮肤，毛发，眼睛，嘴……

接下来，试着在某一天通过这个计划去观察两个人。到这一天晚上，用你观察的结果跟自己的计划进行比较，依据计划中的问题一项一项地进行回答。你会发现一定有一些地方你没有注意到，无法回答。记下有多少个地方没有注意到。

第二天，重复前一天的内容：你会发现自己有很大的进步。然后间隔两三天后，再次重复前面的内容，每次都要观察两个人。等到你能非常成功地完成这个测试时，将观察的对象增加到3个人，然后是4个人。

等你发现自己能够准确无误地描述出当天见到的4个人时，你一定会为自己的记忆力感到自豪。

4. 倾听识记练习

你可以在某一天的特定时刻决定给自己3分钟的时间，来仔细倾听你当时能够听到的各种声音：两个人的谈话，街上的各种噪声，电话铃声等等，在晚上记下所有这些声音。

第二天，在同一时间重复前一天的练习，这时你会发现，的确有一些变化还是这些声音前一天就存在，只是你没有注意到而已。

接下来的几天里，在每一天的不同时间里重复几次相同的练习。将这些天中的记录同前几天的记录合在一起，你就能对自己一整天的活动有详细些了解。晚上，将你一整天中倾听到的各种声音联系起来，你一定会得到意想不到的收获和回报。

5. 分散注意力

很多情况下，我们会不得不在同一时刻中同时记住几件事情：这种能力也需要一定的训练才能拥有。

同上面的练习一样，飞快地进行阅读，你可以决定同时划掉这一行中的某个字以及某个词语。

更难一点的练习：仍然快速地阅读，同时在脑子里数一下自己找到某个字的次数，比如"的"字。阅读完一张报纸的一个专栏后，数一下自己找到了多少次这个字。然后，非常仔细地将刚才阅读的内容重新阅读一遍，记下一共出现多少次这个字。比较一下，你一共漏掉了多少次？

在这个练习中，一旦你能每一次都全部正确，就可以确定自己已经拥有了很强的注意力。但是，你还是要在有时间的时候经常进行类似的练习。晚上或者周末同自己的家人或者朋友一道来玩一玩这个游戏，也是一种不错的消遣方式。

观察练习

"多角度观察"是我们开始了解这个世界的惟一方式。比如，你可以注意一下婴儿。当你给他一个小盒子时，他会目不转睛地盯着它，不停地将盒子从一个手中换到另一手中，翻过来，转过去，从不同的角度去观察它。他会拿在手里摇来摇去，放到耳朵旁边倾听，然后"乓"的一声把它扔在桌子上；或者拿着慢慢地啃。总之，小孩子在力图从各个可能的角度去探索这个他仍然未知的东西。他还不知道这是什么，但是他已经了解到了这个物体能够告诉他的所有信息。成年人就不会观察得这么详细，因为他只需扫一眼就知道这是一个盒子。

婴儿对这个世界一无所知，充满了好奇，因此他会去看，去听，去闻，去啃，去咬，去试试物体的重量……我们成年人早已经对周围的一切熟视无睹，认为自己什么都知道，因此我们不会去仔细倾听和认真观察。这就是我们必须改变的地方。我们应该像婴儿观察事物一样，从各个角度观察这个世界，并通过训练使自己获得这种观察方式。

1. 观察物体练习

在几分钟的休息时间里，从身边找一个有多个特征的物体来观察——比如台灯、花瓶、某个小装饰品等所有你感觉到自己经常看见却从来没有仔细观察、注意过的东西。

拿在手里，掂一掂大概的重量是多少，拿在手里是什么感觉；然后翻来覆去从各个角度去观察它的不同侧面，观察整个物体是如何构成的。观察完毕，在纸上简短地写出你刚才观察到的几个特征。

过一会或者几天，拿出几分钟的时间试着描述一下前面你观察过的物体。你会很惊讶地发现，这个简单的练习已经能够让你准确地说出这个物体的样子，仿佛它就在你的眼前一样！

很明显，这只是一种短时记忆，而且只是在记忆某个单一的物体，所以相对简单。如果想记住更多的东西，你必须进一步训练自己的大脑。

在任何可能空闲的时间里，来玩这种游戏。如果你已经能够非常成功地完成这个任务，那就用更复杂的物体作为练习对象。

2. 句子阅读练习

你有没有注意到，在读报纸或者是读书的时候，你从来都不用将所有的句子完整地读下来，就已经明白了大体的意思？其实，一旦我们已经学会了如何阅读——尤其经过大量的阅读以后——仅仅看到几个词就已经足够让大脑进行反应，组织起整个句子的结构来。大脑对句子重新进行组织的速度比我们逐字阅读的速度要快得多，所以我们能够读得越来越快。

能够用更快的速度进行阅读，这当然有百利而无一害。但是，即使你已经具有了能够进行快速阅读的能力，你仍然需要具备在阅读的同时能够自然记住一些自己想记住的篇章这样的能力。

跟前面一样，在你闲暇的时刻，从某张报纸中或者某本书中找出两三段文章，从中找到这几段的多个特征。你可以假设自己是一个老师，正打算在一篇文章上作一些标记。你要将所有的文字正确地读出来，包括每一个副词、每一个连词等。同时你还要将这篇文章分成几部分来分析：文章中的句子太长了还是太短了？里面的形容词或者副词多吗？句子的意思表达清晰还是混乱不清？句子是短小精悍还是华丽冗长？句子是否富有想像力？是否充分表达出了作者的意思？有没有重复？是不是太罗嗦，毫无意义？

过一会儿，将你个人对这篇文章的评论用几个字写下来。然后，第二天或者第三天时，根据你所概括的文章特征试着写下你能回忆起来的句子。看到你写出来的完整句子，你一定会大吃一惊的！

3. 观察人物形象练习

我们生活在一个到处都是人物形象的世界里：杂志上到处是人物照片，书籍中处处有人物描述，人物绘画随处可见……可是，你是否曾经仔细研究过这些人物形象，注意过这些人物形象的特征？

一旦有机会，就要训练自己对周围事物进行系统观察的能力。

选一幅图画作为观察对象，给自己几分钟的时间，将你可能观察到的所有细节找出来，然后将这幅图画藏起来。过一会儿，记录下你刚才观察到的所有细节——不仅要写下你所看到的具体细节，还要记下你的评价：画中人物的情绪冷静还是激动，光线运用的好还是坏等等。

过一两天以后，试着描述这幅图画。这时你会发现，自己不仅能将整幅图画描述出来，连所有细致入微的细节都能记起来！

这种从尽可能多的方面去观察事物的训练，或者说细节训练，应当持续相当长的一段时间，因为这种观察事物的方式应当成为你新的生活方式不可缺少的一部分。同时，这也是保持识记信息的基础，是再现过去的记忆和获得知识的基础。而且，这种细致观察事物的方式也是一种生活方式，一种让自己免于漠视周围世界、对周围事物熟视无睹的生活方式，它会让我们重新回到积极的生活状态中去——这种生活方式是年轻和活力的最佳源泉。

联想练习

在学习如何细致观察事物时，你会发现，对事物的细致观察本身几乎就能让你自动记住这个事物了。你在不知不觉中将你观察到的事物同脑海中原有的记忆和知识联系在了一起，这是因为大脑中的联想机能在发挥作用。

实际上，联想是记忆一切信息的基础。我们每个人天生具有这种能力，并在不知不觉中运用着这种能力。我们只需要意识到它的存在，有意识地对这种能力进行训练，就能不断加强其功能。

做到这一点并不难，我们不需要花费额外的时间进行特别的训练。我们只需要认识到这个机能，在任何可能的时候有意识地对事物进行联系和联想就足够了。

从现在开始，你可以用你身边的任何一个事物来做这个游戏：一个物体，一本书或者一篇文章的题目……任何和你有关的东西都可以。整个一天中用不同的事物不断地重复类似的游戏，不要用笔记下任何东西。晚上睡觉以前，回想一下所有这些跟自己有联系的事物，你是不是很轻易地就能记起来？随着不断地锻炼，你会发现这样的游戏对你来说越来越容易。

经过几天甚至几个月的坚持，你会发现自己会有很大的进步。

在空闲的时间里继续做这种游戏：让这种活动成为一种大脑内在的能动反应。每当有某种信息在你脑海中激发起跟你有关的信息——一种味道，一段个人的回忆，你的一种性格特征——都会让这个新的信息在你脑海中更加真实地浮现出来，这会让你远离经常健忘的乏味生活。

当你感到自己能够自动地对周围的事物进行联想时，那就让自己去接受更大的挑战，进行更加有趣的练习。在你身边找一个物体当做练习的对象，将注意力全部放在这个物体上，从不同的角度研究它的各个特点……然后，将每一个特点同你自己相联系。

比如："这个东西很重——我个子太矮了，我只喜欢轻的东西。这个太亮了——我喜欢中间色调，有光和影子容易让人产生梦幻般的感觉……"诸如此类。

在做这个小游戏的时候，你会将所有自己喜欢或者不喜欢这个物件的原因都罗列出来。这种做法不但没有坏处，还会有助于你加深对于这个物件的印象。

联想的类型有多种，最理想的联想方式是同时进行多层次的联系。

1. 相似性联想

这种联想很常见。比如，在某一个国外的小镇旅游时，总有人会这么说："这个地方真像我们国家中的某某地方。"

相似性联想可以是视觉方面的，也可以是其他感官感觉到的。比如，一个孩子会告诉你说："我很容易就记住2468这个号码了，因为这些数字排列得像一段楼梯。"

要养成一种对生活中碰到的任何事物进行类比联想的习惯，任何时候都不要忘记，停下来想一想："等一等，这个东西让我想起……"

实际上，某个物体能够让你联想起来的不过是你记忆中某个熟悉的东西而已。当你在说"这个东西让我想起"某事物时，你实际上是在回忆这个事物，不断重复着这个事物，从而将它牢牢地记在自己的脑海中。

因此，通过这种联想方式，你能够达到一箭双雕的效果：你不仅获得了新的知识，同时还巩固了原有的知识。

2. 成对联想

我们的大脑是这样工作的：大脑中一旦出现某一种思想、某一个形象、某种记忆，它就会自然而然地出现另外一种与之有密切联系的思想、形象或者记忆。一方面可能是因为我们已经习惯了这两个事物总是一起出现，另一方面也可能是因为在逻辑上一个衍生出了另外一个（称为逻辑对）。

成对出现的事物在我们生活中俯拾皆是。比如，时间往往是成对出现的（比如12点15分），还有其它的信息（比如往返北京——上海的班机）……

学着将事物成对地记住，这样就能减少必须记忆的事物数量。比如，在制定购物单时，这么来写：报纸——火柴（"要把火点着，我需要一些纸张和火柴"），笔记本——铅笔（"要记下什么东西，我需要笔记本和铅笔"），等等。

逻辑对有以下几种：

部分和整体：鼻子——脸。

结果和原因：患感冒——遭风寒。

相反和相对：热——冷；女孩——男孩。

3. 连锁反应

通过以上练习，你会发现人们很容易将成对的事物联系在一起。也就是说，人们经常会将一个已知的事物同一个未知的事物联系在一起，成对地进行记忆。同样的道理，人们往往还会将这一对事物同其它的事物联系在一起——每一对事物中因为已知事物联想起来的事物往往又会成为另一对事物中的已知事物。如此一直联想下去，就形成了长长的事物链。

只要记忆者能够认出每一对事物中的两个因素，这种连锁反应的机制就能够使记忆者联想出无限的事物来。这种记忆方法在记忆一组事物时尤为有效。比如某一幅画中的各个人物或者物体，一个班级里的学生，你不得不记住的一篇课文中的一连串单词或者句子……在唤起大脑中已有的记忆和已有的知识时，利用这种连锁反应式的记忆方法同样也非常明显。

要掌握这种记忆技巧，你必须进行一些真正的练习：每个星期都要进行数次的系统练习。

从某一张报纸的文章中或者某一页书上找一组文字或者人物。首先找出能够组成一条事物链的某种联系——一定要先从自己最熟悉、最容易产生联想的事物开始。最初可以选取十种事物，仔细找到每一个事物同下一个事物的连接点。每次找到一个新的连接点时要重复上一个连接点是什么。在将十种事物连接在同一个链条上以后，回忆一下刚才形成的事物链是什么样子的，这个链条能在你脑海中自动一一展开。

当你能够多次成功地进行这个练习时，就可以开始增加链条上的事物数量。如果你的大脑已经能够相当灵敏地进行联想，就可以继续进行别的练习了。但是要记着，每过一段时间都要回来进行这个连锁反应的练习。

分类练习

我们周围的世界是由形形色色、各不相同的物质组成的：人类，物体，听到或者读到的句子，各种各样的运动，声音，光线……然而，在这个纷繁复杂的世界里，我们能够轻而易举地找到自己的方向，这是因为我们无时无刻不在将所有与我们有关的事物和活动进行分类。

最简单的一个例子是，对于任何事物，我们都要首先判断那些事情是非常重要的，哪些事情是次要的，哪些事情可以一边进行一边放松地享受生活。

"20个问题"游戏最能体现出人的分类能力。这个游戏需要两个人同时来完成。

游戏的一方想出一个物体来，让游戏的另一方来猜。对方可以问不到20个有关这个物体的问题，而对于这些问题，给出物体的人只能回答"是"或者"不是"。如果你是问问题的人，你往往会按照一定的顺序开始提问，给被猜测的物体归类："它是个动物、植物还是没有生命的物质？"如果对方回答是一个动物，继续归类："是生活在陆地上的动物还是生活在水中的动物？"如果是生活在陆地上的动物，继续归类：它身上有羽毛、绒毛还是鳞片？如果它身上有鳞片，它身形大还是小？如果身形很小，那它有腿吗？如果没有腿，那你已经找到答案了——这是一条蛇！尽管一开始你对这个事物一无所知，不知该从哪里问起，但是通过分类的方法，你可以在问不到20个问题时就得到正确答案了。

这是一个非常有趣而且有益的游戏。因此，一旦有时间就跟自己身边的朋友们玩一玩这样的游戏，而且每一次都要把难度设定得更高一些。

比如，你可以来猜一个人。如果你只是将你所认识的所有人的名字都问了一遍，你肯定会发现，自己还没有找到正确答案，可20个问题已经问完了。所以你必须善于给目标设定类别，比如，"这个人是男人还是女人？是中年人还是老年人？是家里人还是一个朋友，还是一个公众人物？"等等一类的问题。如果答案是公众人物，那么他仍旧在世还是已经去世？是一个艺术家还是政治家……

当然，这需要有相当大的分类技巧。因为尽管最开始时没有任何线索，但是你问的每一个问题都能更加深入到某一个类别的事物中去，从而顺藤摸瓜，最终找到正确的答案。

分类能力至关重要，因为这种方法就像一跟线索链，你可以在它的帮助下唤起自己的记忆。因此，要尽可能多地进行这种练习。你甚至可以经常一个人来玩这个"20个总是"的游戏。

但是要注意，游戏过程中如果你发现这个线索不能自动继续延伸下去的话，那是因为在你的分类中某一个分支出现了断裂。比如，你想到蔬菜这个分类后，你应该继续想这种蔬菜应该是根类的蔬菜，茎类的蔬菜还是绿叶类的蔬菜等分类上去，但是你的思路却可能转到了蔬菜的烹饪方法上去了。

因此你必须确保自己列出的分类对你是有用的，能为你找到正确的答案。

分组练习

当我们想记住某些复杂的事物时——比如，一幅风景画，某一天晚上出去散步时周围清新的空气……在这种情况下，进行分类往往比较困难，对于我们的记忆也起不到太大太直接的作用，或者至少仅仅使用分类的方法是不够的。但是，有一点是确定的，我们需要将所有的信息整理得井然有序：大脑只有在接受有秩序的信息时才能更加有效地运转。

在这种情况下，最大的技巧是将所有的信息集合起来并将其分成几组，让它们变得井井有条。当你把这些集合成一个有机的整体时，这几个小组的信息就形成了一个多层次的结构——而大脑处理起这个多层次的结构时就容易多了。大脑会将它们进行分类，放在自己的仓库里，在你需要的时候随时接受指令将这些信息调出来。

这方面最突出的一个例子就是"名单移位"——将一个完全不同的名单移植到一个故事中，尤其是和自己有关的故事中去时。比如，你打算今天下午要带下面的这些东西回家：鞋油、衣架、报纸、花生油、圆珠笔芯、灯泡和鱼料。要记住这些，很简单，你只需要在自己脑子里编一个这样回家的故事就可以了：

"我一回到家，就要把上衣挂起来（衣架），读一会儿报纸（报纸）。对了，椅子旁边的那个灯泡坏了（灯泡），光线不好。说到光线，我得把屋子里的鱼缸挪一挪地方（鱼料）。之后，我要给自己做一盘沙拉和煎蛋饼吃（要用到人造黄油）。等我吃完了，要记着给妈妈写封信（圆珠笔芯）。还有，睡觉前要把明天早上穿的衣服熨好，把鞋子擦亮（鞋油）。"

将这个故事跟自己复述一两遍，你的脑海里就会自动地形成一个购物清单。

从现在开始，禁止自己将任何清单写下来，包括购物清单，该做的事情，会议议程……在前一天晚上将所有第二天应该做的事情——尤其是打电话之类的"小事"编造成一个有结构有层次的小故事，在睡觉以前和第二天早上起床后跟自己各复述一遍。

在进行这样的训练之初，自己可能还是会偶尔遗忘一两件事情。但是不要因此放弃，不要重新求助于笔记本。慢慢地，你会发现自己训练的这种机能会自动地成为一种习惯。

跟前面的训练一样，在你空闲的时候来训练大脑的这种机能。最开始，先随机拿一本书或者一张报纸，从上面随便选10个词语。把这些词语在笔记本上写下来，然后仔细琢磨一下这些词语。在这些词语里面稍微加几个词，然后连缀成一个小故事。

比如，假设你现在有3个词：说话、睡觉和想像。你可以将这3个词连缀成下面的话："我想说话的时候，我的父母却睡觉了，所以我能想像出我这个晚上的心情。"

你还可以编造一个长长的故事将更多的词语都包括进去。这是一种真正的训练大脑机敏性的练习。

不用担心这样的故事可能会有些牵强。因为越是牵强或者荒唐的东西，反而越是能够比普通的东西更容易在大脑中留下很深的印象。

重复记忆

这些记忆训练的确能够让你非常清晰地记起自己想要记住的信息。但是，如果你想将这些信息长期保持在记忆中，那么仅仅依靠这些针对性极强的训练就远远不够了。

要保持长时记忆，你需要不断重复。

你应该经常找出时间来将我们讲到的所有练习都重复一下，包括联想、分组、有情节的小故事等等。在进行这个游戏时，一定要像一个吝啬鬼摆弄自己的金币一样用心。

对练习的内容每回忆一次，你都可以往里添加一点点东西，一点点联想，让整个内容有一个全新的面貌。总之，不管在任何时候，只要有空闲的时间，就要积极进行这个新的训练：将你连缀而成的故事讲给别人听，将自己想像的故事情节付诸实施……

比如，有个人学习汽车驾驶，他先买了一本书，学习汽车驾驶的相关理论。如果他在学习这些理论的同时经常驾驶汽车，就会自觉将这些理论知识运用到实践中去，每运用一次，这些理论知识就在他的脑海里更加深刻一些。但是，如果他背完了这些理论以后从没有机会实战一下，即便他连续花了几天将这些理论知识滚瓜烂熟，6个月以后他也一定会忘得干干净净。

如果你在人生的某一个阶段中曾经一次又一次地练习过某种技能，即使间隔好多年再重新使用这种技能时，你会发现自己仍然记得清清楚楚。因此，要经常回忆，经常使用你已经掌握的各种技能，在生活中对它们时时不忘，事事不忘。

但是如何重复也是一门艺术，重复绝不是机械而又枯燥地进行复习。一个演员曾经这样说过："我开始进入一个角色中时，我就会用他的声音去唱歌，用他的姿势去跳舞，按照他的饮食习惯去吃饭，跟他一样呼吸，像他一样吐痰……"在体验角色时，这样的重复永远都不会让他感到单调乏味，他只会感到像玩游戏一样轻松而又快乐。

再现练习

我们将大量信息储存在大脑中的目的，是为了在需要用到这些信息的时候，能够准确地将它们找出来。如果做不到这一点，那么你的记忆库就只是你背着的一个沉重包袱。但是，如果方法得当，你可以充分利用包袱里面的东西，因此，你必须学会在需要的时候怎样将这些东西从包袱里取出来。

有时候我们会草率地下结论说："我想不起来了。没关系！反正已经好长时间不用了，也难怪已经忘了。"于是不再在脑海里搜寻这些信息。实际上，科学家们通过试验证明，我们真正彻底忘记的东西远远没有我们认为的那么多。

很多时候可能情况正相反。有些记忆的内容越久远，就越容易重新回忆起来。我们前面说过，是某个人的亲身经历也好，是专业知识也好，不管是什么样的记忆内容，我们每回忆一次，就会在大脑中留下一道更深的印记。这些印记随着在几年中一次次的回忆不断加深，最终形成一道抹不掉的印记。这些印记跟我们的意识几乎处在大脑的同一层次上，让我们能够毫不费力地再现在大脑中。

不管我们的记忆力有多么好，都需要不断地运用系统回忆方法进行训练。这些方法会与大脑中的记忆细胞相互作用，进一步加强大脑的记忆功能。

记忆链就是一种很好的回忆方式。毫无疑问，在回忆某些事情时，你一直都在不知不觉中运用记忆链的方式。比如，有一天你怎么也找不到自己的汽车钥匙了。你寻遍了所有的角落旯旮儿，就是找不到钥匙的影子。这时候，你冷静下来："让我想想，昨天晚上我回来的时候是拿在手里的……不对，因为当时我还把房门钥匙拿出来开门来着。要是开门的话，我肯定会把车钥匙放在我左边的口袋里。对！是这样！可是，我忘了七衣口袋上有个小洞。那肯定掉到上衣的里衬里去了！不对，衣服里衬和上衣下摆不是连着的，那肯定是掉在门口的地上了……可是，要是掉在地上的话，我一定能听见声响的……那可能没有掉在地上，我当时就在门口，那很可能是掉在门口的脚垫上了。"

于是你飞奔到门口，可不是么，你的钥匙就躺在门口的脚垫上！

运用这种从一种事物联想到另外一种事物的方法，能够让你很快在大脑中搜寻到自己要找的东西。在此，真正的"钥匙"是你能够找到正确的起始点。

空闲的时候，给自己规定一点任务，用这种联想的方法再现某些稍微复杂点的记忆。这种游戏有时候会非常有趣，因为在你沿着某个问题联想下去时，可能会有许多其它的回忆也在不经意中突然间一同涌了出来。

可能以前你从来不知道，自己的记忆里居然还有这么多自己从来没有想到的东西。很明显，所有重新回忆起来的这些东西，会在你的脑海里留下更深刻的印记，让你的记忆库更加丰富。要知道，大脑的记忆库越是丰富，你在联想事物时就越容易，联想起来的事物就越细微，你想记住的信息在大脑中储存的时间就越长久。

同样，对同一个事物你能够联想起来的事物越多，那根连接着你要寻找的记忆的丝线就能够越快地找到。记忆越丰富，记忆库就越容易进一步充实自己，你就越能熟练地掌握记忆的技巧！

第12章
与遗忘作斗争
——进行重复记忆

　　人脑所记忆的东西，会被逐渐淡忘。记忆得越肤浅，淡忘得越快；记忆得越深刻，淡忘得越慢。"重复是学习之母"，记忆是在反复中进行的，重复是同遗忘作斗争的最有力的武器之一。重复学习不仅有修补、巩固记忆的作用，还可以加深理解。

重复就像记忆的发动机

记忆是对经历过的事物记得住并能再现的认识活动。它包括识记、保持、再现、再认四个方面。记忆的深浅不仅与刺激的强度有关，也与重复的次数直接相关。在一定条件下，重复的次数越多，记忆就越深刻。每周一的歌或电视剧插曲，刚听第一遍时感到陌生，然而一周下来，便基本会唱了。刚接受新知识时需要重复，否则印象太浅，不会在脑中产生记忆效果。这就像没有闸的汽车，一直爬到坡顶才能站稳，半坡上熄火就容易溜下来。重复好像发动机，应该把记忆的载重车推上有利于保持信息的"坡顶"再暂告歇息。

1. 重复记忆思维方法是强化识记和保持的思维工具

衡量一个人记忆的好坏有四个指标：

记忆的敏捷性，指记忆的速度。

记忆的持久性，指记住的东西保持时间的长短。

记忆的正确性，指记忆的东西准确地再现出来。

记忆的备用性，能够把记忆中所保持的东西在需要的时候再现出来。要做到识记和保持，克服遗忘，最有效的方法就是重复记忆。

2. 重复记忆思维方法是从识记和保持到再现和再认的桥梁

记忆是科学创造的重要心理条件。前人的经验是前人实践活动的总结和概括，又是后人进行科学创造的基础。科学工作者博学多识、博闻强记，才能在前人研究工作的基础上确立自己的创造方向。当代科学技术突飞猛进，"知识爆炸"与知识老化加快，知识更新迅速，这要求人们具有良好的记忆力，不断学习新知识，及时吸取最新科学成果，才能更好地进行科学创造。可见，重复记忆思维方法不仅能够促进人们记忆和保持记忆，而且是人们很快再现和再认识（再创造）的桥梁和纽带。

3. 重复记忆思维是增强记忆力的助手

要使书中的知识活化为自己的知识，必须从记忆入手。马克思有一个习惯，就是隔一些时候就要重读一次他的笔记本和书上作记号的地方，来巩固他的记忆。捷克著名的教育家夸美纽斯指出："记忆不应当得到休息，因为没有一种能力比它更易操作。你要每天找点东西给记忆记忆，因为你愈是多给它记，它便愈能诚实地记住；你愈少给，它便记得愈不诚实。"人脑需要不断训练，大脑越用越灵，谁不长期训练大脑，就会变得迟钝、健忘。这充分说明，重复记忆思维方法是提高记忆，增强记忆力，锻炼记忆力，发展记忆力的最诚实的朋友和助手。

重复记忆是与遗忘作斗争

遗忘是记忆的大敌，它使记忆痕迹逐渐淡漠甚至消失。通过重复则可以加强大脑皮层的痕迹，从而达到加深对所记内容的理解、修补巩固记忆的目的。如果学习、记忆的程度达到150%，将会使记忆得到强化，可以使学习过的内容经久不忘。很多知识在初学的时候，难免不深刻、不全面，把握不住知识的内在联系。往后，随着学习的内容增多，通过重复就可以把前后的知识条理化、系统化，这样就理解得更透彻了。

重复与淡忘的关系：一是重复的次数越多，忘得越慢；二是遗忘的速度并不简单地与时间间隔成正比，而是先快后慢，淡忘与时间有关。一个大学生毕业后十年内不与任何同学来往，他会把许多同学的名字忘掉。一个高中毕业的农民，在五年之内不读书、不看报、不写字，便会提笔忘字。

采用重复记忆方法时要科学地安排重复的次数和时间间隔。一般说来，对于复杂难记的内容，重复次数要多些。重复最好在记忆将要消失的时候进行，且重复间隔时间由短渐长，这样就能达到事半功倍的效果。

有研究表明：记忆的第二天，遗忘率最高，50%左右，也就是第二天一个人可能会忘记他所记忆的50%，第三天30%左右，第四天10%左右。

由此可见，第一次复习应该及时，新学习的内容最好在12小时之内复习一下，抓住记忆还比较清楚、脑子中记忆的信息量还多的时候进行强化。第二次复习时间间隔可以稍长，比如两天。再往后，间隔可以更长，比如依次为一周、半月、一月、半年、一年、几年。复习所用的时间也会依次缩短，甚至只要用眼或耳过一遍就行。

这样先重后轻、先密后疏地安排复习，效果极佳。针对这点，我们可以每天在记忆新东西前，先重复记忆昨天的知识点（大概花半小时左右）和前天、前前天的知识点（各花10分钟左右。其实是认真的浏览一遍）。这样，每天的知识点就在以后的三天内被重复记忆。（在笔记本上标上学习的日期）在周末还可以把上周的知识点也快速地浏览一遍。我们会发现这个方法特别奏效，知识点都能牢牢记住，一个月前记忆的东西现在脑海中还十分清晰。每天所花时间也不很多，只是有点麻烦，最重要的是要形成习惯。如果这个方法在时间的分配上还不怎么合理，则可以根据自己的实际情况调整。

重复的方法

许多学生为了应付考试，喜欢搞临阵磨枪，这样突击学习的知识多达不到永久记忆的目的，往往是记得快忘得也快，就像狗熊掰棒子，虽然掰得很多，但最后所剩无几。科学的做法是：对于基础性的、必须内储的知识，尽量早日融会贯通，并适时安排复习；对临时应付性的、没有必要长期内储的知识搞临阵磨枪。

还有许多学生在学习内容的安排上有一种惰性，知新时便忘记了温故；复习某一门课程时，便把其它课程忘在一边。这种做法也不可取。这是因为，当他们专注于复习或学习某一门课程时，其他课程的内容因搁置太久而几乎忘光了，再复习时不免要花费许多时间和精力。如果适时安排复习，则既省时又省力。复习就像打扫覆在记忆上的灰尘一样，灰尘很少时，一吹即掉；灰尘很多时，虽用水洗也难见本色。

科学的做法是：

各科知识学习齐头并进，复习也齐头并进。在复习时，第一遍先粗线条地记忆基本概念、基本理论、基本方法，通过系统归纳，使之网络化，并记忆在头脑里；第二遍做书中的例题，做完后与书上的题相对照，力争"一步不少，一字不落"；第三遍做书上的习题，达到一看即懂的程度。此后，再去选做一些参考书上的习题。这样才能收到满意的效果，提高记忆力，从而受益匪浅。

第13章
恰当选用集中或是
分散来记忆

在记忆时间和内容的安排上，一般有两种方式：一是集中记忆，二是分散记忆。从内容上讲，集中相当于整体，分散相当于分段；从时间上讲，集中是连续的长时间记忆，分散是将时间分段记忆。

集中记忆

1. 集中记忆的两个含义

（1）将学习材料所需的时间集中使用，接连不断地反复记忆材料。

【实验支持】心理学者做了很多实验，证明"集中优势兵力打歼灭战"的记忆方法有优越性。在一次实验里，让一个学生记50个数字，学习的次数不一样。在重复1到4次的情况下，能记住的数量不多，可是一超过4次，能记住的数字量就急剧上升。在重复7次以后，就能基本上记住所有的数字了。这个实验说明，记忆一个较长的材料总是需要一定遍数的。重复7次对记忆50个数字最合适。

人们还发现，重复7次也是记忆外文单词的最佳次数。记忆汉字的最佳重复遍数，读是15次，写则是10次。

（2）进行适当的过度学习。

例如，要重复6遍才能全部记住30个外文单词，将这时的学习程度定为100%。如果学到100%时就立即停止，虽然当时是全部学会了，但却不巩固，很容易遗忘。这时如果继续学习下去，就叫做过度学习。一般来说，为了牢牢记住学习的内容，任何学习都应该过度学习，过度的程度在50%~100%之间时，学习效果最佳。

【实验支持】有人对小学生记忆生字的抄写遍数进行实验。同样一些生字，A组抄5遍，B组抄10遍，C组抄15遍，D组抄30遍。7天以后测查，B组和D组成绩最好，48天后测查，B组最好，而且明显超过D组。这说明，B组抄写10遍的效果最佳。C组抄15遍，D组抄30遍是多余的，既浪费了时间和精力，效果也不好。这说明集中次数过多反而不利于记忆。

2. 运用集中记忆法注意两点

根据这些原理，学习和记忆时，切莫像蜻蜓点水似的浅尝辄止，一带而过，也不要一会儿干这，一会儿干那，而应将学习时间和学习内容相对集中，并适当地过度学习。为此，首先应该知道对于个人所记忆的材料来说，集中学习多长时间最好。当然，要了解这一点并不容易，因为记忆不同的材料，最佳遍数不同，人与人之间也有个别差异。一般来说，小学生30分钟~40分钟，中学生1

小时，大学生90分钟比较适宜。要根据各人的实际情况，以不产生过分疲劳、学习效果最佳为衡量标准，确定自己的集中记忆时间寻找这个最佳遍数，既要根据理论，也要根据个人经验。

为避免外界的各种干扰，避免打断思路，在集中精力完成某项学习任务时，可暂时采取将自己封闭起来，隔绝与外界的交往，进行高效率地集中学习，突破某些学习内容，以获得更好的学习成果。但这种方法不易用得过多，不能只张不弛，如果违反劳逸结合的规律，甚至会造成不良后果。

3. 集中记忆法比较适合英语学习

目前十分流行的英语三位一体法即用集中学习法。它将英语学习过程分为：集中记忆识词，集中记忆语法和综合实践三个阶段。

(1) 集中记忆识词。

它要求读者立即集中时间，集中精力学习词汇。这样可以打破单元界限，变分散为集中，把书上所要学的单词集中起来。按读音规则以单元音、双元音和音节以重读元音为主的顺序，依次排列，集中学习，短期突击；借助单词之间发音相同，词性相同，结构相同，意义相同或相反等方面的联系强化记忆；用图像、实物、谐音串成句子，编成短文等手段加深记忆。这样从易到难、从简到繁、由浅入深，可以较快地学到大量的词汇并且能够灵活运用，学得轻松愉快。

集中识词是一个强化过程，它集中材料、集中时间、集中精力、集中一切手段和方法，创造一个强化的环境氛围；注重全方位调动学习者的积极性，利用反复循环法，效果非常明显。

(2) 集中记忆语法。

针对常规学习中语法点过于分散而不系统的问题，遵循相对集中，反复巩固的原则，把语法按其在学习内容中出现的先后顺序，采用超前集中，随机集中和综合集中三种形式学习。超前集中是把有规律的、重要的、常见的语法现象简明扼要地提前预习；随机集中是在消化吸收超前集中内容的基础上进一步揭示语法的内在规律，根据某些特殊现象进行深入剖析，系统学习语法；综合集中是有机地将已教过的语法知识进行提炼、深化，并针对疑难点重点突破，从中发现规律，提高综合应用能力。

集中语法教学正是力求在实践中做到举一反三、触类旁通，既发现普遍规律，又揭示特殊规律，使语法教学由无序变为有序。集中语法学习使读者在掌握大量词汇的基础上，扫除自己的学习障碍，激发学生学习的主动性。通过集中学习语法，尽力使学生较早地对英语语法概貌有所了解。

(3) 最后在综合实践中，英语自然能取得好的效果。

分散记忆

1. 分散记忆法的优势

分散记忆法，是把较长、较复杂的学习材料分成几段加以记忆，中间穿插以休息或其他活动，来加强记忆的方法。

集中记忆有它一定的优越性，但集中记忆指的是在一段较短时间内或对于记忆容量不大的材料应采取的方法。如果学习时间较长，或要记忆的材料容量较大，就应采取分散记忆法。例如，连续学习4小时，不如每学50分钟后休息10分钟，或者把这4小时分开来每天学习一小时。有人做过这样的实验：让一组四年级学生反复读一首长诗，直到逐字逐句地记熟为止。另一组采取分散记忆法。结果表明，第一组集中记忆，需要阅读18次才能熟练地背诵，而第二组平均读7次~8次就够了。

【实验支持】一位心理学家还做了这样的实验：让两组智力水平差不多的学生读历史和经济学方面的材料，第一组是一天读5遍，第二组则采用分散法，每天读一遍，连续读五天。结果，两组读完材料后马上测查，成绩差不多，但两星期后和一月后又测查，第二组成绩比第一组好得多：第一组只能记住全部材料的十分之一，第二组则能记住约三分之一，比第一组多两倍。

因此，记忆比较长的材料，或者记忆材料的难度比较大的时候，分散记忆的效果比集中记忆的效果好。采用分散记忆法，不仅记忆得速度快，而且出现的错误也少。上面实验中，在集中学习条件下，复测时每人平均出现9个错误，而在分散学习条件下的错误只有4个。这是因为：

在分散学习中，中间的休息时间可对刚学的内容进行巩固，从而提高了记忆效果，分散学习可避免因学习时间过长而造成的兴趣降低和注意力减弱；

分散学习还可以避免前后学习材料的互相干扰。在分散记忆时，人的大脑神经细胞可以得到适当的休息；反之，老是重复同一材料，单调刺激容易引起大脑皮层的保护性抑制。

2. 高效运用分散记忆的注意事项

分散复习要注意时间间隔，请记住：当天新课当天复习效果较佳，然后每周、一个月、两个月、一学期各系统复习一次，就能牢固掌握。尤其是难度大的学习材料更适合于分散复习。注意以下三点可以更好地发挥分散复习的长处：

分散复习要有一定的前提。时间有限，不能将时间分得太细，间隔太长，最好将分散与集中结合起来；

时间不可过于分散，注意贯彻及时复习的原则。各次学习之间的间隔不能太短；这样会产生相互影响。但也不应过长。如果下次学习时，已把上次的材料全部忘记，就说明间隔时间过长，应该适当给予调整。

一般来讲，纯记忆性材料分散法效果较好，学习能力稍差的同学采用此法较为适宜。对于一些繁多，但必须直接记忆的知识，可以采取各个突破、分散记忆的方法，以提高学生的兴趣和信心，增强记忆的效果。把比较复杂难以记忆的基础知识分解为几个层次，由点到面，由主干到支干的过程，然后把每个层次的要点再分别联结起来。这样，再复杂再难的问题也就可以记忆了。

集中与分散相结合效果更佳

集中记忆法与分散记忆法的优劣与所记材料的长度、难度有关。系统性较强的材料，如论述题，适于集中记忆；而记忆性较强又比较零散的内容则适于分散记忆，如英文单词、人名地名、时间年代等。可以将分散——集中与分段——整体交叉组合，采用"时间集中——内容分段"或"时间分散——内容整体"的匹配方式。

此外还有分段与整体相结合的记忆方法，称为"渐进分段记忆法"，在分段的同时进行区域集中，几小段合成一大段。这种方法既便于分段记忆，各个击破，又利于加强各段材料间的联系，融会贯通；同时既适合于集中学习，也适合于分散学习。不论哪门知识，都是学时一大片，用时一条线。在总复习时，除了对知识进行网络化归纳外（整体），还有必要从不同角度对某些知识进行归纳（部分）。特别是一些有某种联系而又分散于各处的知识，若用二者相结合的办法进行整理，对增强学习效果是大有帮助的。

总之，集中记忆和分散记忆是相对的，不能一般地说两种方法哪种优，哪种劣。应该根据学习时间的长短，记忆材料的容量、性质、特点、难度以及各人的具体情况，选择适合各人的记忆方法。

按时间选择分散还是集中，达到最佳记忆效果

在记忆方法的运用中，要根据学习目标，计划安排学习时间。也就是对时间进行目标管理，严格地计划，合理地运筹。一天的时间要学习什么，什么时间用来学习都要先考虑在精力最充沛、最旺盛，智力活动最佳，注意力最集中的那段时间里，安排最重要的学习内容或者比较难的学习内容，采用集中学习记忆法。

人的智力活动最佳期是各不相同的，有的人在早晨，有的人在下午，而有的人却在晚上。学习时，要把最重要、最关键的识记材料，安排在每天的最佳用脑时间里去进行，就能保证高速度、高效率、高质量的学习，比较容易、轻松地获得清晰完整的记忆效果，这时用集中记忆法。把自己比较感兴趣的，比较零散容易的学习内容放在精力较差的那段时间去完成，这时用分散记忆法。在人的精力已经消耗很多之后，从心理上会产生停止工作的念头，而有趣的学习内容又会激发起人学习下去的热情。所以，每个学习者一定要摸清自己学习的最佳时间规律，以便科学地运筹时间。

重点运筹法抓住这些规律，科学运筹时间，既可做到不慌不乱，井井有条，保持学习的稳定性，又能养成良好习惯，保证记忆效果。

第14章
过度学习强化记忆

强化记忆，即通过加大刺激强度和提高大脑细胞的兴奋程度来提高记忆牢度。一般知识和日常事物，如同过眼烟云，而遇险的场景、受辱的情景和自己用心思考虑写成的文章却终生难忘。其差别在于后者刺激强度大。一次严肃的考试，学生很容易答出的题会很快忘记其内容，而很费劲儿才答出的题或者没答上来的题，会长时间不忘。这在心理学中叫做"蔡戈尼效应"。

根据这一原理，想让大脑对要记的东西产生刺激，记得更牢固，在学习上就可采取过度学习记忆法。如读十遍刚好把教材记住，若就此停止，不再练习，可能很快就会忘掉。为了使记忆能保持久远，应再多加练习，这多加的学习称为"过度学习"。

过度学习的"度"的问题

通过上面的阅读，我们已经了解到过度学习有利于提高信息的保持量，过度学习次数与保持成正比，即复习次数愈多，记忆保持率愈高。但过度学习的遍数太多了，超过范围，则会出现"报酬递减"的情况，那不也会浪费宝贵的时间吗？这就涉及到过度学习以多少为宜的问题。实验证明，假如以数字100表示为适足，即刚好能背诵时所花时间，则过度学习在100~150之间的最为经济，150~200的学习不够合算，150是最佳时间或次数。虽然保持量总体会增多，但得不偿失。因此，过度记忆法不是没有时间和次数的限制，"适足"的时间或次数则效果不够显著；过多的过度会使人疲劳、厌倦、注意力不集中。相信通过以上内容的阅读，我们一定有所收获，也一定会有很大的启发吧？

过度学习应用技巧

由于过度学习记忆是一种机械记忆，一般用于对材料的复习。这就需要强迫自己去记住那些不易记住而又必须记住的材料。其主要特点是反复记忆，舍得下工夫，还需要注意掌握一些记忆的基本技巧。我们可以：

（1）闭上眼睛想

这是一种记忆与回忆相结合的方法。记忆包括"记"和"忆"两个环节，记是贮存信息的过程，忆是提取信息的过程。有的人在学习的时候，喜欢抱着书本背个不停，这好不好呢？当然，我们不能说它不好，但最好的方法是记忆和回忆、反思相结合。因为回忆可以检测出我们哪些东西已经记住了，哪些东西还没有记住，增加记忆的目的性，另一方面，回忆要比记忆的速度快很多，也有利于知识的提取训练，使知识的贮存和提出两个环节都变得流畅。读完一课或一本书以后，为了加深记忆，闭上眼睛，借助于回想来强化记忆。闭上眼睛可以断绝外界的种种视觉刺激，使思维高度集中，这时，可以尽快地回忆。如能每天晚上睡觉之前，在脑子里像过电影一样，把一个个场景、画面或数字、单词再现出来，比以后再找大量的时间来学习效果要好很多。

（2）拿起笔来写

"好记性不如烂笔头"，"最淡的墨水也胜过最好的记忆"。在写东西的时候，我们如果对你所记忆的内容作进一步的思考，印象就更加深刻。

（3）讲给别人听

讲的途径有多种：回答问题是讲，同学间相互提问回答也是讲，这样有助于促进思维的敏捷和连贯，从而加深记忆。

第15章
重要材料在开始和结束时记忆

有句谚语说：一朝被蛇咬，十年怕井绳。这句话虽然和记忆没有什么关系，可它告诉了我们这样一个事实：事物给人的首次印象在人对事物的认识方面起了很大作用。同样，第一次的记忆，对以后记忆保持的长短，深刻程度有着很大的影响。正如心理学家比萨斯在其著作中指出的："保持和复现，在很大程度上依赖于有关的心理活动第一次出现时注意和兴趣的强度"。看来利用首次感知事物的强度、精度、深度、广度等就可以提高识记的效率。

重视头尾记忆的心理学原理

我们每个人在这方面都有很深的感受，在和别人第一次见面时，给别人的印象分往往决定了自己以后和他的关系。还有比如当我们背了大量的英语单词后，能回想起来的，大概也就是开始的和最后的几个，中间的部分差不多都已经遗忘了，这是为什么呢？

心理学的研究还告诉我们，前后识记的内容会相互干扰，从而影响记忆效果。在记忆过程中，先记住的事物对后记住的事物有抑制作用，叫前摄抑制（我们用？表示）；后记住的事物对先记住的事物也有抑制作用，叫倒摄抑制（我们用？郲表示）。

可见，开头A和结尾F只受单向抑制，中间部分B、C、D、E则受双向抑制，越是中间的部分，受到的抑制越强烈。

【实验支持】美国心理学家何蒲兰德博士曾做过这样的实验，他把十二个单词排成一行，让别人来记忆。试验结果表明，几乎没有人会记错第一个词和第二个词，从第三个词开始，错误渐多，第七、第八个词错误最高，往后，错误逐渐减少，第十二个词的正确率和第二个词一样高，类似的现象是普遍存在的。

运用重视头尾记忆法的技巧

懂得了记忆材料受前摄抑制和倒摄抑制影响的规律之后，我们在记忆学习中就应尽量减少前摄抑制和倒摄抑制对记忆的影响。怎样利用记忆的这一特点呢？

（1）把重要的事情放在开头和结尾去记。

若是讲话，应该把要紧事先讲给大家，结尾时候再强调一下。这样大家对你想说的内容就有一个较深刻的印象，从而达到自己的目的。

（2）记忆大篇幅的材料，可采取分段记忆法，这样每段都是有开头和结尾，就人为地制造了增进记忆条件。

（3）一次记忆若干名词或大题可改变其次序，每记一次就换一个开头和结尾，平均分配复习的力量。化整为零，增加头尾，也是避免前摄抑制和倒摄抑制的好方法。

一次连续记忆大量知识以致知识相互"打架"，彼此干扰。若将记忆的大量材料，分成小段记忆，记忆一部分，巩固一部分，则每段都有开头与结尾。在长时间学习中，中间要有休息时间，或记忆与非记忆交错进行，这样也增加了记忆活动的开头和结尾的次数。记忆的头或尾中，无前摄抑制或倒摄抑制，记忆效果好。

（4）合理地组织识记材料，尽量使前后相邻的学习内容截然不同，防止抑制作用的发生。

例如，刚学完历史，不要去学语文，以减少材料之间的相互影响。把难度较大的材料放在学习的开头与结尾，也是避开倒摄抑制或前摄抑制，改进记忆效果的良策。

（5）合理安排时间。

早晨醒来后抓紧时间学习，记忆效果好。因为经一夜休息的大脑空空的，没有前摄抑制的影响。晚上学习过后就睡觉，不受倒摄抑制的影响，所以临睡前把笔记读一遍或闭目回忆一遍当天所学的内容，效果不错。

我们要充分利用早晚这两段"黄金时间"。头天晚上临睡前记忆的材料，第二天早晨一觉醒来便复习一遍，效果会更好些，可以利用它们记那些难度较大的材料。再者，在长时间学习中，中间要休息休息，时间最好是10分钟~15分钟，这样，又增加了开头和结尾的次数。

总之，充分利用开头和结尾会使人在同样的时间内，用同样的精力取得显著的记忆效果。

头尾记忆法在具体运用时要注意两点

（1）在需要较长时间的记忆过程中同样可以适用。

如果记忆是一个相当长的时期，要注意不能忽视尾的作用。什么意思呢？就是说无论我们以前曾经把要记忆的内容背得有多么熟练，在最后要用到的时候，一定要加以复习。在参加考试或是考核之前适当地回顾对记忆的重新强化起着十分重要的作用，切忌"虎头蛇尾"。

（2）重视头尾记忆是用来提醒读者不要忘记了头和尾在加强记忆中所起的重要作用，可以利用它来使印象深刻。重视头尾记忆，并不意味就可以丢弃中间的部分。正相反，由于中间部分容易忘记，我们才采取化整为零，化繁为简，增加头尾的方法。对于那些无法缩短、很难分段的记忆资料，此时的"照顾两侧，强化中间"的策略的应用就极为重要了。

第16章
交叉学习提高记忆力

通过合理分配时间，对不同性质的识记材料按时间分配，轮流交替地进行记忆，就是交叉记忆法。

长时间记忆同一种知识，大脑容易疲劳。车尔尼雪夫斯基说："变换工作就等于休息。"

实验证明，长时间单纯识记一门学科知识的效果并不好，因为具有相同性质的材料刺激脑神经过于单调，时间一长，大脑相应区域很容易负担过重而疲劳。这时，就会出现头晕、注意力不集中等现象。为了避免这种现象的发生，一般学习一个小时左右，最好放松几分钟：站起来走走，到室外转转，然后换另外一种性质的学习材料。这样有助于"转换大脑的兴奋中心"，能消除抑制，增进大脑工作效率。

长时间记忆一种知识内容会相互干扰

长时间记忆一种知识，除了大脑的疲劳会导致效率降低外，心理学的研究还告诉我们，前后识记的内容也会相互干扰，从而影响记忆效果，即存在前面提到过的前摄抑制和倒摄抑制现象。

为了降低这种抑制，可以把对不同识记材料的识记交叉起来进行，缩短连续识记同一种材料的时间，并使前后识记的材料存在较少相似性。研究表明，内容的相似性越大，相互间的干扰也就越大，即便材料不同，也存在相互干扰。心理学家曾做过一个实验：用相同频率的电脉冲刺激大脑，刚刺激的时候，神经细胞反应很敏捷，可是反复刺激的时间一长，反应就越来越弱了。休息一段时间以后，或者改变电脉冲的频率再进行刺激，反应才会恢复正常。这就告诉我们：长时间地学习或复习一门功课，效果是不好的。应该让不同学科，比如文科、理科交替进行，这样，记忆的效果才会好。

交叉记忆交叉要科学

列宁在给他的妹妹的一封信中说：

我劝你按现有的书籍正确地分配时间，使学习内容多样化。我很清楚地记得变换阅读或工作的内容，翻译以后改阅读，写作以后改做体操，阅读有分量的书之后，改看小说，是非常有益的……不过最重要的是不要忘记每天必须做体操，每天要使自己做几十种（不折不扣）不同的动作，这是非常重要的。

列宁在这里讲的就是交叉记忆法。这种交替，一方面是不同的学习内容，不同的学科互相交替；另一方面是学习和休息、学习和体育锻炼相交替。科学地用脑，才会取得最好的学习效果。

因此，在我们的学习中要注意：

（1）学习负担要适当，材料要有穿插。

我们现在学习的东西都较多，但遗忘的百分率也就比较高，从而造成记忆困难。因此，不要贪多嚼不烂，欲速则不达。此外，由于大脑细胞是有分工的，应根据此规律，经常交替学习材料，使大脑兴奋中心转移，减少内容相近的科目相互干扰，消除抑制，提高大脑工作效率。

（2）时间要有间隔。

不同年龄阶段的人大脑注意力持续的时间是不一样的。一般来说，中学生对一门功课注意力最集中的时间是30分钟~45分钟，大学生能够保持60分钟~70分钟，参加工作后就更长一些，大约为2个小时。把握住个人不同的规律，就容易提高记忆的效率。当注意力不集中时，就可以安排一次休息，到户外做做运动，这样可解除大脑疲劳，又可巩固已学知识。课间操，就是把上午一个记忆序列打断，变成两个记忆序列。午睡，更使上下午之间的抑制降低到最低程度，以恢复下午与晚间学习的精力。

（3）抓紧体育锻炼。

由于长时间思考、记忆，大脑血液会减少，记忆效果随之下降。适时进行体育活动，促进全身血液循环，消除疲劳，精神焕发，再进行阅读记忆，从而提高记忆效果。

（4）材料选择。

在不同的记忆材料间转换时，要尽量避免材料的性质差别太大，否则，容易造成知识连接的困难，思维不活跃。

（5）避免做分心事。

在学习休息的时候，尽量不要去做一些让学习分心或过度疲劳的事，如玩电子游戏、踢球等，从而使思想不能很快地进入学习的状态，浪费很多的精力。

交叉记忆学英语

有些朋友总说英语单词不好记，其实是没有找到好的记忆方法，采用交叉记忆法会收到意想不到的效果。每天早上起床时就可以背五个单词，吃饭时就可以加深印象，上午放学或是下班之前再背五个，在路上可以回忆，下午和晚上可同样，这样，一天20个~30个单词就轻松地背下来了。如果需要快速提高英语，那也可以在背英语单词的中间，还可以看看英语电影或放放英文歌曲，总之，目的就是不要让学习的内容单一。

交叉记忆与其它方法相结合

（1）读、思、练习的不同学习方式要交替使用，口、眼、手、脑协同使用——多通道记忆法。时而背诵记忆，时而回忆记忆，时而运算记忆，时而改错记忆，时而争论记忆，时而抄写记忆，当然以眼、耳、口、手、脑协同记忆效果最好。

（2）内贮记忆与外贮记忆交替。

内贮记忆主要指以大脑为仓库，外贮记忆主要指利用资料和工具书，做卡片、剪贴、摘抄进行记忆，如卡片记忆法、图表记忆法、归纳记忆法等。

（3）做到经常回忆——尝试回忆记忆法。

实验证明，记忆与回忆交替进行的复习方法是提高复习效果的有效方法。有位细心人发现，中国数学家陈景润读书时，其宿舍的灯时亮时灭，那人很纳闷，后来才知道，原来陈景润在运用阅读、回忆交替法读书。他先打开书，然后，灭灯躺在床上回忆思考，弄懂了，记住了，开灯检查一遍，弄不懂或记不住的地方就再读读，直到理解、记住才继续往下读，因此他读书的效果格外好。

第17章
整体与部分结合记忆法

　　有人在学习某种材料时，把学习材料从头到尾阅读直到熟记为止，心理学上把这种学习方法称为整体记忆法。有人把学习材料分为几部分，熟记了一部分后再去熟记另一部分，这种学习方法称为部分记忆法。整体记忆和部分记忆各有长短，它们在记忆不同性质的材料时发挥的作用也不同。那么，哪一方法更适合我们呢？

整体记忆法

一般来说，要记的材料既少又简单时，采取整体记忆效果比较好。

【实验支持】一位英国心理学家做过这样一个实验：把26个英文字母打乱排列成为bevdwgtkaiyhxnlrzpqmsoucjf，把这一串字母连贯地读给受试者听，直到它们记住为止。他又把这26个字母分为5组：bevdwgtkai yhxul rzpqm soncjf，分组念给另一些受试者听，等他们记住第一组后，再念第二组，直至全部记住。

结果表明，用整体记忆法记住这26个单词，比分块记忆用的时间短，正确率也比较高。原因在于，分块记忆时，记每一组的5个字母可能比较轻松，但最后连贯背诵时，有许多人就搞乱了，互相衔接不上了。采用整体记忆时，因为把26个字母作为一个完整的东西掌握，各个字母之间的联系和衔接就成为自然而然的了。因此，当我们遇到数量不大而又比较容易的材料时，就可以采用整体记忆法把它一气呵成地记住。

部分记忆法

当要记的内容又多又难时，整体记忆法就不利于准确快速地背诵，这时就要采用部分记忆法，这样的记忆效果较好。而部分记忆法虽然较易于记忆，但往往不能很好地处理材料的衔接部分，不利于从整体上把握材料。可见它们不是截然分开的，而是相互配合，互为补充的。这两种方法在具体运用时缺一不可。

整体与部分相结合法

顾名思义，整体与部分相结合记忆法即为先对识记材料形成一个初步的综合性认识，以此为联系其各部分内容的线索，再将各个部分依次加以记忆的方法。运用这种方法，既有对记忆对象整体的全面把握，又有对记忆对象组成部分的"各个突破"，既吸收了整体记忆法的长处，使对记忆对象各部分内容的记忆能很好地衔接起来，又避免了因同时记忆的内容过多造成的困难。

【实验支持】研究表明，将被试者分为三组，分别采用整体、部分、整体与部分相结合三种记忆方法识记同一材料达到熟记程度，结果平均需要时间为，部分识记组16分钟，整体识记组为8分钟，综合识记组6分钟。20天后进行回忆检查时，平均需要提示的次数为，部分识记组7次，整体识记组4次，综合识记组1.5次。

英语单词的记忆特点是记忆量大，内容联系不多。但是用整体与部分相结合的方法，在课文中、语段中、句子中，通过语境来记单词，既可以记住单词的拼写，又可以记住单词的用法。多记单词，有助于更好地理解语境。这样学英语，就更能起到积极的作用。用嘴说，用眼看，用脑想，各种器官都调动起来了，这样可大大提高记忆效果。

（1）整体与部分相结合法适用于难度大的材料。

整体与部分相结合记忆法适于用来记忆篇幅较长或难度较大的识记材料，如一篇较长的文章或一篇难记的古文等。在背诵中往往有这样的情况，一段背得很熟的文章，却在一些词上卡住了。这些词有的是关联词，有的是新词，有的是重点词。这时，只要有谁提示一下，我们就能很快接上去。这说明记住关联词、新词、重点词，就能增强背诵效果。如果我们记住重点词、句，把他们连成一条线，想着这条线回忆背诵，就容易背出来。在阅读第一、第二遍时，找出各部分材料之间的逻辑联系，在此基础上确定几个重点句、重点词，以此作为线索加以回忆。然后，再找出重点句、重点词与其他内容的联系。在背诵时，即可借助重点句、重点词，把各部分的片断材料融为一体。

（2）整体与部分相结合法适用于运动员。

在实际中，有好多综合运用整体与部分相结合来记忆的地方。如棋手记忆整盘棋局，导演记忆舞台调度，演员记忆大段台词，体操和跳水运动员记忆一套运动动作等等。

现在，整体与部分综合记忆法越来越多地被用在运动员训练中。例如，有些国家采用自我暗示法训练举重运动员时，先是向运动员讲解整体的、连贯的动作，并且做示范，运动员试做几遍，然后再进行分解动作的教学。对试做中出现的缺点和不足，采用自我暗示法纠正：运动员躺在地板上，闭上眼睛，回忆整个动作的形象，检查自己动作的不足之处。

【实验支持】美国教练员用这种方法进行篮球训练实验：A组在20天期间，每天进行20分钟的实际投篮训练；B组在这20天中每天进行30分钟的描绘投篮动作的整体形象训练；C组在这20天中，每天进行20分钟的实际投篮训练和30分钟的描绘投篮动作的整体形象训练。结果，A组的得分能力提高了26%，B组的得分能力提高了24%，C组的得分能力提高了41%。

美国的国际象棋冠军阿鲁卡因在成为冠军之前，曾把自己关在农村的一座房子里，戒了烟和酒，每天除做一些身体活动之外，就是进行这种形象训练，把以往的冠军作为假想敌，反复思考怎样击败他们。

日本国际象棋名手木村义雄说，优秀棋手不是像初学下棋的人那样走一步看一步，只考虑局部，而是用棋谱抓住全局描绘形象。他们能根据对手的走法，对几十回合以后的局面加以想象，因而能够记住成千上万的招数和棋谱。

运用整体与部分相结合法的方法步骤

第一步，先将识记材料读一两遍，做一下"鸟瞰"式的考察，粗略地掌握整篇材料的大意或脉络，作为将识记材料全部内容串连起来的线索，某些段落中的关联词更是起到这个作用。

第二步，将识记材料分成若干意义完整的部分，一部分一部分地加以记忆，并注意每个部分与前后两个部分之间的联系。

第三步，利用已掌握的贯穿整篇识记材料的线索，把已记住的各部分联结起来，形成对整篇识记材料的完整的记忆。连接时相当重要，切不可生搬硬套。请记住：依据材料的性质、难度、长短，合理运用这种方法才会取得较好效果。

譬如背诵一篇文章，我们先通读全文，然后读两段，背第一段，然后读前三段，背第二段。总之在以某段为中心内容来记忆时，同时给其上下的段落以一定的注意，每段都背完后再通背两遍全文，这应是扬长避短，找到了二者的最佳结合点。

在整体与部分相结合的方法下，无论是逻辑能力，或是分析能力突出，都将成为我们记忆的好帮手。努力起来，发挥我们的潜能，记忆将不再是难题！

第18章
多种感官同时"上阵"来记忆

　　人们都有这样的体验：以前所学过的溜冰、舞蹈、画画之类的与动作相联系的内容最不容易忘记；诗词、歌曲等吟唱的内容次之；光用眼睛看过的书籍、画报等的内容最易忘记。学习外语，光看不读、不写的单词，比较容易忘记，既看又读、写、用的单词，不容易忘记。其原因在于它们属于不同的记忆。

　　光用眼睛看的默记，是大脑对视觉符号的记忆，谓"视觉符号记忆"，读、写和运动性的记忆，包含着专管运动的小脑对肌肉运动的记忆，称为"运动记忆"。"视觉符号记忆"遗忘速度较快，而"运动记忆"遗忘速度较慢，甚至终生不忘。

多通道记忆效果的实验证明和原理

多通道协同记忆法就是在记忆的过程中，把各种感觉器官和运动器官都动员起来，协同配合、共同参与记忆的方法。人们认识事物有多种通道，各通道的配合有利于把握和记忆事物，更易于在大脑内部建立各种便于回忆的联系。这种方法广泛应用于学习实践，主要应体现在把听、说、读、写、思和实际操作结合起来，适用于记忆各种材料。

研究表明，根据国外科学家的实验和研究，各种感觉吸收知识的比率有很大的差异。一个健全的人的视觉、听觉、嗅觉、触觉、味觉等五种感官器官吸收知识的比率如下：视觉占83%、听觉占11%、嗅觉占3.5%、触觉占1.5%、味觉占1%。从记忆的效率看，单靠听觉获得的知识，3小时能记住60%，3天后只记住15%；只靠视觉获得的知识，3小时后能记住70%，3天后记住40%；视觉、听觉并用获得的知识，3小时后能记住90%，3天后仍可记住75%。

这说明从总体上看，多种感官并用记忆的效用好。这是由于多种感官同时接受知识，就可使同一内容的大脑皮层上建立许多通路，留下多种痕迹，即使某一痕迹淡薄了，还有其它痕迹在，可以使记忆重现。此外，因为多种感官以多维度、多层次的方式感知识记材料，立体地反映一个对象，信息就会通过不同的感觉神经通路传入大脑，起着不同角度的复述、强化作用，从而使印象加深。

现代科学研究发现：人的左脑侧重于抽象思维，主管语言、代数、逻辑等；人的右脑侧重于形象思维，主管直观图像、音乐、几何、综合创造等。心理学家理查德·汤普森和医学家斯凯尔研究证明，人的小脑中被称为"下橄榄核"的部位对记忆起着重要的作用。在学习中，充分调动人脑视觉中枢、听觉中枢、语言中枢、运动中枢等各个部位的积极性，协同记忆，对于提高记忆质量效果显著。

应该特别强调的是，通过实验、制作等实际操作，不仅可以增强感性知识，提高记忆效果，而且由于经常活动手指，还可以使大脑沟回增多变深，提高智能，防止或延缓脑衰老。在大脑运动中枢，与一个拇指相对应的大脑皮层面积相当于与一条大腿相对应的大脑皮层面积的10倍。大脑控制整个躯干的脑细胞数量只相当控制双手的脑细胞数量的1/4。特别是左手参与实验、制作等，有利于开发右脑，培养创造力。

出声朗读有助于记忆

这是由于读出声来能使精力集中，同时由于自己发出声音和听自己的声音这两种活动同时进行，两种器官协同作战，所以，对大脑的刺激效果就能增强。

因发掘特洛伊遗址而闻名的H·修利曼，以语言学的天才而被人们熟知。他从学习希腊语开始，到精通几国语言，其学习方法就是朗读，而且常常读到深夜。据说，他曾因此而被人从公寓赶出多次。他仅用3个月~6个月就能完全记住、精通一门外语。

我们在用字典查阅英语单词时，如果嘴里一面念一面翻书的话，就能很快查到；如果不出声，相类似的词就在旁边，很容易弄错。当我们一页一页地翻阅查找时，突然一个引人注目的单词跳入眼帘，我们会先看这个词，结果，把自己本来想查的词也忘了。如果总是念叨着要查找的单词，就能直接去查找，读出声来随时都能判断自己查单词是否正确。

做笔记能辅助记忆

马克思"时常在自己的抄本里，记下他想丰富自己的记忆力的各种实际资料"，"隔一些时候就要重读一次他的笔记和书中作上记号的地方，来巩固他的非常强的而且精确的记忆"。马克思在写作《资本论》的过程中，读过和做过笔记、摘录的书有1500多种，写的笔记本（包括手稿、摘录、提纲、札记）有100多本。凡是和政治经济学有关的学科，他都细心地研究。他孜孜不倦，花了40年时间，才完成这部光辉著作。

这就是多通道协同记忆法，是应用最广泛而又有效的记忆方法之一。要记得关键的"五到"——眼里看到，心里想到，手里写到，嘴里念到，耳朵听到。

第19章
赋予形象、抽象记忆法

我们都知道，冗长繁琐的文字材料或数字材料不易记忆，但如果对它们加以组织处理，用图形、图表、图画、网络图、树形图或实物、模型、标本等具有空间形状特点的图表示，使记忆材料由繁到简，由抽象到具体，可大大提高记忆效果。

形象记忆法

形象记忆法就是利用事物形象或头脑中的表象进行记忆的方法。一般来说，形象的显著特点是具有直观、鲜明、稳定和有整体感及概括性，它能给人深刻的印象，能够帮助人进行联想，触景生情，引发人的情绪色彩。通过联想还可能产生跳跃式的想象，这种想象不受空间、时间限制，缺乏逻辑性，所以说，借助形象来记忆事物能够增强记忆的效果。

研究表明，直观形象的材料比枯燥抽象的材料容易记得多，这也是记忆活动的一条规律。

形象记忆的基本技巧是借助于鲜明的形象进行丰富的想象和联想，使之达到增强记忆效果的作用。其实质就是，不仅要把具体的记忆材料形象化，而且还要把抽象的难记的材料形象化，以增强记忆效果。

例如，要记忆鸡、鸭、牛、羊、房子等具体名词时，如果在脑中仅出现这些名词的汉字，记忆印象不如出现这些具体事物的形象更容易记住，又如将人名与人的外貌特征结合起来更容易记。这就是说具体名词形象化记忆效果好。而那些抽象名词，如爱国、科学、幸福等，没有直接形象，要想使之形象化，那就要靠想象联想，人为地赋予某些形象，如将爱国与爱国的英雄人物联系起来记。少女贞德是个救国英雄，一想起贞德就应想起爱国这一抽象名词。将幸福与幸福的家庭生活联系起来，科学与家用电器发展联系起来，就是说将没有直接形象的抽象名词，借助想象或联想，人为地赋予它们形象，使之形象化就好记了。这些都是形象记忆法的基本要求和做法。

形象化的方法途径

在形象记忆法中，还可以分出一些具体方法。

1. 形象比喻
用自己熟悉的东西比喻记忆的材料，记忆起来生动直观，效果也好。

如中国地形图像只大公鸡，某某地方在鸡头，某某地方在鸡尾，这样就好记多了。这样一来，可以利用形象特征记地图。

罗马尼亚：像握紧的拳头；

意大利：像只皮靴；

贝宁共和国：像一个火炬；

多哥：像"1"字；

越南：像"3"字；

朝鲜：像"5"字；

索马里：像"7"字；

日本九州岛：像"9"字；

又如某人爱说，人们就称他"乌鸦嘴"；某人瘦得可怜，比喻为"电线杆"；某人头脑灵就比喻为"猴精"等等。这样用比喻使之形象化就容易记住了。

2. 形象描写

把一般材料，特别是对抽象材料加以生动描绘说明，就好记多了。

优秀的作家都是语言大师，他们能栩栩如生地勾画出人物和事件，让它们在读者心中打上印记，经久难忘。请看莎士比亚《皆大欢喜》关于人生7个时期的精彩章节：

最初是婴儿时期，他在保姆的怀里呜呜地啼哭、吃奶；接着便到了上学的年龄，背着书包，满脸红光，像蜗牛一样慢慢腾腾地拖着脚步，哼哼唔唔很不情愿地去上学；接下来便到了寻找意中人的时期，经常唉声叹气，宛如炉灶的风箱，并当着她的面朗诵自己创作的充满哀怨的诗歌；然后是入伍参军，豹子一样的胡须下面满嘴都是古怪可笑的誓言，爱惜名誉，动不动就要打架，在炮口找寻像泡沫一样转瞬即逝的功名。

3. 形象图解

我们都知道，冗长繁琐的文字材料或数字材料不易记忆，但如果对它们加以组织处理，用图形、图表、图画、网络图、树形图或实物、模型、标本等具有空间形状特点的图表示，使记忆材料由繁到简，由抽象到具体，可大大提高记忆效果。

形象记忆法应用广泛，方式方法很多，例如汉字是象形文字，在记汉字时就常用形象记忆法。"攀"字笔画多，小学生很难记住，一位特级教师教"攀"字时，形象地说："一双大手抓住陡峭山峰上的树枝和荆棘，使劲往上爬"。这样一讲，绝大部分学生都记得很牢。

另外，形象联想的方法，非常值得从事儿童教育的教师和初为父母的家长们重视。譬如，记忆英语单词"银行"，就引导儿童想象大街转弯处经常去储蓄的那家银行，记"电视机"，就要在脑中浮现家中电视机的形象。要一边看着文字，一边读着，一边在头脑这屏幕上映出形象。形象记忆事物，要想象身边印象深刻的物品，还有一个窍门是运用夸张的手法。我们想记住"钢笔"，如果只是原物那个样子，印象就不深刻，为了加深力度，就要在脑中把它扩大到很大很大。如果要记"木材"，就设想是很粗很长的木材，放在超级大卡车上，或者让木材下安装了轮胎在飞跑。要记"耳环"，设想它挂在女儿的耳朵上，它大得遮住半边脸。记忆"花"，那不是一束，而是一大片花园，万紫千红，百花争妍。

形象记忆法注意事项

在运用形象记忆法时，应注意以下几点：

1. 平时多观察各类事物，在头脑中积累丰富的表象，为形象记忆打下良好的基础。

2. 在运用图表模型表达事物时，要自己动手制作，印象深刻。请记住：依靠形象思维的记忆比依靠语言描绘的记忆有效100倍。

抽象记忆法

抽象记忆又称为语词逻辑记忆。它是以语词符号的形式，以思想、概念、规律、公式为内容的记忆。在学校学习活动中，大部分是书本知识，间接知识，不可能都能用直接经验或直观形象材料加以理解和说明，只能靠语词的表达和逻辑思想作为记忆的对象和内容，所以抽象记忆是学习活动中不可缺少的重要记忆方法。

（1）抽象记忆法的特点

抽象记忆法具有概括性、理解性和逻辑性等特点。它是个体保存知识经验最简便和最经济的形式，它亦是人类特有的记忆，人们对自然、社会和思维的规律性的知识，都是通过抽象记忆，也即是语词逻辑记忆保存下来的。

（2）抽象记忆也以理解为基础

抽象记忆与其它基本记忆一样，都应以理解为基础，脱离开理解，单纯用抽象记忆，它就变成了死记硬背。同样，如果撇开语词逻辑记忆，而单纯运用意义记忆，那就不易于把材料的基本思想和逻辑关系记住。可见抽象记忆与理解记忆两者既有区别，又有密切联系。

抽象记忆与人的抽象思维密切联系。随着人们抽象思维的发展和培养，人们头脑中的语词符号、数字符号、各种公式、定律、概念等逐渐丰富，抽象记忆的能力越来越强。对他们来说，词语表述的逻辑思想，容易被记住。正如许多有关专家很容易记住专业符号和逻辑意义那样。这也是因为，经过长期专门教育和训练，他们牢固地掌握了有关符号系统，懂得它们所代表的含义，并能熟练地运用它们。

有些学生由于知识经验不足，记忆抽象符号和逻辑意义材料有些困难，而不了解掌握它们的深远意义，因而对抽象材料、符号系统产生厌倦情绪，这对个人发展和提高都非常不利。

提高抽象记忆效果的方法

提高抽象记忆效果的办法有四点：

充分认识掌握有关概念、理论的意义，调动学习的内在动力；

具有浓厚的兴趣，强烈的欲望；

借助形象记忆法及其它记忆方法；

勤奋努力，坚持不懈。

许多科学家对所从事专业的理论及大量的概念、定律、公式及有关符号理解透彻，记忆准确，不能不与他们对所从事专业的重要性的认识充分、兴趣浓厚和善于运用记忆方法有密切关系。

形象记忆法与抽象记忆法综合运用

形象记忆法直观易记，但许多内容，特别是书本知识，大多是间接知识，需要借助语词符号去记忆。一般来说，以抽象材料为对象的抽象记忆难保持，不易回忆。在学习活动中，如果把两种方法结合使用，相互取长补短，效果较佳。在许多记忆技术中，有时强调用形象记忆法，但同时要注意辅之以抽象记忆法；有时强调用抽象记忆法，但也要注意尽量用形象记忆法去配合。两种记忆方法配合运用效果好。这两种记忆方法配合使用效果之所以好，因为它符合个体心理发展的规律和大脑两半球机能特点。

从个体心理发展来看，随着个体年龄的增长，两种记忆都在发展。实验研究指出，如果把小学二年级学生运用直观形象记忆和语词逻辑记忆的效果的指标假定为100，在以后的年龄阶段，这两类记忆的发展水平为：在形象记忆方面，初中一年级学生为134，高中一年级是175，成人为207；在语词逻辑记忆方面，初中一年级学生为193，高中一年级为252，成人为306。可见两种记忆都在发展，而语词逻辑记忆发展的速度更快。在各种心理活动中，对于无论是直观记忆材料，还是语词逻辑记忆材料，都是大量需要，不可或缺的。学习记忆活动中，能够有意识地综合运用两种记忆方法不仅能促进记忆的发展，而且能够获得促进记忆的效果。

再从大脑两半球的机能特点来看。1981年长期从事割裂脑研究的美国人R·W·斯佩里教授获得了诺贝尔生理医学奖。这是因为他从大量病例和数以百计精确的科学实验中发现，大脑两半球各有其机能优势，言语功能主要定位在左半球，该半球主要负责言语、阅读、书写、数学运算和逻辑推理等；而知觉物体的空间关系、情绪、欣赏音乐和艺术等则定位于右半球。换个说法就是左半球记忆的材料侧重于语言、逻辑推理、数字和符号等，它是以抽象思维和记忆为其优势；而大脑右半球记忆的材料则侧重于事物形象、音乐形象、空间位置等，它是以形象思维和记忆为主。科学实验研究指出，人类大脑两个半球各具有相对独立的机能优势，而在正常情况下，它们通过胼胝体相互联系协同活动。

大脑两半球机能特点的发现，是近年来关于人脑最新的，同时也是具有特别重要意义的发现。在教育和教学中如能正确运用这一理论，施以科学的教育和训练，将使大脑潜能得到开发。有心理学家说：当一边（半球）"加"另一边时，结果将增大五倍、十倍甚至更多。

大脑两半球的机能都是重要的，不能说哪个重要哪个不重要，重要的是要保持左右脑两方机能的均衡发展。有的专家指出，大脑两半球有很多未开发的部分，如果我们能知道这两部分脑的功能，了解它们的奥妙，均衡地使用自己的大脑两半球，那么，1+1>2，我们的脑力将会大大提高，工作和学习的效率也将大幅度增加。

在记忆活动中，我们应该有意识地将两种方法结合使用。首先将记忆当作"录像带"精心制作，应把各种形象清晰地记录下来。日本品川嘉也教授说："靠左脑记语言，靠右脑记形象，二者结合起来，作为完整的记忆存放在脑子里。回想的时候，先引出形象，尔后再用左脑把它变为语言。"品川教授把两种记忆方法如何结合说得很清楚。例如，一提起泰山，在我脑中首先毫不费力地浮现出雄伟壮观的泰山表象，然后再想到有关泰山的语言或文字描述。在记忆其它事物时，也可以运用形象记忆法，先把记忆的对象变成一张画或一个图形，使事物的形象鲜明、清晰地浮现在脑中，然后再用语言、文字符号有条理地表述出来。这样既容易理解，又容易记。如学地理时，一边填地图，一边记，就容易多了。

请记住：不仅要重视语词逻辑记忆方法，这是在学习中常用的，而且还应重视形象记忆法，后一方法常被忽视。因而许多人呼吁：开发人的右脑潜能。更加重要的是经常综合使用两种方法，发挥大脑两半球的机能优势。这是提高记忆效果的好方法，也是促使人成才的重大战略措施。

第20章
规律让记忆变得简单

　　心理学告诉我们：规律是事物内部的必然联系。这种必然联系有因果关系上联系，有顺序上联系，即由先至后时间上动态顺序联系，由近及远，由局部到整体方向上静态顺序联系。这些联系通过视觉对人脑产生的影响尤为深刻，不易遗忘，故规律记忆法就是掌握记忆对象上的共同规律，再分别记住不同部分，可大大减少记忆量，省时省力，提高记忆效率的记忆方法。

如何寻找材料的规律

运用规律记忆法首先要掌握规律。究竟如何掌握规律呢？答案是：善于分析，善于理解，善于总结。

（1）掌握事物的规律要善于分析，不能被识记材料的表面现象所迷惑。

许多人在学习秦朝、隋朝断代史时，注意发现这两个朝代相似的兴衰规律，在学习当代文学史时，努力发现它与当代革命史同步运行的规律，获得了很好的记忆效果。

（2）掌握事物的规律要善于总结。

在识记活动中，我们要做有心人，不能对各种事物熟视无睹。要注意从司空见惯的事物中提炼出事物的发展规律，比如三角函数有54个诱导公式，但这些公式所表达的三角函数的关系却存在一个共同的规律。抓住这个规律，便可以总结出"奇变偶不变，符号看象限"两句口诀，只要记住了这10个字，就可以推导出全部的诱导公式了。再如学习现代汉语的拼写规则，声调音标，都可以总结自己的一套东西，从而帮助记忆。

（3）掌握事物的规律还要善于理解、弄清事物各部分之间的关系。

做到了这一点，记忆的难题就可迎刃而解。如学习现代汉语时，我们常常遇到句子划分成分的难题，虽然背诵了许多定义，但到考试时依然"蒙门"。聪明的方法是，深入理解，弄清其各部分之间的关系。在理解的基础上，我们可以将其简记为"主谓宾、定状补，主干枝叶分清楚，基本成分主谓宾，附加成分定状补，定语必在主宾前，谓语前状后面补。"这几句话高度概括了句子成分相互关系的规律，简明易记。

规律记忆注意事项

世界上任何事物都有内在的规律，如能正确地运用规律记忆法，找出规律性再用这种规律作指导，就能使我们既记得快，又记得牢，从而不仅大大提高记忆效率，而且培养了思维能力和创新能力。

但是运用规律记忆有两个问题值得注意：

（1）规律记忆要求我们不是在一般意义上懂得记忆材料，而是必须理解材料，明确了解材料与材料之间的联系的基础上，从大量纷繁复杂的材料中抽象出、抓住本质的东西，得出统一的定理、法则、公式。如果浅尝辄止，一知半解，则是不可能进行规律记忆的。

（2）规律记忆适合于在相同条件下反复出现的材料，而不适合于在特殊条件下偶然出现的材料。

找规律记历史

任何事物都有其规律性。历史知识也不例外，历史知识大都繁多而复杂，通过对繁多而复杂的历史知识的归纳、分析、综合，找出其共性（即规律），然后再运用这些规律记忆历史知识。如何寻找历史知识的规律呢？

记忆历史事件：可用【历史事件=背景+经过（或内容）+结果】

记忆历史人物：可用【历史人物=时期（即朝代）、称谓+主要事迹+评价】

记忆历史著作：可用【历史著作=时期、作者+主要成就+评价】

记忆朝代兴亡：可用【朝代兴亡=时期、初期政绩+全盛事件+兴衰关键+中兴君主+衰亡事件】

另外，重大历史事件，我们都可从背景、经过、结果、影响等方面进行分析比较，找出规律。如分析中国古代历次农民起义的原因时，虽然引起起义的直接原因各不相同，但其根源无非是：①残酷的刑法，沉重的赋税、徭役和兵役；②土地高度集中；③自然灾害等等。再如近代中国的革命，往往可以从阶级矛盾，民族矛盾，阶级结构，思想武器等角度找到答案。

抓住数据的内在特点，找出其规律性。极半径和赤道半径是说明地球形状的两个基本概念，前者为6356.8公里，后者为6378.1公里。如果把小数忽略，我们不难发现这两个数据的千、百位数分别为6与3，而十位数和个位数前者为5和6，后者为7和8，连起来恰好是自然数5、6、7、8。二分二至是反映地球公转过程中季节和昼夜的转换点，这些日期分别为：春分——3月21日前后，夏至——

6月22日，秋分——9月23日，冬至——12月22日前后。从春分算起，四个节气的月份依次为3、6、9、12，均为3的倍数，而日期分别为21、22、23、22，周而复始，循环不止，这一来就易于记了。

找规律记公式

自然科学上的不少定理、公律、公式，若在理解的基础上找出规律进行记忆，效果会更好。如学立体几何，柱体、台体、锥体的表面积和体积公式，它们之间有内在关系。台体的上底面积为零，则变为锥体；台体的上底与下底面积相等，则变为柱体。因而就可以用台体的侧面积、体积公式作为多面体和旋转体的统一公式。记住这个统一公式，就可以推导出其它有关的公式了。再如物理学中欧姆定律的公式，明白了电流与电阻成反比、与电压成正比的道理，这个公式就自然而然地记住了。

找规律记单词

再如外语单词的记忆中也有规律可循。

（1）运用读音规则

例如，元音字母（a，e，i，o，u）在重读音节的读音和r音节在重读和轻读音节的读音以及元音字母在非重读音节的读音，不查词典就能解决大半单词的读音问题。

（2）利用相同的拼读规律

如all，我们学过的单位词有call，ball，fall，wall。但是不符合读音规则的词汇也不少，应当注意。

（3）利用构词法

英语构词法之一派生法也叫词缀法，后缀"-er"加在有些动词后面，表示从事某动作的人或物。如work（工作）后面加上词缀-er，就构成新的词worker（工人）。把前缀加在词干上，构成相反词义的新词，如usually-unusually，fairunfair，healthy–unhealthy，happy–unhappy，afraid–unafraid，like–dislike，appear–disappear等。

英语构词法之二合成法，就是由两个或两个以上的单词合成一个新词的方法。如class（课）+room（房间）就构成了classroom（教室），如every（每一）+where（在哪里）就构成了everywhere（无论何处），every（每一）+one（一）就构成everyone（每人）。掌握英语构词法的规律，记忆的效果就会提高。

可见，规律记忆法有广阔的应用范围。但它的长处本身也蕴含着弱点：就是要求使用这种方法记忆的人，必须具备较高水平的思维能力。如果不能思考，不能透过现象抓住本质，进而揭示事物的共同本质特性，就失去运用这种方法的前提，但这也并不是那么绝对。

由于规律具有普遍性和重复性的特点，只要抓住事物的这一共性，就能联系个性。运用规律进行记忆显然是一种较为高级的记忆方法，它的最直接最突出的优点是可以减轻大脑记忆的负担，从而掌握一把可解开许多难题的钥匙。

第21章
理解记忆事半功倍

前苏联教育家苏霍姆林斯基说："你对问题考虑得越深入，你的记忆就越牢固。没有理解之时，不要试图去记忆，这会浪费时间。"理解就是掌握事物内在的、本质的、必然的联系。背诵诗文首先要理解诗文的内容、用词及结构特点；对于数学公式、法则、定理、推论与定律，首先要理解它的含义，搞清楚它的来源与推导过程及其性质与意义；识记历史年代、地理位置、人名、地名、门牌与电话号码等，也需要一定的理解再加上联想把识记对象同其它有关事物联系起来，掌握特点及其规律性。总之，先求理解，再求记忆，才能获得好的记忆效果。

理解是记忆的前提和基础

人们常说，理解是记忆的第一步。为了进一步了解理解对记忆的重要性，我们再看看下面的一些例子。

斯陀夫人的世界名著《汤姆叔叔的小屋》是南北战争前出版，还是南北战争后出版的？只要了解这部小说揭露了黑奴制度的罪恶，引起了对黑奴问题的探讨，影响了南北战争的爆发，林肯对这本书评价很高，这样出版时间就迎刃而解了。

在日常生活和工作中，经常有许多事物应该记住但却没有记住，其原因往往是由于只注意枝节，而忽略了对本质的理解造成的。

美国前总统林肯出身贫寒，小时候买不起书，只好去借。只要有人肯借给他，无论走多远的路他也要去。借回后反复阅读，直到完全理解和记住。靠着这种阅读——理解——记忆的方法，林肯积累了大量知识。最后，他终于成为美国历史上最优秀的总统之一。

德国著名心理学家艾宾浩斯在做记忆的实验中发现：为了记忆住12个无意义音节，平均需要重复16.5次；为了记住36个无意义音节，需重复54次；而记忆六首诗中的480个音节，平均只需要重复8次！心理学实验表明，理解记忆的效果要比机械记忆的效果大约高25倍。

日本教育界提倡的一句口号是："要思考，不要死记硬背！"这里所说的思考，首先也是指理解。

所谓理解，用古语来说，就是不仅要知其然，还要知其所以然。从生理学角度来说，理解就是在已有的条件反射基础上，去建立新的条件反射，并将新旧条件反射组成系统。巴甫洛夫说过，利用已获得的条件反射就叫做理解。理解就是懂得客观事物的意义，实际上就是利用旧知识去获得新知识，并把新知识纳入已有知识的系统中。而我们这节要讲述的释义记忆法就是在理解的基础上去记忆语词的一种方法，简而言之也就是理解记忆法。

理解记忆法，就是借助积极的思维活动、弄懂事物的意义、把握事物的结构层次、理解事物本质特征和内部联系的基础上进行的记忆活动方式。释义记忆法的基本条件就是对记忆材料的理解和积极的思维加工，可见它是建立在更高智力水平上的记忆。

理解记忆法基本特征

（1）与积极的思维活动相结合，通过分析、综合、比较、归类和系统化等思维活动，把握记忆材料的含义、范围和结构层次，掌握其本质与非本质特征以及事物间的联系，加强对事物意义的理解和整体结构的把握。

在记忆各种材料时，还可以通过思维活动，从不同的角度和层次上去理解材料的意义，以增加多种联系和多维度思考，使记忆材料意义更加深刻全面，进而纳入认知结构系统，形成长时记忆。

（2）运用已有知识经验。

利用已有知识，进行新旧知识的联系与对比，找出相同与相异之处，使新材料或融入已有知识体系，或丰富、扩展已有知识体系。学习新知识时，很好地联系已有知识，是理解记忆法的重要一环，个人已有的知识经验越丰富，结构越正确，越有助于理解记忆力的提高。

（3）灵活运用各种记忆策略和方法。

针对记忆材料的不同性质、数量和范围大小，及不同学习情境和个人情况，分别采取恰当的策略和方法，能加深理解，增强记忆。

（4）复述程度也能表明理解水平，用自己的言语去解释或复述新知识，能增强理解，有助于记忆。

我们从理解记忆的四个特征的情况，来衡量理解记忆的运用水平。如果这几个方面做得好，就可以全面、精确、牢固、迅速地提高记忆效果。

如何实现理解过程

要实现理解记忆，我们首先要了解如何实现理解这个过程。我们要知道分析与综合是理解的实质。

如何进行分析与综合呢？具体方法可以分为5步进行。

第一步：了解大意。

当我们记忆某个事物的时候，首先要弄清它的大致内容。拿读书来说，先要通读或者浏览一遍，如果是记忆音乐，先要完整地听一遍全曲。了解了全貌才能对局部进行深刻的理解，这也就是"综合"。

第二步：进行局部分析。

对事物有了大致了解后，就要逐步深入分析。比如对一篇论文，要弄清它的论点、论据，根据结构分成若干段落，逐个找出主要意思，也就是要找出"信息点"，加以认真分析、思考，以达到能编制文章纲要的程度。

第三步：寻找重点和关键。

找到文章的要点、关键和难点，并弄明白，牢牢记住。只有在此基础上，才能理解和记住其它比较次要或者从属的内容。

第四步：融会贯通。

就是将所理解和记住的各种局部内容，联系起来反复思考，全面理解，这样更有利于加深记忆。

第五步：在实践中运用。

所学的东西，是否真正理解了，还要看在实践中能否运用。如果应用到实际工作中就"卡壳"，那就说明并未真正理解。真正的理解是有具体标准的，一是能够用语言和文字解释，一是会实际运用。在实际运用过程中，会继续深化理解。

如何做到理解记忆

首先，我们既然知道了记忆的这种规律特点，那么在记忆的时候就要经常有意识地运用理解记忆，在记忆的时候展开积极的思维，这样才能取得良好的效果。如果在可以运用理解记忆的时候不去运用，而偏偏要使用机械记忆进行无意义的重复，那可就不止事倍功半，而是相差十倍二十倍了。

我们在记忆材料的时候，只要它是有意义的，就应该向自己提出"先理解，后记忆"的要求，把材料分成大小段落和层次，找出它们之间的逻辑联系，而不要从一开始就逐字逐句地记忆。例如，背古文，如果不把古文的意思弄懂，那么就会像背天书一样，非常吃力。如果把古文里的实词、虚词都弄懂了，把全篇的中心意思掌握了，这时再背，就是在理解基础上记忆，背起来就有兴趣得多，也快得多，印象也深刻得多。而对于那些没有明显意义联系的学习材料，如历史年代、数字、外文单词等，我们可以利用记忆术的一些方法，采用联想、谐音、歌诀等人为的方法建立起一定的意义联系，帮助记忆，变死记为活记，从而提高记忆的效益。

理解记忆的注意事项

理解记忆是以理解材料内容为前提的。这种理解不仅是看懂了材料，而且包括搞懂了材料各部分之间的逻辑关系，以及该材料和以前的知识经验之间的关系。要做到真正理解记忆的对象就必须做到：

（1）对识记材料要分析综合，真正弄清事物的意义，概念的含义，所学的内容的精神实质；

（2）把所学的知识付诸实践，要在运用中重复已经记住的材料，使理解不断加深。

运用理解记忆法去记忆材料时，应注意向自己提出"先理解，后记忆"的要求，把材料分成大小段落和层次，找出它们之间的逻辑联系，而不要从一开始就逐字逐句地记。

另外需要注意的一点是，我们说理解记忆效率高、效果好，是不是说只要理解了就一定能记住呢？这可不一定。对于理解的东西，往往也还需要多次重复才能记住。有的人理解了某个学习内容，就以为学习过程已经结束，没有有意识地要求自己记住它们，不再通过重复加深印象，那么，是不可能把学习内容完全、准确地记住的。理解了也需要重复记忆。

第22章
图解记忆法

　　图解记忆法最初来源于加拿大心理学家恩德·图灵的研究。他把学生分为两组，给每个学生100张单面印有单词的卡片，要求一组学生记住这些单词，要求另一组按可能的逻辑关系对这些单词进行分类。

　　然后，图灵分别对两组学生记忆100个单词的情况进行测验。结果非常令人吃惊，第二组，即被要求对单词进行逻辑组织而非特别要求记忆单词的那组学生，其得分与那组集中精力记忆单词的学生完全一样。图灵由此得出结论，学生积极地对材料进行加工组织，可以使材料形成一定的、有意义的结构和联系，这些结构和联系会使材料在我们的记忆里留下深刻印象，其效果与有意记忆不相上下。

图解记忆法的应用步骤

图解记忆法的第一个步骤是把我们要记忆的事物的关键词写在一张纸的中央。然后，在关键词周围记下第二层次的要点，并用线条把它们与中央的关键词连接起来。接着，把与各个二级要点有关的下一级要点记下来，并用线条把它们与有关的二级要点连接起来。这些三级要点也许与中心要点有关联，也许没有。最后将得到一幅有众多分支的图画，看上去既有点像心不在焉的作品，又有点像儿童画。

运用这种方式储存信息要比逐条记笔记更有趣更容易，它能使我们看一眼就想起一些关键的要点。图解记忆法对任何通过语言或视觉图像传播的信息，如讲课、会议、书籍、报告、录像带、电视纪录片、录音带等等，都非常有效。

图解记忆法之所以有如此作用，是因为在我们写下各级要点并画出表示其相互联系的连线的过程中，一直在不停地思考、理解和评价相关信息，把它们转化为与我们个人经历相关的术语。这种方法对那些视觉智力（与言语智力相反）高度发达的人特别有用，因为逐条总结要点对他们是很大的压力。当然，图解记忆法简便易行，任何人都可以有效地运用。

图解记忆法的优点

图解记忆法可以使记忆在不同水平上同时展开，因此它可以非常有效地促进记忆。

（1）用图解方式可以把蜂拥而至的大量信息转化为对我们有意义的概念或图像。

（2）它既发挥了大脑左半球的言语和分析能力，又发挥了大脑右半球的空间和视觉能力，对大脑两侧记忆中枢储存的事实和数据都具有强化作用。

（3）把主要观点写下来，并标示它们之间的联系。这是以一种对我们有意义的方式组织这些观点的，这可以使记忆材料变成我们个人的东西。

（4）记忆图总会给新的观点和联系留有余地，这可以刺激我们不断从新的角度去思考。

（5）由于这一张纸囊括了所有的关键要素，因此更容易看出其中的重要联系。

（6）我们觉得哪些观点之间有联系，便在记忆图上标明这种联系。我们是在按自己理解的方式组织有关信息，这可以使我们更加容易地储存和回忆这些信息。

（7）自觉加工信息，而不是被动地听或读，这更有助于我们牢记信息。

（8）以非线性方式把各种观点联系起来，这的确能有效促进记忆。因为它和大脑的工作机制相同，大脑就是以非线性的方式把各种记忆印象联结在一起的。

图解记忆法是一种很有力的工具，它可以强化我们对事实和数据的即时记忆和长时记忆，明确自己的感受是什么，这非常重要。记录关键词、标出它们之间的联系并解释这些联系，这都需要我们的全心投入。相对于被动地听、读、记笔记，全心投入绘制记忆图能确保我们更好地、更长久地、更容易地记住有关信息。因此，图解记忆法能使记忆力加倍增长。

绘制记忆图

图解记忆法非常简便易行。我们所需要的就是一张大纸和一枝铅笔，纸越大越好，最好是一大张美术纸或像航空航海图一样大小的纸。不过，成千上万的记忆图是在标准信纸上绘制的。当然，假如只能找到一支钢笔，那么用它来绘制记忆图也可以。但是，当我们发现某个词或某根连线需要更改时，用铅笔会更加方便。

有一位作家甚至用彩色铅笔来绘制记忆图。他建议用3种~5种颜色帮助区分不同类型的联系或观点。他用一种颜色表示刚刚掌握的新要点，用另一种颜色表示自己已经知道的东西，用第三种颜色表示今后需要继续探索的信息，其它颜色则用来表示第二级或第三级要点。

绘制记忆图的过程包括六个步骤：

（1）在一张纸的中央写下要记的观点或事实的关键词，再画个圈把它圈起来。

（2）把我们想到的与该观点或事实有关的要点或第二级要点写在关键词周围，用圆圈把每个要点分别圈起来。

（3）在这些要点和中央的关键词之间画上连线。

（4）把与第二级要点有关的例子、参考信息或想法写下来，并在它们之间画上连线。

（5）把我们所想到的新观点和新联系不断添加到记忆图中，直到觉得所有重要信息都已进入记忆图为止。

（6）以后，一旦有新的重要信息出现，就立即把它添加到图中。

图解记忆法应用注意事项

下面是图解记忆专家提出的一些注意事项，它们将帮你最大限度地发挥图解记忆法的作用。

（1）不要担心我们列出的某个要点不重要。可以在想出新的、更重要的要点时，把它删除或做修改。

（2）为保证我们能对记忆图进行修改和补充，你要在图中留下足够的空间。

（3）没必要要求自己绘制的记忆图准确无误。这是自己的记录，只要它适合自己的需要就行了。

记忆图的唯一目的就是以我们的方式理解并记忆我们认为重要的观点和事实。

为加快记录速度，可以使用各种对我们有意义的视觉符号，如美元符号、卡通图像等，什么都行。例如，在与增加收入有关的要素旁画一个美元符号，在需要警惕或躲避的事情旁画上一个骷髅图，在需要核对的数字旁画一个问号。

第23章
提高心算能力可以增强记忆

心算能力是和记忆力紧密相联系的。学习本章中的心算捷径，并在日常生活中经常使用它们，练习它们，可以增强你的记忆力。下面就是通过学习本章，你会得到的好处：

（1）轻松地购物。你可以马上知道该找回的钱数。

（2）预算你投资的回报。

（3）会很快地计算百分数，算出你的钱花在不同地方的比例。

（4）提前算出你需要交纳的各种税收。

（5）为你的公司算出盈亏比率，你将会对数字很熟练，很敏感。

这些心算技巧并不一定是记忆技巧。但是它们绝对可以帮助你提高记忆，增强你的灵活能力。简单地说，它们能让你更有效率地记忆。

测试你的基本心算能力

你能用三分钟时间完成下面的练习题吗？可以使用纸和笔来打草稿。

(1) 900÷25=

(2) 45×22=

(3) 40×7.9=

(4) 19×25=

(5) 630−485=

(6) 17.6÷0.4=

(7) 726×11=

(8) 62÷99=

(9) 170×10.75=

(10) 5825÷64=

心算乘法的捷径1：加快你的速度

大的数可以被分成几个小数的和，而且并不会因此而改变。数字太大了不好算乘法，可以将大数分成小数，分别相乘。

例1：

6×14=

第一步:将14分为7×2

第二步:现在的问题变成了6×7×2=

第三步:6×7=42 42×2=84

所以答案是:6×14=84

例2：

90×1.4=

第一步：将90分成9×10

第二步：现在的问题变成了9×10×1.4=

第三步：10×1.4=14   14×9=126

所以答案是   90×1.4=126

捷径1的练习题：

（1）60×1.6=

（2）7×120=

（3）17×22=

（4）15×320=

（5）78×12=

心算乘法的捷径2：两位数的乘法

我们将在这里为你介绍交叉相乘的方法和从右往左算。你在掌握了这种方法以后，可以不用纸和笔，就能计算两位数的乘法。

这种方法就是：首先将个位数相乘，然后交叉相乘，最后是将十位数相乘。这种方法十分简单，很容易掌握。下面让我们具体来看几个例子。

例1：

21×23=

第一步：将个位数相乘，个位数是1和3，所以1×3=3

第二步：交叉相乘。交叉相乘的方法就是将第一个数字的十位数和第二个数字的个位数相乘，然后把第一个数字的个位数和第二个数字的十位数相乘。把得到的结果相加。

（2×3）+（1×2）=6+2=8

8就是十位数。

第三步：将十位数字相乘。2×2=4

4就是百位数

第四步：得出结果，483。

注意，如果得到的结果比9大怎么办呢，看下面的例子。

例2：

34×23=

第一步：将个位数相乘，3×4=12

12是比9大的数字，你保留个位数2，在下面的计算中带上十位数1

第二步：交叉相乘；然后加上1

（3×3）+（4×2）=9+8=17

别忘了加上1，17+1=18

这时候你保留个位数8，在下面的计算中带上十位数1

第三步：将十位数相乘，然后加上1。

3×2+1=7

第四步：得出结论：782

所以最后得出的结论是34×23=782

捷径2的练习：

（1）31×24=

（2）72×54=

（3）67×89=

（4）81×38=

（5）43×16=

心算乘法的捷径3：学会两位数和11的相乘

在这里我们将学习两位数和11，或是1.1，0.11，110等的相乘。方法同样是很简单的，将两位数的十位数字和个位数字相加，将得出的结论放在两位数的两个数字当中，就是我们想要的答案。

来看下面的例子：

例1：

35×11=

第一步：将两位数的两个数字相加，那么就是，

3+5=8

第二步：将8放在3和5的中间，

第三步：得出结论385，就是35×11的答案。

例2：

5.4×11

第一步：想不要去管小数点，你脑子里想的是将54和11相乘。

现在问题变成了54×11。

第二步：将两位数的两个数字相加，则是

5+4=9

第三步：将9放在5和4的中间。

第四步：得出54×11的结果是594。

现在要考虑小数点的问题了，你在上面的计算中实际上是忽视了两个小数点，这里你要将小数点考虑进去，从右往左数两位，小数点应该放在5和9之间，所以5.4×11的最后结果是5.94。

例3：

9.7×1.1=

注意在这里，9+7=16得出的数字是一个二位数，这种情况下怎么办呢？保留个位数6，将6放在9和7之间，将十位数1和9相加：

9 （16） 7

1067

所以得出的结论是1067。现在我们来考虑小数点的位置，也应该是从右往左数两位，所以9.7×1.1的最后结果应该是10.67。你也可以通过另一种方法来很快得出结论，很快地估算一下，9.7×1.1得出的结果是10左右，结果就肯定是10.67。

捷径3的练习：

（1）45×11=

（2）56×1.1=

（3）65×110=

（4）9.3×11=

（5）4.7×110=

心算乘法的捷径4：用重组的方法来计算乘法

我们在这里将介绍的方法和捷径1介绍的方法比较相似，就是将比较大的数字，比较复杂的数字分成几个较小的数字来计算的方法。将一个较困难计算的数字分成两个甚至两个以上的较容易计算的数字。

让我们来看下面的几个例子：

例1：

13×12=

将13分为12+1所以我们可以这样来计算：（12×12）+（12×1）=144+12=156

例2：

507×6=

同样的方法，507可以分为500+7所以我们可以这样来计算：

（500×6）+（7×6）=3000+42=3042

捷径4的练习题

（1）58×7

（2）74×9=

（3）6×93=

（4）34×70=

（5）45×21=

心算乘法的捷径5：用凑整的方法来计算乘法

整数总是很好计算，我们可以想办法将数字和整十整百的数靠近，然后再减去多算了的数，加上少算了的数。

来看下面的例子。

例1：

9×28=

第一步：将28加上2变为30，9×30=270

第二步：将270减掉2×9=18

第三步：270-18=252

所以得出结论：

9×28=252

例2：

39×99=

第一步：将99加上1变成100。39×100=3900

第二步：将3900减掉1×39，也就是减掉39

第三步：3900-39=3861

捷径5：的练习题

（1）79×5=

（2）29×12=

（3）14×48=

（4）89×20=

（5）17×25=

心算除法的捷径1：如何判断一个数能否被整除

要判断一个数字能否被另一个数整除，下面有一些你可以记住的基本的法则：

（1）如果一个数可以被2整除，它的尾数一定是偶数，如数字1996

（2）如果一个数可以被3整除，它的各个数位上的数字和应该可以被3整除，如数字369，3+6+9=18，18可以被3整除。

（3）如果一个数要被4整除，它的后两位数应该可以被4整除。如数字384。

（4）如果一个数要被5整除，它的尾数必须是0或者5，如225等。

（5）如果一个数要被6整除，它必须既能被2整除，又能被3整除。

（6）如果一个数要被8整除，它的后三位数得能够被8整除，如1992。

（7）如果一个数要被9整除，它的各个数位上的数字和应该能够被9整除，如423。

（8）如果一个数要被10整除，它的末位数字必须是0，如230。

（9）如果一个数要被12整除的话，它必须既能被3整除，又能被4整除，如144。

关于7和11的规则太难了，我们在这里不作介绍。

练习题：

（1）下面的那个数字不能被3整除？

111 183 166 141

（2）下面的那个数字不能被4整除？

348 488834 384

（3）下面的那个数字不能被6整除？

282 474 390 256

（4）下面的那个数字不能被9整除？

239 234 918 630

（5）下面的那个数字不能被12整除？

156 384 468 150

心算除法的捷径2：简化除法

将一个较大较复杂的数分成几个较小的数字相乘。如果你要算一个数除以24，可能就会很复杂，你可以将24分成2和12，或是3和8或是4和6。哪个更利于你的计算，就采取哪种方法。

例：

4488÷24=

第一步：将24分成4和6相乘

第二步：将4488除以4，你得到的数字是1122。

第三步：将1122除以6，得到的是187。

这样很容易就算出来了。

还有另一种计算方法是，将24分成3和8

第一步：4488÷8=561

第二步：561÷3=187

这种算法同样很简单。

练习题：

（1）1300÷25=

（2）390÷15=

（3）168÷14=

（4）252÷36=

（5）5824÷64=

心算除法的捷径3：如何处理两个偶数的除法

我们来举例说明两个偶数的除法，比如你要算的是136除以8，那就等于是在计算68除以4，就等于34除以2，就等于17。这种方法是不是很简单？

练习题：

（1）192÷24=

（2）496÷8=

（3）198÷18=

（4）322÷14=

（5）228÷12=

心算除法的捷径4：如何处理与5有关的除法

心算乘法比算除法更简单。我们将在这里介绍通过乘法来算与5有关的除法的方法。来看下面的例子。

（1）如果一个数字要除以5的话，那么你应该先将它乘以2，然后再除以10。

比如：725÷5

我们可以先来计算725×2=1450，然后将1450除以10，得数是145。

（2）一个数字要被15除的话，先乘以2，然后除以30。比如：要计算135÷15=

先计算135×2=270

然后计算270÷30，得数是9。

（3）一个数字要被7.5除的话，先乘以4，再除以30。例子如下：

390÷7.5=

先计算390×4=1560

然后计算1560÷30=52

（4）如果一个数要除以12.5的话，先将这个数字乘以8，然后除以100，例子如下：

175÷12.5=

计算的方法是175×8=1400

1400÷100=14

（5）如果一个数要被37.5除，先将它乘以8，然后除以300，例子如下：

要计算675÷37.5=

先计算675×8=5400，然后除以300，等与18。

练习题：

（1）795÷5=

（2）195÷15=

（3）105÷7.5=

（4）162.5÷12.5=

（5）300÷37.5=

心算除法的捷径5：计算除以9的题目

如果一个数字被9，99，999除的话，得出来的结果肯定是重复的数字，如果你算出来的数字不是以重复为特征，那你一定是算错了。

如果第一个数字比第二个数小，那么第一个数字就会重复其本身，看下面的例子：

(1) 5÷9=0.5555

(2) 73÷9=0.737373

(3) 18÷9=0.018018

注意，当第一个数比第二个数大的时候，得出来的数字还是会重复，只不过在这种情况下，数字是以另一种方式重复。看下面的例子：

(1) 40÷9=4.4444

(2) 900÷99=9.090909

(3) 2500÷999=2.502502

练习题：

(1) 53÷99=

(2) 763÷99=

(3) 514÷9=

(4) 2000÷999=

(5) 760÷99=

你会为自己的心算能力而骄傲

通过在这一章节中学到的心算捷径，你是否受到了启发呢？其实数字中有很多规律，只要你注意观察，发现规律，你自己还可以总结出比这些方法更好，更快的计算方法。同时你的记忆力也会得到锻炼。通过这一章的学习，你的记忆力能够得到很大的提高，因为心算本身就对记忆力的要求很高，你会对你能做到的以下的事情感到骄傲：

1. 买东西的时候很快就算出应当找回的钱数。

2. 吃晚饭以后马上就能计算出应付给服务员的小费。

3. 在你到柜台付帐之前，预算出应付的钱数。

4. 算出最合理的借钱和贷款的方法。

5. 合理的投资理财。

6. 对自己的计算能力充满信心。

练习题答案

以上我们介绍了计算乘法和除法的各五种方法。下面是练习题的答案。

自测题答案

(1) 36

(2) 990

(3) 316

(4) 475

(5) 145

(6) 44

(7) 7986

(8) 6262

(9) $1827.50

(10) 91

乘法练习题的答案

捷径1

(1) 96

(2) 840

(3) 374

(4) 4800

(5) 936

捷径2

(1) 744

(2) 3888

(3) 5963

(4) 3078

(5) 688

捷径3

（1）495

（2）61.6

（3）71.5

（4）102.3

（5）517

捷径4

（1）406

（2）666

（3）558

（4）945

（5）517

捷径5

（1）395

（2）348

（3）672

（4）425

（5）2670

除法练习题的答案

捷径1

（1）166

（2）834

（3）256

（4）239

（5）150

捷径2

（1）52

（2）26

（3）12

（4）7

（5）91

捷径3

(1) 8

(2) 62

(3) 11

(4) 23

(5) 19

捷径4

(1) 159

(2) 13

(3) 14

(4) 13

(5) 8

捷径5

(1) 0.5353

(2) 7.7070

(3) 57.111

(4) 2.0020

(5) 7.6767

第三篇

优等生的考试技巧

第24章
怎样复习效果最好？

　　人无远虑，必有近忧。有些同学平时悠哉游哉，可是到了考试的时候就成了热锅上的蚂蚁，但是这时候努力，为时已晚。考试中考察的是基础知识的熟练掌握、解题方法技巧的熟练运用，这一切，决不是靠一时突击所能够解决的。所以在学习的时候，要制定周密的学习计划，宜早不宜迟，到临考试的时候再去努力，为时已晚。

把复习功课当成每天的习惯

所谓复习，就是对自己学习过的课程及时进行查漏补缺和总结归纳，从而达到一个新的境界。通常来说，复习的过程需要相应的练习和记忆，这不仅可以提高学习质量，提高学习效率，同时，还可以加深认识和理解那些遗忘、生疏的概念或知识点。

复习是承上启下的过程，古语讲"温故而知新"，就是通过复习对原知识可以产生更准确的掌握，也可以为新知识的学习和理解做更好的准备。如果不复习，就很容易遗忘。人们常说这样一句玩笑话："学的都还给老师了？"就是说老师教过的都不记得了。

本质上讲，复习是强化记忆的过程，是一个认识固化的过程。

中国"瞎子掰玉米"的故事可谓妇孺皆知，熊瞎子每掰一个苞米，便夹在腋下，同时扔掉了前一个旧玉米，这样忙了很长时间，还只有一个玉米。俄国教育家乌申斯基曾经把不能巩固地掌握知识比作喝醉酒的马车夫，忘记了所装载的东西捆在车上，也不往后看看，只是一个劲地往前赶路，东西颠簸丢了也不知道，结果赶回家去的仅是一辆空车。

这两个故事对我们应该有一个共同的启示，那就是，要勤于复习，巩固所学的知识。

王海伟是一名初中生，他平时功课掌握得还不错，小测验的成绩也很好，可就是到了大的考试就不行，一考就砸。有些题其实也并不是不会做，有时候在考场上怎么也做不出来，某个概念、定理或公式怎么也想不起来，而一下了考场，就想起来了，真是令人非常懊恼。

他带着这个困惑，去找正念着大学现在放假在家的表哥。表哥并没有正面回答他的话，而是给他放起一个影碟来。他原本怀着好奇，没想到表格放的却是一个老电影《碟中谍》。

他有些失望，说："这个电影有什么好看的，故事情节我都能讲下来。"

表哥说："那不看了，你给我讲一讲故事梗概吧！"

王海伟给表哥绘声绘色地讲起来，讲完之后，表哥说："不错，连电影里一个很小的细节都没有漏掉。可是到了考试的时候，课本里的知识为什么就记不住呢？"

王海伟脸红了，向表哥请教。表哥说："一部好的电影，人们多看几遍，就可能连电影中的台词都能背下来。这是为什么呢？主要是人们看完电影之后，总要在脑子中间一遍遍地回忆，就是人们常说的在脑子中'放电影'。让我们对自己提个简单的问题，请想一想，在考试中，什么问题基本上从来都不会出错？——考卷上的名字！为什么呢？很简单，自己的名字天天听，天天看，天天写，早已是烂熟于心了，闭着眼睛都不会写错啊！换句话说，想写错名字也是一件很不容易的事情啊！"

"哦，那就是说，学习也是这样，要经常复习，经常在脑海中回放电影。"

"对。"表哥满意地说。

从此，王海伟注意了复习。白天，他认真听老师讲课，认真地做好笔记，争取将老师讲课的内容全部消化掉。中午休息时间，就进行一次"放电影"。放映前，先伏在桌子上，停止其它一切肢体活动，把注意力全部集中起来"放电影"。这时候，他努力使脑子中出现课堂上的师生活动的图像和老师清晰的声音。然后把黑板上的内容、老师讲的话按上课的顺序在自己设制的"银幕"中再现一遍。

晚上睡觉前，是进行重复"放电影"的好时机。这时"放电影"可以躺在床上，不必像中午那样把每节课的内容全部"放"一遍，只需将每节课的关键内容在脑中放一遍就可以了。

最后一步"放电影"是在早上起床后。此时，"放"起来就很省力了，脑子里无需出现活动的图像，也无需出现声音，只需用十几个字把课上的内容要点概括起来就行了。

他每天都这样坚持做。这样，一天下来，"电影"就放了三次，许多知识都比以前掌握得牢固多了。他想起从前有一次考巴尔扎克的国籍，他就是拿不准是英国、法国还是美国，那个时候如果让他写，除了中国只要是知道的国家名都可能被写出来。

现在想想这说明什么问题呢？首先说明他学习过这个作者的文章，而且也听过老师关于作者个人情况的讲解。可惜他没有形成深刻的记忆，所以到考试的时候对一些细节就不能确定了。

通过"放电影"，王海伟最终取得了好成绩，顺利升入高一级学校。

复习是为了掌握得更扎实。如果不复习，学得不扎实，就会花费许多时间而得不到好的学习效果。虽然你曾经会过，但到了某个特殊的时刻，你所做的反应是不会，这说明你其实还是不会，不管你是否曾经会过。如果说因为无知而不能得分，是可以理解的，但是如果由于不扎实的原因而失分的话，不仅不能得到原谅，而且还应该自责！要想最大限度地制止错误的发生，就要把所有的概念点和知识点掌握得扎实和准确，有备无患，才能在考试的时候做到心中有数。而真正掌握一个知识点只靠一次性活动是不能够做到的，要靠不断总结、练习、积累来实现。

备考复习应早作计划

有些同学平时不注重学习，到了临考试前几天，才狂复习几天，以为靠这种方法就能够得到好的分数。其实不然，考前充分准备是考试的关键。我们必须在平时的考试中就打好基础，通过大量的练习掌握解题方法，领悟解题技巧。有些同学把希望放在临考试前的几天，临时抱佛脚，想通过突击完成学习任务，这样最终只能以失败告终。

王宏伟是一名文科班的学生，在高考中，他的政治单科获得全市第一名。他的经验就是打好基础，长期积累，正如他所说，学习成绩不是一天就能够提高上去的。

就拿时事政治来说吧，进入高三，他就制定了学习计划，让自己在一年的时间里进行系统、仔细的复习。不一定非要每天捧着书本，但一定要时刻把握、关注社会热点新闻。

他养成了每天看中央新闻联播的好习惯，特别是国内新闻部分都是仔细聆听，关注，把握动向，仔细研究国家政策的变化。如果有时间的话，焦点访谈他也争取一同观看，这样有助于提高分析题的应试能力。

他每天阅读《人民日报》，尤其是社论部分，学习揣摩文章的结构、构思、和主旨。这种做法提高了他分析问题解决问题的能力，面对题中所给的一些材料，能够游刃有余。

当然，进行一定量的练习，积累学习方法和解题技巧也很重要。在考试前一两个月的时间内，他通过做题，积累了解题方法，拓宽了思路，把握住了试题的方向、出题思路和难度。这让他在高考的时候有的放矢，而不是匆忙应考。正如他所说，学习重在积累，不是一朝一夕能够一蹴而就的，所以决不能心存侥幸，临时抱佛脚。

人无远虑，必有近忧。有些同学平时悠哉游哉，可是到了考试的时候就成了热锅上的蚂蚁，但是这时候努力，为时已晚。考试中考察的是基础知识的熟练掌握、解题方法技巧的熟练运用，这一切，决不是靠一时突击所能够解决的。所以在学习的时候，要制定周密的学习计划，宜早不宜迟，到临考试的时候再去努力，为时已晚。

如何制定合理的复习计划

古人说："凡事预则立，不预则废"，学习亦是如此。有了计划，才能使学习有系统、有条理、有步骤，才能胸中有数。我们的学习计划包括两个内容，即学习的内容和学习的时间。这二者结合在一起，又产生了学习的进度与速度等问题。

1. 以最重要的学习内容为中心

有些知识是至为关键的，或者说是带有战略意义的，应当把它视为重点，在学习计划中要有充分的体现。切忌无重点，胡子眉毛一把抓。

2. 用好大块时间

根据自己学习与生活的实际情况，使用好大块时间，把它用在最重要又需要连续学习的内容上。这样，能使每次学习都有较大的收益，避免整时零用。

3. 采取循序渐进的原则

知识的学习要由浅入深，切忌好高骛远，急于求成。要保证某门知识学习的全部时间，例如，要学习沟通技巧，一般不可少于50小时。

4. 注意使用"黄金"时间

难度大的重点学科和需要记忆的知识，用自己精力充沛的"黄金"时间来学。切忌时间安排无体系，想起什么学什么。

5. 时间安排要有弹性

从长远观点来看，要取得学习的成效，就得稳步前进，使每个计划都落到实处，时间上留有余地是必要的。

6. 有效利用时间学习的九做十不做

（1）把必须做的事情和可做可不做的事情清清楚楚地分开；

（2）先从重要的、难度较大的事情做起；

（3）要有一个切实可行的学习时间表；

（4）正确地使用空闲时间；

（5）要把学习用具放在手头，以便随时取用；

（6）在学习过程中不要胡思乱想；

（7）要真正钻进去，养成埋头苦干的习惯；

（8）要掌握阅读和书写的正确方法；

（9）选择适合自己性格的作息时间。

7. 为杜绝时间的浪费，学习时改掉下列习惯

（1）脑子里想别的事；

（2）心神不定；

（3）找东西；

（4）不时喝茶和上厕所；

（5）写日记、写信和看信；

（6）在笔记本上乱写乱画；

（7）被电视、收音机的节目分了心；

（8）被别人的活动和欢笑声分了心；

（9）闲谈；

（10）打盹。

请抓紧点滴时间，好好努力，向着自己的目标前进吧！

如何复习课本内容

如果把食物分成一小口一小口，那么几乎任何东西都是比较容易消化的。复习课本内容的时候也一样，要一次复习一章，把整章的知识框架记在脑海中。同时要一段一段地思考，把每一个概念、每一个定理、每一个知识点都消化了，然后寻找各个知识点之间的联系。

1. 一个段落一个段落地阅读课本

这是整个课本学习过程中最关键的一步，在没弄懂这一段落以前，不要去读下面的段落。为了了解上下文可以看看后面的段落，但一定要有回过头来弄懂这个问题段落的打算。记住，能够理解连续几个段落内容，关系到是否能够理解整个章节的内容。

在没有真正理解作者的思想的时候，不要一行行继续看下去，这种普通的习惯是从阅读小说中得来的，因为小说中的动作都是用很生动的手法来描述的，所以读者用不着花多大的力气就能理解。对于课本来说，学习者不仅仅是为了要知道一个故事，而是要从字里行间去发掘作者讲述的思想和概念。要达到这一目的的一个方法就是提问，另一个方法是要认真对待每一个段落，就像学习者将把这个材料教别人一样。在每一段或有关的几个段落的结尾都停一下，用自己的话把作者的中心思想和论证的细节讲一遍，并回答这样的问题："在这一段落里我学到了什么？"学习者回答了这个问题也就说明自己已理解了。

别忘了利用段落主题说明句来帮助学习者理解每一个段落的意思。不管怎么说，段落主题说明句是供学习者利用的，它常常包含段落的中心思想，或说明这个中心思想。

2. 解决课本中的疑难题

在阅读和学习课本的时候，要用提问来踏踏实实地检查自己的理解程度："我弄懂了吗？"如果回答是："还不太清楚"，那就得马上采取行动：

第一步，回头看看这几个段落，再找到作者的思想线索。

第二步，再往下看几段，看看将遇到什么问题。

第三步，打开词典，查一查不甚明了和可能妨碍往下读的词。

第四步，用夸张的表情和强调的语气将疑难的段落读出声来，弄清楚作者讲的话是什么意思。如能出声读尤其是有表情地读，能使自己完全集中注意力。

第五步，如果还是弄不懂的话，就可以运用科森方法：把不懂的地方具体地确定下来，把感到困难的地方写出来，第二天，可以问同学或教师。

3. 交替使用课本

如果阅读课本碰巧非常困难，就可以到图书馆去查看一下与课本题目基本相同的其它一些课本。如果找到了几本，那么其中很可能有一本书用的语言阅读和理解起来要容易得多。

但是，不要只用这本比较容易读的书来代替指定的课本。应该这样做：首先，在比较容易的课本里读一读指定的题目，充分理解它的内容。然后，再回到指定的课本上去，把重点画出来，在页边空白处做些摘要或记单独的笔记。很明显的一点是学习者一旦理解了题意，就会有信心地来学习艰涩的课本："噢，是的，我知道作者想说明什么了。"这样做的结果，还能得到另外一个收获，那就是通过阅读同一题目的两种不同的叙述会使学习者更深刻地理解课本内容，记得就更牢。

4. 背诵课本

必须相信，而且是无丝毫怀疑和毫不犹豫地相信，遗忘现在是而且将继续是我们学业上最关心的一件事：遗忘侵扰、阻扰学习。但是，我们有一个强有力的武器来当场击败它，这个武器就是背诵。

这里，背诵是指用自己的话，不看书，把我们刚读过的一个段落的主要观点和细节出声地背诵。很多实验证明，读一段，背一段，再读一段，背一段，这样交替进行能学得更快，记得更牢。

读完一段就背诵会引起大脑和身体的活动，这种活动：

（1）使我们更加集中注意力；

（2）为更好地理解下一段落打下坚实的基础；

（3）使我们有时间巩固记忆；

（4）保证更精确地记住书中的事实和思想；

（5）我们马上可以得到关于自己学得怎样的信息反馈。

当我们明白自己做得挺好的时候，就会有进步。实验也证明，背诵的时间越多，学得也就越多。例如，几组实验对象花了20%的时间学习，用80%的时间来背诵它们，比起那些花较少时间来背诵的对象所收到的效果要好得多。

背诵的时候，要把课本上的有关段落遮住。如果曾在边线旁写有提示性的词，就让它显露出来，然后把段落里的思想，用自己的话，出声地重复一遍。不要在脑子里含糊其词地背诵，用完整的句子和段落来表达，把适当的转折词也插进去。当背诵由事实和思想所构成的一张表时，就可以说"第一"、"第二"等把它们列举出来。

如果是一位认真的学生，在背诵的时候，就可能想把事实和思想写下来，就像在考试的时候写答案一样，这样甚至可以使学生更长久地牢固地记住这些思想。如果边背边写，那么实际上是通过了耳、眼和肌肉三条渠道在进行学习。

不要误以为重复阅读可以代替背诵。重复阅读只不过是把相同的事情又做了一遍。在读第一遍的时候，已经把章节段落所讲述的东西在脑子里定了型，之后，重复阅读，必须要有一个不同的方法来对付同样的内容，这个不同的方法就是背诵。

5. 复习课本

阅读和背诵交替进行是克服学习后即刻产生的遗忘的第一步。但是正像遗忘是个连续不断的过程一样，我们的战斗也就必须是连续不断的。在刚读了或背了一章后，在以后的任何时候，复习都是一件我们能使用的武器。

6. 思考课本问题

通过背诵和复习学到了概念和论据以后，就要使大脑思考这些事实和思想，思索或摆布所学到的东西。思考能够使我们更富于创造性地学习。可以向自己提出下面这些问题：

（1）这些事实和概念的意义是什么？

（2）它们基于何种原理？

（3）它们还可应用在什么地方？

（4）它们如何适应我已有的知识？

（5）超越了这些事实和概念但又以它们为基础的知识，我还知道了些什么？

当我们这样思考的时候，把新事实和概念编到已有的知识里去，于是它们就成为自己"思考工具"的固定储备库中的一部分。

核物理学家、诺贝尔奖金获得者汉斯·贝西说过："熟练和创造之间存在着很大的差别，一名学生只要学他的课本和讲课笔记就可以熟练掌握，但只有在他试图让自己的视野不局限于已知事实并试图让自己的思想超越已知的事物时，才能有所创造。但他必须思考这些事实和概念，因为创造力只有通过思考才能获得。"

最近，科学家们发现了一个关于学习的十分重要的事实：唯一能够永久地成为人学习的一部分并使人增长内在智慧的学习方法叫做有益学分。就是说，除了纯粹记忆事实之外，我们采取了自觉的、额外的一个步骤，这个额外步骤就是思考。

这个关于思考的最确切最基本的概念正如著名哲学家叔本华在他的《散文集》中的一篇文章中所指出的："一个人可能会有很多知识，但是，如果没通过自己的思考加以整理，那么这些知识比他经过了详细思考少量知识的价值要小得多。"

如何复习和理解图表资料

许多人在复习时忽略了图表，仿佛它们只是一些空页。然而，关于原理、论述对象或概念的图表描述可能是课文中的一个关键部分。此外，图表往往还可简化复杂的概念。

在科学、社会学、心理学、商业和经济学的书中相当大一部分是表格、曲线、示意图或图画。这种视觉性的表可以用相对来说比较小的篇幅传递大量信息，这种信息和文字信息一样重要，或许更加重要。但很多学生由于时间紧就将表格、曲线等翻过去了，他们想着："啊，这一页我不必读了"，随后就加快速度，读到一章末尾。

1. 不要忽略图表资料

如果看书时只看一眼就将印有视觉资料的书页翻过，那么等于在用两种方式欺骗自己：

（1）读者错过了重要的信息；

（2）读者放弃了一个思考的极好机会。这是因为书页印的是视觉信息，读者必须将它们转换成文字信息。这时，读者就要停下来把它们好好想一想。一旦这样做了，就意味着读者已经把这些信息思考过了，并将文字和视觉资料都储存了起来，从而能长时间地、清晰地理解并把它们记在脑子里。

掌握非文字材料的最好的办法就是仔细研究阅读指定的功课时所遇到的第一个表、曲线、示意图或图画。这听起来是一种最难的学习方法，但实际上读者可以做成下面几件事：读者将会学到一个在今天、明天以及今后许多作业中都会有用的学习技巧。同时，当读者在运用这个方法时，会越来越熟练。还有，能更直接、更有效地学习重要的、无论如何必须学的材料。最后，做好了一项工作，而且在考试前很久就做好，这对读者将起到促进作用。

另外，阅读图表资料毫无困难。这些资料都是专家设计的，每一张图表中包含下列4个重要的特性：

（1）直接。图表能够使读者的注意力马上集中在他们看到的信息上。

（2）简洁。在图表中信息被安排得很紧凑，省去了不必要的细节。

（3）清楚。视觉的形式及意义均被很清楚地表示出来了。

（4）精确。数据都经过仔细地核对，只有不使数据失真的图表才被运用。

有了这些内在的特性，视觉资料就既不复杂也不模糊了。但你仍然要知道应当如何读懂它们。一旦读者能这样做，就会发现阅读图表不仅是一种乐趣，而且在连续不断地阅读印刷文字过程中也是一种很好的休息。

2. 如何阅读图表资料

这里是一些关于阅读图表资料尤其是表格的建议。

（1）大致看一看图表。将图表大致看一看，从而得到一个总的印象。

（2）阅读图表的题目。仔细地阅读题目，因为题目常常可以告诉读者表中的数据代表什么，是从哪儿收集到的，什么时候收集的。当然，题目还告诉读者图表的题材。

（3）看清变量单位。例如，在整体中的百分比和实际测量的大小有很大的区别。也要注意图表是从零开始算起还是从其他计量方式算起。

（4）核对一下标题或说明。看一看表格中的纵列（垂直方向）与横列（水平方向）的标题，了解它们各自代表什么。再读一读图中中心轴线旁的说明。

（5）读脚注与眉批。如果有的话，脚注和眉批会提供给读者更多的信息，也常是图中记号的说明。

3. 如何阅读图画

应当有系统地分析图画。下面告诉读者怎么分析：

（1）读一读图画的题目。看看它描写的地方，也读一读全部标志和解说。

（2）大致地将图看一看，找一找它所要传达的"信息"。

（3）看一看图画的各个不同部分。像舍洛克·福尔摩斯那样弄清楚一个一个细节，这时读者会为自己的发现而感到惊讶。

（4）找出图画和正文间的联系。问一问自己："为什么要放张图片？"

总之，读者应当努力将自己从图画中得到的信息进行概括和推理。

如何复习笔记

我们从关于做笔记与学习效果的研究中得到的3个重要发现。

第一，做笔记并不影响听课与理解，事实上还有助于听课。

第二，课后进行复习或背诵笔记的学生在6个星期后所记住的内容要比不复习学生的所记内容多一倍半。

第三，不做笔记或做了笔记不复习的学生在两周后便会遗忘课堂内容的大致80%。从这些发现里，我们可以得出结论：做大量笔记，并能在课后马上复习或考试前再复习几次的学生，能掌握材料的90%到100%！换句话说，如果不做笔记，就会使自己处于不利的地位。

提前准备预习课本内容会使听课者很容易地跟上课堂讲授内容的进展。在教室里，找一个靠近教师的座位，这样既听得清楚一些，黑板上写的字也能看得清楚些。教师一开始讲课，就要记笔记，不要停笔，一直到完成整堂讲课的笔记为止。

不要争取把教师所讲的内容一字不漏地记下来。相反，要用简洁的文体写，既可以用自己的话，也可用教师的原话。特别记下教师所用的一切生动的引人注意的词，今后它们可以帮听课者回忆起教师的论点。记住，做笔记的目的是为了今后复习教师讲述的思想，不是对照教师精确的用词，试图找出相应的同义词来完全将这些词意译而浪费宝贵的时间。以后当有时间思考、记述和更充分地理解教师的思想时，便可用自己的话。

把主要和次要的概念、例子和细节记在笔记上。听完讲话后要有足够的知识来尽可能充分地构思每一个概念。如果听课者能听出教师的主要及次要的标题，也将它们记下来，它们将帮助整理自己的思想和论据。可不要把以听不出教师的标题作为借口不记笔记。

做笔记的时候要认真听讲，但不要停顿下来思考教师提出的观点，因为当听课者将第一个问题考虑好以后，教师或许已经在讲第四或第五个问题了。思考这些问题是很重要的，但应该在课后再仔细思考，课内的任务就是抓住教师的观点。

如果某一位教师的讲话速度太快，不能像平时那样做笔记，那么可以试试用两页法。

即在左边一页纸上只将中心思想用粗略非正式的形式记下，一定要抓住主要的词语。在讲课结束以后，或在讲课的间歇中，马上在右边一页纸上尽可能地记下所记住的细节，把细节和它们要证明的论点对齐。这样，左面纸上，有了简略地记下这堂课的重要信息知识，在复习时它们就可以派上用场，右边的纸上，也有了一些证明论点的论据。

不要用磁带录音机或盒式录音机来代替课堂笔记。这样会使听课者花费更多的时间。因为把一堂课录下来后，不能在5分钟或10分钟内就将它复习完，而必须将整堂课从头至尾重放一遍。并且也得不到做笔记的益处——记笔记所要求的注意力、集中思想和这个动作所能给予的组织能力——同时，也不能看清各种思想之间的联系，但当它们被写在纸上时，就能看清了。

还有，为了节省时间听课者也不可以用速记法做笔记，也不可以潦潦草草，指望着把笔记重新打字打下来。因为把速记的材料用文字写出来，把潦草的笔记打字打下来会占去学习或者娱乐的时间和精力，而且还必须做些零杂的工作才能用自己的笔记。相反，用普通记法记下的笔记却可以立即使用。

笔记必须是字迹清楚和完整的。这样，几个月后，自己还可以弄懂它们的意思。笔记要整齐，要让一个没有上课的同学也能看得懂。而且，在复习笔记，试图集中注意力弄懂它们的意思的时候，本人的思想也就不至于陷入辨认不清字迹的困境。如笔记字迹不清，就得边复习边辨认，然后再复习一些再辨认一些。这样，不仅浪费了时间，而且把个人的精力花费在了不必要的工作之上。

做笔记不仅能帮助听课者集中注意力听讲课，而且给听课者提供了宝贵的学习材料。为了最好地发挥这种学习材料的作用，必须多次复习笔记内容。

1. 一上完课，就要开始复习

当听课者走在到另一幢大楼去上下一节课的路上，就可以回忆教师所讲课的要点。回想一下教室气氛和教师——甚至教师的姿势、强调语气和黑板上的注释，这会帮助听课者记住教师所讲授的要点和思想，并弄清模糊的论点。可以问问自己，教师讲的话是什么意思，他的主要论点是什么？在下一堂课之前，把要问教师的一些问题或者搞不清楚的一些论点记下来。

2. 一有机会就要开始仔细地复习笔记

在对课堂内容记忆犹新的时候，通过复习，可以将笔记中的空白处填上相应的内容，回答一些头脑中复习讲课时产生的疑问。把在复习过程中出现的问题也写下来，通过复习，补充对讲课内容的整体概念，找出它的主要论点或思想（将一堂课作为一个整体来看待时，会发现许多论点具有更重要的意义）。按需要把笔记补全，安排在课前或在办公室里去看教师，讨论一下自己的问题，随后将答案写在笔记里，否则，还是弄不懂它们。

当这些笔记"冰冷"时，这类复习方式可能要花10分钟~15分钟，但以后再复习就不必花几个小时去弄懂它们。复习也能为下一堂课做好准备，因为下一堂课可能正是从现在结束的地方开始的。

在需要恢复记忆或复习迎考前，也可以将笔记的内容再复习一遍，就是说，将笔记看作一本手抄的书，就可像用课本一样地用它。如笔记做得完善，那么所起的作用就大。因为教师要考听课者的是他们所讲授的课程内容，至于这些内容是课本上的还是讲授的，那他们是不会注意的。

3. 让做好笔记成为一个习惯

一堆未经整理、潦草和没有组织的笔记几乎没有什么价值，为了使笔记有使用价值，必须将笔记内容组织好，这样才能容易找到自己所需要的材料并马上理解它，这就要求有条不紊。下面有20条有关记笔记的一般建议，大体上指出要机警灵活，有条理，有系统，同时不要有所遗漏。

（1）坚持去听讲课。讲课的方法是一切课程的支柱，而一份完整的手写笔记则是成功的关键。

（2）整理听课笔记。将每门课的笔记本放在一个地方。每门课都要有它单独的笔记本。

（3）用大的笔记纸来书写。这样才能看清笔记的格式。

（4）每次讲课，将课程名称、号码、日期还有讲课者的姓名写在笔记第一页上。这样就不会将笔记遗失或与其他笔记混淆了。

（5）在课堂上不要乱涂乱画或编结什么东西。这些手的活动会影响做笔记，影响集中思想，打断与教师眼神的接触。

（6）学业上要有进取心。要努力做到集中注意力把教师对每一题目的讲解都记录下来的习惯。

（7）要认清教师的讲课格式。教师通常是根据一套笔记来讲，所以他们遵照自己的组织格式，要认准这个格式。

（8）笔记的字迹要清楚，以便今后复习时节省时间。

（9）使笔记完整清洁，那么几个星期或几个月以后，也能知道它们的含义。但是不必用完整的句子记录，因为记笔记是一个选择、压缩和概括的过程。

（10）对可能遗漏的词、短语或思想，在笔记中要为它们留出空位，课后马上求教教师或同学，将这些空白填满。

（11）要有自己的计数和缩进方式。不要缩进过多，以致在纸页右边的字因只有一小块空间而挤得太紧。

（12）常见字和一些常常出现的术语要用缩写形式。这能节省出更多听和写的时间。

（13）用记号（如星号、箭头或在上面画线）来注出教师所强调的地方。

（14）将与讲课混在一起的作业另外列开，同样，将教师提到的书本或其他参考资料记下来并另外列开。在进一步阅读时，这些都是有价值的指南。

（15）将自己的思想与教师的思想分开写。把问题、自己想出的例子、想法和参考材料写下来是一个很好的做法，但一定要用括号或其他符号指出，这是自己的而不是教师的想法。

（16）对于线索要机警灵活。教师常常会说："你们以后还会明白这一点"，"这是很重要的"或者"这是个常见错误"。在边线外，用星号或其他符号将这种线索或重要的话语记下。要注意听这些列举性质的话："下面是这一过程中的四个步骤"，以及"最后"，"因此"和"还有"，因为这样的词后面可能要讲重要的内容。注意其它的转折词、短语或句子，它们可能表示一个主要思想已经讲述完毕，接下去要讲另外一个了。

（17）记下教师所举的例子。这些例子常常能说明抽象的思想，用特别的记号如EX标出它们是例子。

（18）在教师讲课结束时，要像讲课开始时一样严密注意。因为教师讲课的速度并不总是很精确地计算好的，要尽快地把这些紧挤在一起的结尾记录下来。如果需要的话，下课后，还可以在座位上多留几分钟，一心一意将自己所能记住的东西都写下来。

（19）课后立刻将自己另外的想法写下来。

（20）课后复习笔记内容，如有需要，将笔记的结构改进一下。

就像别的技巧一样，听课和记笔记需要实践。假使真正努力去做，很快就能跟上一位讲课讲得最快的教师的速度了。这样一来，笔记就能成为复习时最重要的工具了。

考前复习分阶段进行

复习过程是一个对知识整合梳理的过程，也是一个再提高的过程。有些同学复习的过程中没有针对性，没有计划性，复习效果很差。正确的方法应该是把复习分成一个个的阶段：最初阶段把课本知识、基础的东西掌握牢固，追求全面，把边边沿沿、枝枝杈杈的地方都复习到。接着第二步就要建立学科体系，在脑海中建立知识脉络，争取对所学的知识有一个高屋建瓴的把握。最后才是通过大量的习题，训练解题技巧，提升解题能力。

王刚老师是一名高三语文教师，他带毕业班多年，年年成绩突出，他的窍门儿就是分阶段复习。

他把高三复习分成三个阶段。第一轮复习称为基础复习阶段，在这个阶段，他要求学生全面阅读教材，查漏补缺，扫除理解上的障碍。在这一基础之上，对各种知识进行梳理和归纳，使知识系统化。这轮复习的主要对象就是基础知识，主要强调"全面"、"系统"两点。

他要求学生不论平时多么熟悉课本，都不能省略复读课本这一环节。要逐章逐节、逐篇逐段，甚至逐字逐句地复习，做到毫无遗漏。因为这样有助于整体掌握知识，找出一些被忽视的环节或死角，有助于深刻领会课本内容。

他把第二轮复习阶段叫做复习的"黄金期"。之所以这样说，是因为这个时期复习任务最重，也是最具高效的，因此这个阶段也称为全面复习阶段。他要求学生把前一个阶段中较为零乱、繁杂的知识系统化、条理化、模块化，找到每科中的宏观的线索，提纲挈领，全面复习。

第二轮复习要侧重解决教材中的重点和难点问题，以及个人学习上的难点问题，同时还须进行解题训练，提升实战能力。

接着就进入第三轮复习阶段，他把这个阶段称为"冲刺阶段"，这段时间复习效果的好坏很大程度上决定着高考的成败。因此，这轮复习是三轮复习法中最关键的一轮。其侧重点应放在综合运用以前掌握的知识、能力来解决新遇到的问题，即本轮复习的目的是提高应用能力。在这个阶段中，一般以模拟考试为主，通过模拟对试卷中暴露的问题进行查漏补缺，达到强化复习的效果。

三轮复习法，成为王老师取胜的法宝，同学们在他的指引下，打牢了基础，训练了技巧，提高了能力。

最好将复习过程分成一个个的阶段，按部就班，逐层深入。这些阶段并不是没有侧重点，也不是相互独立的。其实在考生复习的过程中，巩固基础、突破难点重点和综合应用是相互渗透、相互掺杂的。每个阶段复习都要目标明确，不要简单重复，低层次操练，要滚动提高。每轮复习都要精选练习题，既注重夯实基础，又注重能力的培养。

与遗忘作斗争——进行重复记忆

遗忘是记忆的大敌，它使记忆痕迹逐渐淡漠甚至消失。通过重复则可以加强大脑皮层的痕迹，从而达到加深对所记内容的理解，修补巩固记忆的目的。如果学习、记忆的程度达到150%，将会使记忆得到强化，可以使学习过的内容经久不忘。很多知识在初学的时候，难免不深刻、不全面，把握不住知识的内在联系。往后，随着学习的内容增多，通过重复就可以把前后的知识条理化、系统化，这样就理解得更透彻了。

重复与淡忘的关系：一是重复的次数越多，忘得越慢；二是遗忘的速度并不简单地与时间间隔成正比，而是先快后慢。淡忘与时间有关。一个大学生毕业后十年内不与任何同学来往，他会把许多同学的名字忘掉。一个高中毕业的农民，在五年之内不读书、不看报、不写字，便会提笔忘字。

采用重复记忆方法时要科学地安排重复的次数和时间间隔。一般说来，对于复杂难记的内容，重复次数要多些。重复最好在记忆将要消失的时候进行，且重复间隔时间由短渐长，这样就能达到事半功倍的效果。

有研究表明：记忆的第二天，遗忘率最高，50%左右，也就是第二天一个人可能会忘记他所记忆的50%，第三天30%左右，第四天10%左右。

由此可见，第一次复习应该及时，新学习的内容最好在12小时之内复习一下，抓住记忆还比较清楚、脑子中记忆的信息量还多的时候进行强化。第二次复习时间间隔可以稍长，比如两天。再往后，间隔可以更长，比如依次为一周、半月、一月、半年、一年、几年。复习所用的时间也会依次缩短，甚至只要用眼或耳过一遍就行。

这样先重后轻、先密后疏地安排复习，效果极佳。针对这点，我们可以：每天在记忆新东西前，先重复记忆昨天的知识点（大概花半小时左右）和前天、前前天的知识点（各花10分钟左右。其实是认真的浏览一遍）。这样，每天的知识点就在以后的三天内被重复记忆，（在笔记本上标上学习的日期）在周末还可以把上周的知识点也快速地浏览一遍。我们会发现这个方法特别奏效，知识点都能牢牢记住，一个月前记忆的东西现在脑海中还十分清晰。每天所花时间也不很多，只是有点麻烦，最重要的是要形成习惯。如果这个方法在时间的分配上还不怎么合理，则可以根据自己的实际情况调整。

许多学生为了应付考试，喜欢搞临阵磨枪，这样突击学习的知识多达不到永久记忆的目的，往往是记得快忘得也快，就像狗熊掰棒子，虽然掰得很多，但最后所剩无几。科学的做法是：对于基础性的、必须内储的知识，尽量早日融会贯通，并适时安排复习；对临时应付性的、没有必要长期内储的知识搞临阵磨枪。

还有许多学生在学习内容的安排上有一种惰性，知新时便忘记了温故；复习某一门课程时，便把其他课程忘在一边。这种做法也不可取。这是因为，当他们专注于复习或学习某一门课程时，其他课程的内容因搁置太久而几乎忘光了，再复习时不免要花费许多时间和精力。如果适时安排复习，则既省时又省力。复习就像打扫覆在记忆上的灰尘一样，灰尘很少时，一吹即掉；灰尘很多时，虽用水洗也难见本色。

科学的做法是：

各科知识学习齐头并进，复习也齐头并进。在复习时，第一遍先粗线条地记忆基本概念、基本理论、基本方法，通过系统归纳，使之网络化，并记忆在头脑里；第二遍做书中的例题，做完后与书上的题相对照，力争"一步不少，一字不落"；第三遍做书上的习题，达到一看即懂的程度。此后，再去选做一些参考书上的习题。这样才能收到满意的效果，提高记忆力，而受益匪浅。

总结考试经验，不在同类题上一错再错

人们常说："吃一堑长一智"，不能在同一个地方栽跟头，学习上也是这样。有些同学平时做题只注重速度，做错了也不管，以后遇上同一类型的题目，还是会做错。我们应该从错题中吸取方法，总结经验，争取做到不在同一个地方跌倒。我们要善于总结各种类型题目的解题技巧，在学习中各个击破。这样才能够一步一个脚印，步步为营，成为学习中的胜利者。

张利以前数学也不好，可以说底子特别差。高一第一次数学考试他没有及格，而他们年级只有5个人不及格的。虽然上课他能够听懂老师上课讲的，可是一做题就手忙脚乱，不知道从哪里下手，做出来的题目，经常是错的。他每当看到自己被老师划满叉号的数学作业就烦。

这个时候，他数学老师告诉他了一句话，彻底改变了他，使他的成绩慢慢提高了。老师的话是："一定要认真对待自己做错的题目。"

这句话听起来很简单，但是要是真正践行起来可不是那么容易的。那时候他们班只有一个不及格的，那就是他，他感到很自卑。考试完讲卷子的那节课，老师说："课下你们做一个错题本，下节课我检查。"

可是下了课张利却忘记了，到了下节课老师检查的时候才想起来。可能看出来了，老师正好抽查他们这一排。到了他那里，他红着脸跟老师说："我忘记写了。"

老师说："这次你考得不好吧，没关系，下次努力。你知道，要想学习好，得听老师的话。"

在那之后，张利认真地为自己做了一个错题本，他把做错的题目都整理到上面。这道题为什么错了，错在哪里，应该怎样改正，有几种改正方法等等，他都整理得清清楚楚。

在平时学习的闲余时间，他就拿出错题本来，复习一下。这样慢慢做下来，他做错过的题目，以后再也没有做错过。他的成绩提高很快，期末考试的时候，还被评为学习标兵呢！

决不犯同样的错误，这是古往今来众多成功人士的经验之一，也是在学习上成功的学生的经验之一。学习不好的同学，或许并不是学习不刻苦，不努力。有些同学学习也十分努力，但是在学习中他们不会总结经验，对于同一个类型的题目，不会归类：一道题，上次做错了，等到下一回做同类型题目的时候，还是做错。

有些同学善于总结经验，为自己准备一个错题本儿，在上面将自己做错了的题目总结下来，时不时地拿出来看看，这种方法很有效。我们应该学会了总结错题，总结经验。通过做一道题，学会某一个类型题目的解题方法和技巧。让我们学会做某一个类型的题目，而不是一错再错。

备考阶段要注意劳逸结合

有些考生考前过于紧张，加班加点，开夜车。结果到了考试的时候脑袋昏昏沉沉，考不出良好的成绩。其实在备考的时候，不需要过度紧张，最好是"平时怎样就怎样"，不要打乱自己正常的作息规律。可以把自己的学习、运动、睡眠时间做一个计划表，以逐渐调节自己的生物钟与每天的学习及睡眠一致。考生一定要保证充足的睡眠，切忌牺牲睡眠，熬夜"磨枪"。这样做不仅不能增强学习效率，相反容易造成头晕脑胀，反应迟钝，使学习效率大打折扣。正确的做法应当是做到适时地锻炼和休息，劳逸结合。这样才能够精力充沛，精神抖擞，在考场上取得理想的成绩。

邵辉今年该考高中了，又是家里的独苗，一家人的眼光都盯在了他的身上。他感到身上的担子更加重了，每天晚上都从学校带来很多的作业，一学就是十二点多。

最近几天他常常感到头晕，几乎支撑不住了，他想跟爸爸妈妈提出休息休息，看看电视、听听音乐。可是为了他的学习，家里人给他购买了购买各种各样的营养品、保健品，在饮食方面也每天有鱼有肉。吃着家里人为他精心准备的饭菜，他到嘴边儿的话就又咽了下去，吃完饭，又投入到了紧张的学习中。

可是不到一个星期，邵辉就病倒了。爸爸带着他到了医院，爸爸望着大夫说："孩子今年该考高中了，拿些好药，让孩子身体马上好起来，再贵都不要紧。"

"孩子倒是没有多大的病，主要是太疲惫了，只要多休息就行了。"大夫说。

"疲惫？应该没有问题啊？"邵辉的爸爸说，"为了他考试，家里给他买了各种营养品，每顿饭都是有鱼有肉。"

"事实上，这种饮食结构未必合理。应考期间应当少食荤腥，基本饮食保持平时的结构，适当吃一点儿补脑食品。为了保持身心健康，更重要的还是注意作息习惯，避免用脑过度。如果时间允许，每天要从事些小运动量的体育活动，以保持充沛的精力。"

从医院回来，邵辉调整了学习方法。每天除了学习，还拿出一部分时间听听音乐，打打篮球。在那年的考试中，他以优异的成绩考上了一所重点高中。

像高考、中考这样的大考，考前最后几周，实际上是考前的一个调整阶段。在考试中能否考出好成绩，决不是由这一段时间决定的。因此，要在心理上放松，该干什么就干什么，不要吝惜给自己休息时间。这个时候，学生应该进行适度的体育锻炼，这不仅能活跃思维，而且能够加强抗病能力。但值得注意的是，不要做剧烈运动，因为这样反而使自身的免疫力下降。

学习时，不同学科可以交替进行，以避免大脑过度疲劳。即使这样，也不免有疲劳的时候，这个时候再复习下去只会事倍功半，还不如让自己放松放松。不妨做些自己平时喜欢而又不过分消耗时间的事情，比如：爱音乐者，不妨听听音乐；文学爱好者，可以找本散文集看看；要看电视，也就看些文艺或知识类的节目；如果愿意，出门去散散步，也并无不可。

"文武之道，一张一弛"，这个道理相信大家都懂。夜间复习，必须注意的一点是：要保证必需的睡眠时间，不要打乱平时形成的生物钟。晚上多复习一小时的效果远不如白天认真听老师的一节复习课，如果晚上开夜车换来上课的疲惫不堪，那真是得不偿失了。另外，复习时间的安排，要因人而异，每天复习多少，时间并不重要，重要的是复习效率。

复习备考阶段的饮食原则

作为家长，看到孩子高三或初三阶段紧张的冲刺复习，学习上的事情无法去替代、帮助孩子，但一日三餐让孩子吃得科学、可口应该是能够做到的。为了考生能够更加出色地发挥，家长在"后勤服务"上动足了脑筋，五花八门的食补、药补层出不穷，一些民间流传的食谱也成为众多家长追捧的重点对象。然而，少数家长的盲目"恶补"却让考生体重剧增，胃口大倒。科学饮食可以促进考生的身体在炎热季节中正常代谢，提高他们的学习效率，改善他们的迎考状态。

复习考试期间，由于生活和学习节奏较快，孩子的大脑活动处于高度紧张状态，此时大脑对氧气和一些营养素如蛋白质，磷脂，碳水化物，维生素A，维生素C和B族维生素以及铁的消耗也有所增多。大脑相对缺氧时可能立即会通过扩张血管来增加供血量，以确保脑组织的供氧，但如果长时间得不到补充就开始发生大脑细胞的活动减慢，表现为思维迟钝，甚至强迫休息——打瞌睡。因此，复习考试不要搞疲劳战术，适当的歇息反而会提高学习效率。此外，就是通过合理的膳食来补充大脑所需营养了。

专家提出对考生而言，合理的膳食应符合如下要求：

1. 食物多样化

人类的食物是多种多样的，各种食物所含的营养成分不完全相同。除母乳外，任何一种天然食物都不能提供人体所需的全部营养素。平衡膳食必须由多种食物组成，才能满足人体各种营养需要，达到合理营养、促进健康的目的，因而要提倡人们广泛食用多种食物。临考学生的每日膳食都应包括谷薯类、肉蛋奶豆类、蔬菜水果类、油脂类四大类食物。

2. 合理供给主食

对高考、中考学生的饮食首先要保证主食的供给，米、面等主食含有非常丰富的碳水化合物，这种营养物质在人体内氧化以后可以产生供给大脑用的能量。因为学生大脑需要的能量，来源于脑血管里的血糖，而血糖就是由碳水化合物转化而来，所以高考学生每天应该保证350~500克的粮食。不应只吃大米和白面，还应该注意一些粗杂粮的摄入，因为粗杂粮里面含有非常丰富的B族维生素和矿物质。

3. 清淡少刺激

这样的饮食有利于学生体内的水分以及酸碱保持平衡，不容易引起胃肠道的不适症状。最好不食用或少食用辣油、油炸食品、冰冻西瓜等。

4. 新鲜避剩食

夏季剩饭菜很容易被葡萄球菌污染，要避免因摄入了被细菌污染的食品而引起的食物中毒事件，要尽量保证食物的新鲜和卫生。

5. 及时补充蔬菜和水果等

新鲜蔬菜是为人体提供维生素的最佳来源。维生素分为两大类：脂溶性和水溶性，而维生素C和B族维生素这两类水溶性维生素对缓解精神压力、平衡情绪最好。我们常吃的食物中含B族维生素较多的有：胚芽米、糙米、全麦面包、深色蔬菜、低脂牛奶、豆浆、蛋类和番茄类等；维生素C有维持细胞完整性的功能，可以增强记忆力，各种新鲜蔬菜和水果中含大量维生素C。考生每天应吃400~500克，尤其是新鲜的绿叶蔬菜，菠菜、胡萝卜都有缓解压力的作用。因为蔬菜当中含有各种各样的维生素、矿物质以及膳食纤维，可以保证孩子思维更加敏锐，头脑更加清晰，分析问题的能力有所提高，学习效率也会比较好。奶类、豆类、水产类、肉类等是补充优质蛋白类的食物，可以保证孩子有充沛的精力和耐力来应付体力和脑力的巨大消耗。

6. 少食多餐

一日三餐要保证，绝不能每日只吃两顿饭。顿顿山珍海味，这样除了增加胃肠道负担外，还会影响大脑的供氧。早餐后，可以给孩子带上一小块巧克力或一两块饼干或一小片面包（<100克）和一小瓶牛奶或酸奶，在上午10点左右吃，但是不宜过多，以免影响午餐的进食量。晚上复习功课也可适量加餐。

7. 注意食品卫生安全

宁可少吃一口也不能让孩子的吃出问题。尽量不在路边小摊上买东西吃，或者任由孩子吃大量的冷饮，这些都可能会发生急性肠胃炎，最终影响复习或考试的发挥。注意饮食卫生，饭前便后勤洗手，预防肠道传染病发生。

8. 清热解暑

天热的时候，应该注意给孩子吃一些清热解暑的食物，如苦瓜、山药、水芹菜、菊花菜、冬瓜汤、绿豆汤以及清淡的绿叶蔬菜汤等。还可以在家中准备一些绿豆汤、凉白开水或新鲜果汁等供孩子解渴。

9. 不要盲目相信过度宣传的保健品

笔者从不相信靠吃保健品，能考上大学或者飞速提高学习成绩的说法。除以往有严重营养不良或其他疾病的孩子外，一般通过合理的饮食就能够补充所需营养了。多数补品是防治老年慢性疾病的，对青少年来说并不适用，搞不好还可能吃出问题。

考生的大脑需要哪些营养

考生在备考时期大多处于超强度的脑力劳动，大脑长时间处于紧张状态，因而常常会出现精力不足、注意力难以集中、头晕脑涨以及复习效率不高的现象。有时还会出现暂时的低血糖、失眠、神经衰弱等症状。产生这些现象的原因之一，就是营养跟不上。不少望子成龙的家长为孩子买"健脑液"、"补脑精"、"安神剂"等"考试补品"，结果是花了大钱却收效甚微。

现在的一些家长，认为孩子的脑力和遗传关系密切，后天再怎样补充营养都为之晚矣。其实不然，因为人脑的发育在18岁时仍在进行，而人脑智力的开发可以伴随到生命的终点。因此，从某种意义上可以说智力是吃进去的。

医学专家提醒：有些保健品中含有兴奋剂或是类似于激素的成分，考生在服用这些含激素类的补品后，可能会出现发胖、内分泌失调、生物钟紊乱等现象。

营养专家建议：考前复习阶段是高度集中的脑力劳动，这段时期由于思维活动过程加强，细胞内物质及神经介质消耗增多；情绪紧张，交感神经兴奋性加强，肾上腺素及去甲肾上腺素分泌增多；脉搏增快，血压增高；新陈代谢增强，各种营养素需求量增大。因此，考生应在维持充足能量和氧的基础上，增加优质蛋白质、不饱和脂肪酸、磷脂、维生素A、B族维生素、维生素C及铁等营养素供给量。要使营养充足，最重要的是保持营养的均衡。

营养餐要做到平衡膳食，考生从食物中摄入的能量与身体消耗的能量相平衡。考生一般还处于长身体时期，再加上紧张的学习，对能量和一些营养素的需求增加，因此考生的膳食可适当增加含蛋白质和钙丰富的食物。

膳食平衡首先要做到食物多样。多样化的食物包括谷、薯、肉、蛋、乳、豆、蔬菜、水果、油脂等各个种类。所选择食物的种类越多，品种越丰富，从中获得的营养素就越全面。不同食物的营养素各不相同，食物多样化，才能满足身体需求。

其次要做到食物搭配比例合理。谷物、鱼、肉、蛋类、乳、豆类、蔬菜、水果和油脂要按照平衡膳食的比例要求搭配好。考生要多吃谷类，以供给充足能量，保证禽、鱼、肉、蛋、奶、豆类和蔬菜供给，满足身体对蛋白质、钙、铁的需要。

1. 早餐

必备牛奶、鸡蛋（煎鸡蛋不宜），并适当吃清淡些。家长可以熬一些稀饭或合时令的补羹，如银耳莲心红枣百合羹，可以提高免疫力，有清凉、败火之效。再加一些馒头、包子等主食，补充碳水化合物，保证脑力劳动的能量充足。

要增加蔬菜、水果的摄入。有条件的家庭，可以榨鲜西红柿、草莓、黄瓜等水果汁，对胃口不好的孩子，开胃效果比较好。

孩子每顿不宜太饱，否则血液集中到胃肠道，大脑供血不足，学习效果和记忆力都将受影响。所以，应该做到少量多餐。

2. 午餐

要顺从孩子的口味，荤素搭配，多吃新鲜蔬菜、水果。食物要做到易消化，建议尽量以清蒸、清炒为主，腌、辣、油炸、红烧等不宜多吃，在此基础上每天换花样。例如孩子喜欢酸甜口味，可以做凉拌莴笋，第二天再换西芹百合，让他有新鲜感。每天可补充一些海鱼，海鱼中的脂肪酸有益于大脑神经活动，并促进肠胃消化。

要提醒的是，凉拌菜要注意安全、卫生，尽量不要买成品，自家做要注意清洗干净，同时砧板、菜刀等要生熟分开，防止交叉感染。

此外，部分孩子只吃菜不爱吃主食，家长不应纵容，否则碳水化合物摄入太少，能量供应不足，影响孩子备考的效率。建议午间吃2至3两米饭或面条。

3. 晚餐

建议吃清淡点，没有胃口的孩子可以喝一些稀饭或营养羹，多吃些清炒蔬菜。

4. 夜宵

复习到深夜的孩子，可以喝一杯牛奶，辅以小馒头、小包子、小蛋糕等。有条件的家庭不妨做一些美味小食，如莲子羹、绿豆百合羹、红豆沙汤圆等。

吃什么可以提高复习效率

备考阶段是特殊时期，考生的学习效率直接决定着考试成绩。学习效率的高低不仅由学习方法决定，也由考生自身的身体状况决定。而身体状况一般是饮食结构的产物。所以，要提高考生的学习效率也应重视对其饮食结构的调整。

为了改善和促进考生的脑活动，提高学习效率，饮食上应适当多摄入含B族维生素丰富的粗杂粮、蔬菜、水果、动物内脏等，因为维生素B_1是把糖类变为能量和谷氨酸的必需物质，而维生素B_6和维生素B_{12}具有防止贫血、保障脑部供血的作用，实验研究表明，缺乏B族维生素会引起记忆力衰退。另外，大豆、芝麻、蛋白质，特别是蛋黄内的磷脂含量多，有益于智力发展，应该适量多吃。同时不要食入太多的甜食、精制米和面等，因为这些食品使血液呈酸性，消耗大量维生素，容易引起疲劳、健忘和焦躁等。

科学家发现，人的大脑中含有去甲肾上腺素、多巴胺、乙酰胆碱等几十种神经递质。它们在脑中保持着一定的浓度和平衡，使大脑具有正常的智力。但这些神经递质的浓度和平衡与大脑营养素的供给有密切的关系。某些食品可提高脑的接受能力和学习效率，使脑的思维更加敏捷，精力更加集中。

1. 有助于记忆的食品

胡萝卜具有提高记忆力的作用。因为胡萝卜能加速大脑的新陈代谢。菠菜含有丰富的维生素C，并含有一种重要的微量元素锰，而且含热量低，经常食用，有增强记忆力的作用。

2. 提高学习效率的食品

常吃白菜能减轻人的疲劳程度；柠檬富含维生素C，能使人精力充沛，提高学习效率。

3. 有助于精力集中的食品

海虾是可以为大脑提供营养的美味食品。海虾中含有三种重要的脂肪酸，能使人长时间保持精力集中。现在的脑黄金、深海鱼油也具有相同的作用。

4. 有助于激发人创造力的食品

生姜含有辛辣素和挥发油，使血液得到稀释，流动更加畅快，从而向大脑提供更多的氧气，使人的思路开阔，思维敏捷。荷兰芹所含的挥发油能刺激人的整个神经系统，能激发人的灵感和创新意识。

医学家认为，中学阶段注重孩子的增智食品的供应，它们对其大脑的发育起着十分重要的作用。日常饮食中应让他们常吃瘦肉类、牛奶、蛋类、鱼、动物内脏、豆制品、新鲜蔬菜和水果，而且要注意调配得当，搭配合理，以保证考生营养平衡以及大脑和智力的发育需要。有家长会认为孩子在18岁左右大脑发育已经定型，现在补充已经是亡羊补牢，这是错误的。其实，科学营养对于任何年龄阶段提高学习效率都是有益的。

运动对考生益处多多

1. 运动可以让头脑清醒

在备考阶段，考生保持一个良好的身体状态是关键。考前保持有规律的生活和作息习惯对学习效率很重要。长时间学习会使人的大脑疲劳，考生要做适量运动，到运动场慢跑、爬爬楼梯都可以，既提高身体的抵抗能力和免疫能力，又调节自己的心情。户外的新鲜空气会使人感觉头脑清醒，心情舒畅，有利于提高复习效率。

2. 运动可以减压

迎考期间，大多数考生或多或少存在紧张、烦恼、压抑、担忧等焦虑情绪。运动则提供了一个"宣泄口"，是最有效的情绪疏导工具，能减轻应激反应及应激反应对生理的影响，有效地释放被压抑的情感，并增强心理承受力。

科学地安排生活，体力劳动与脑力劳动有机结合，劳逸结合有助于减轻压力，及时消除疲劳，同时还会有效转移考生的注意力。对于长时段、高强度的脑力劳动，更应该进行有益而适宜的体育运动，以此减轻紧张度。

3. 运动可以增强体质

运动时需要良好而合理的营养，有利于消除运动的疲劳与恢复体力，还能够促进体格发育，增强体质。

如在学习中的间隙时间可进行伸伸腰、踢踢腿、做做深呼吸等小活动。考生在考前每日进行体育锻炼是必不可少的，从考生的实际情况看，考生晚锻炼比早锻炼好。

4. 运动可以消除疲劳

考生们整天伏案苦读，单调而枯燥，长时间单调刺激易造成生理和心理的疲劳。运动能使刺激强度得到变换，起到改善、调节脑功能的重要作用，提高中枢神经系统活动的平衡性和灵活性。要充分发挥大脑潜能，必须合理地安排活动，不使某一半球或某一功能区由于单调刺激而疲劳，应保持各功能区动静协调、张弛有度，才有助于提高大脑皮层的综合分析能力。适当的体育锻炼，能调节身心，松弛神经，更有利于消除疲劳，使复习更有成效。

5. 运动可以加快反应速度

有氧运动能促进新陈代谢，提高肺泡通气量，增加血液含氧量，从而有效地改善大脑供血供氧，使人的反应速度加快，思维更加敏锐，学习效率提高。

为了达到放松身心的作用，可以选择自己喜爱的、能产生愉悦感的运动，如慢跑、游泳、跳舞、打羽毛球等有氧运动。运动强度要控制在低到中等，时间掌握在每天半小时左右。为避免过度疲劳或兴奋，在复习前、睡前一小时不适宜进行激烈运动。此外，针对不同的情绪也可以用运动进行调节。当你疲乏时，抬起下腭做收缩下腭的活动，挺直腰背并进行深呼吸。当你焦虑不安时，跳动身体，并左右转动三分钟左右。

6. 运动需要补充微量元素镁

微量元素镁与人体运动功能有着密切的关系。人靠体内一系列复杂的生物化学反应维持着生命活动，催化这些生化反应需要上千种促酶（生物催化剂）。镁可激活325个酶系统。镁也是人体细胞液中仅次于钾的第二重要的阳离子，它参与体内生长过程、蛋白质的合成、肌肉的收缩和体温调节，同时还影响血管的张力并与神经肌肉和心脏功能密切相关。

人体如果缺乏镁，可导致神经紧张、情绪不稳、肌肉乏力、耐久力下降等。

由于运动会大量消耗体内的镁，如果不注意随时补充镁，不仅可能影响运动能力，而且运动中还会发生腿部抽筋、痉挛现象。缺镁可使长期运动者发生意外，如心肌及冠状动脉中缺镁，可致运动性昏厥、心脏骤停而猝死于运动中。所以，有关专家建议，长期参加体育运动的人应每天补充300毫克镁的维持量，这将有助于防止运动中发生意外和不幸。

膳食中含镁丰富的食物是：谷类有荞麦面、小麦、玉米、高粱米等；豆类有黄豆、黑豆、蚕豆、豌豆、豇豆、豆腐皮等；其它蔬菜及食物有雪里蕻、冬菜、苋菜、荠菜、紫菜、杨桃、桂圆、花生、核桃仁、虾米、干蘑菇、芝麻酱等，特别是紫菜含镁最高。

7. 运动需要补充蛋白质

健身运动会引起肌肉蛋白的分解，为促进蛋白的合成，甚至超量恢复并使肌肉得到增长，蛋白质需求也相应地增加。因此，健身人群对优质蛋白的要求要高于普通人群。乳清蛋白是目前国际公认的优质蛋白，这种蛋白有效利用率高，同时脂肪和胆固醇含量低，减少了脂肪摄入。

8. 运动需要补铁

运动中的"铁"可以从汗液中丢失，剧烈运动还可以导致"铁"从胃肠道及尿中丢失。因此要注意铁的补充，以防止出现低血红蛋白，甚至贫血。

9. 运动要多喝水

运动会出汗，大量的水分也会从你的呼吸中带走，运动一个小时就会使人丢失1000~2000毫升水分，所以为孩子及时地补充水分是非常重要的。最好在运动前喝两大杯水，如果条件允许，可以每隔10分钟就喝一点水。

10. 运动要吃含钾钠多的食品

激烈的运动使你汗流浃背，同时很多矿物质也会随着汗水丢失，主要是钾和钠。这两种矿物质可以从一些富含矿物质的碱性食物中获取。海藻类食品一般含钾较多，例如，100克紫菜含钾1640毫克，是含钠量的17.5倍；海带含钾是钠的2.2倍；羊栖菜含钾量是钠的3.1倍。因此，紫菜汤、紫菜蒸鱼、紫菜肉丸、拌海带丝、海带炖肉等是运动后的最佳饮食。

11. 运动要注意补充维生素

运动需要消耗大量的能量，维生素B_2可以帮助人体利用从食物中得来的能量，运动量越大，需要的维生素B_2就越多。如果孩子经常运动就应当通过绿色蔬菜等食品来补充维生素B_2。

第25章
会考试也是一种本领

作为考生应该将关注的重心转移到复习过程中来，在正确复习战略的指导下，认真抓好复习的每一天，做好眼下的每一道题。只要你在考前主观上做到了最佳，相信结果对你来说也必定是最佳。至于真实的结果如何，那不是完全由自己决定的，就交给老天去决定吧！

考试心态最重要，平常心对待考试

考试心态是考试成功的一半，如果你不会呵护自己的心情，就会感到特别地疲倦。如果你面临着高考、中考这样的考试，你一定要学会让心情"休息"一下。为自己的心开辟一片阳光地带，要学会给自己的心情"松松绑"。

在学习中，你要尽量保持平常的心态，保持平常心态要以平常心要求自己，与平常一样的生活，保持正常的睡眠时间。无须过分注意营养，可以把修养、调整和总结作为考前的生活节奏。不给自己订过高的目标，像日常生活一样准备考试。

浩浩是一名高三学生，学习成绩还可以。面对父母和老师的期望，希望能努力考出更好的成绩来报答他们，可这种想法越强烈，考试时就越紧张。几次模拟考试一次比一次紧张，一拿到卷子就手心出汗，一遇到难题就紧张得快要窒息，结果成绩越来越差。他现在几乎失去了信心，不知如何去面对高考。

他去找他们的心理医生王老师。王老师听了他的述说的情况，然后说："好多同学考试前都有这种心态，这是不对的，你应该放松下来，以一个平和的心态面对考试。"

"王老师，我怎样才能够有一个良好的心态呢？如何解决学习中的焦虑呢？"

王老师告诉他："你可以从以下方面着手：第一、要改变认知，正确看待高考。要明白自己不是为老师、父母在考试，而是为自己，你不用考虑考不上周围的人将怎样看，考不上多丢人，考不上父母将如何伤心等等问题。高考只是你自己的事，你只要尽了最大努力，对得起自己就行了。"

浩浩点了点头，好像明白了些："也就是说我首先应该放下包袱。"

"对，放下包袱才可以开动机器嘛！"王老师又说，"要端正心态，以平常心迎考。所谓'平常心'就是不要把自己看得特殊，你要承认平常人会犯的错自己也会犯，允许自己失败，这样就会降低期望值，反而能够轻松上阵。"

"哦，这样对自己期望没有那么高了，也就不紧张了。"

"对，这是缓解焦虑，提高心理承受能力的一个有效的技巧。"王老师说，"还有这段时间应该注意树立信心，保持高昂情绪。树立自信关键在于制定切合实际的目标，有些同学成绩平平却总盯着重点大学，那注定要失败。不管好、中、差、生，都有适合自己的目标，找准了目标，每个人都会成功。"

在以后的学习中，浩浩制定了学习计划，并且能够注意到劳逸结合，很快有了良好的心态，面对高考，他再也没有了忧虑、不安，而是变得胸有成竹。

考试是人生的一件大事，我们当然要重视，但也要注意分寸，不要关注得过了头。要"战略上藐视，战术上重视"，举重若轻，收放自如，松紧有度，劳逸结合。这样才能从容不迫，游刃有余地去攀跃高考这个高峰。

在学习中，如果感到心情烦躁、情绪紧张，你就应该适当休闲一下。可以听听喜欢的音乐，看看自己喜欢看的轻松的电视节目，约朋友聊聊天，散散步，到球场看别人打球等，来放松自己的情绪。

另外，正确运用深呼吸是调节情绪简便易行的方法。呼吸要注意缓慢有节奏地吸气，缓慢有节奏地呼气。这样你就会立刻感觉肌肉放松、胸部放松，从而心理放松。

避免情绪波动，最好不要与家长谈论容易引起情绪波动的事情，切忌因小事儿与家长、同学发生冲突。最好不与同学讨论难题，否则可能引起信心不足。

淡化考试气氛，放松心情

学校、家长及考生本人应该高度重视在复习迎考阶段出现的心理问题、特别是考试焦虑症，它们会严重影响考试成绩。专家研究发现20个影响高考成功的因素中，排在第一位的是考生考试中的心理状态。

人逢中、高考这样的大事，都会紧张起来，适度紧张能使考生集中注意力，有利于复习备考。对考前的适度紧张，不必过分在意，应把它视作一种正常现象。

考生如过度紧张，弦绷得太紧了，结果会适得其反。持续过度紧张，会使大脑中枢始终处于兴奋状态，进而产生疲劳、消极、昏昏欲睡、注意力不集中等保护反应状态，使学习效率下降。

如不能改变，进一步就会发展为考试焦虑症：担忧、焦虑、烦躁不安；注意力不集中、记忆力下降、看书效率低、思维僵化；头痛、食欲下降、恶心、心慌、睡眠不好。轻则出现短暂思维障碍，重则出现躯体症状。所谓思维障碍，就是考前注意力不集中、记忆力下降、消极厌学，考时或大脑突然空白，或思维停顿，或越想越乱。所以，在考前应该淡化考试气氛，放松自己的心情，只有这样，才能够充分发挥出自己的潜力，在考试中取得优异的成绩。

玲玲今年该参加高考了，这个可忙坏了玲玲的家人。一家人围着玲玲团团转，都成了玲玲的后勤部队。玲玲也是个懂事的孩子，看到家里人这样对自己，她学习上更加勤奋了：常常开夜车，白天也不午休，为的是能够给家长一份满意的答卷。

玲玲在班里成绩基本上处于中等，可是在临近毕业的这几次模拟考试中，她的成绩总是忽上忽下。原本心情就紧张的玲玲，心里就有些着急。让她更头疼的是她的父母比她还着急，每天回家总是问"最近复习得怎么样，考得怎么样？你一定要考上大学，不能辜负了父母的期望"等等。

每当听到这些话，她的心里又凭添了几分紧张。家长的关照几乎让她感到很心烦，她的心里简直都不敢回家，更没法安心学习了。

玲玲反映的就是家长的不良心态。现在一个普遍的现象是：面对高考，家长比孩子还焦虑。家长如此焦虑，还怎能指望孩子有一个好的考试心态呢？玲玲不堪重负，病倒了。

玲玲的妈妈把孩子领到了医院，医生给孩子做了检查之后，妈妈关切地问："大夫，不要紧吧？可千万不要有事儿啊，今年我们女儿要高考呢，这样的大事儿可不能耽误。"

大夫望了望玲玲妈妈说："孩子没有问题，是你们家长出了问题了。"

玲玲妈妈丈二和尚摸不着头脑，这时候医生解释道："孩子是轻度考前综合症。从你们刚才谈到的一些情况看，问题主要在家长啊！"

大夫告诉玲玲的妈妈，作为考生的家长，虽然心里着急，但一定不要流露出来。因为你的担忧和焦虑给孩子传达的是"我不相信你"这样的信息，只能更让孩子自卑和不安。成熟的家长应该不动声色，不急不躁，和平时没什么两样。

家长不要制造"如临大敌"的家庭氛围。什么"不敢大声说话，不敢大声出气"，只能适得其反，等于时时在提醒他："你要面临高考，你应该紧张"。相反更应该谈笑风生，就像平常一样，安之若素，不要有任何的异样，这样孩子回到家里才会感到放松。

也不要给孩子施压。"你一定要考上××大学，你考不上我们就没脸见人了。"等等最好不要说，这是非常自私和不道德的做法，孩子有自己选择人生道路的权利，要让他知道考试只是他的事情，与你们的面子无关，这样孩子轻松了，好成绩也会不期而至。

家长需要做的就是做好后勤服务。家长们有时间多研究一下食谱，看考生需要什么营养元素，用心为孩子做好每顿饭，保证营养供给，这才是最必要也是最必需的事情。

玲玲的妈妈这时候才恍然大悟，原来他们的忙碌不安还帮了倒忙。想想在他们身边，这样"瞎忙活"的家长还真不少。真该提醒他们，让他们都知道面对孩子的考试，应该怎样去做。

人的情绪紧张时，脑内会分泌出去甲肾上腺素；感觉恐怖时，脑内会分泌出肾上腺素。这些激素物质是人的生活中不可缺少的物质。但如果长时间处于恐惧、紧张的感觉，这些物质就会持续分泌，其毒性作用会对身体产生损害，大大影响复习考试的效率。

相反，人心情放松时，脑内会分泌出β-内啡肽，它能活跃脑细胞，使身体保持旺盛活力，使愉快的心情得以保持和延续。考生如处于这种状态，就能看得进、记得牢。

有些考生和家长面对高考或者其他重要的考试，往往太注重结果，有的考生临近考试的时候老在想："我奋斗12年，就为高考这几天了，如果考砸了怎么办？"于是越想越担心，越想越紧张。其实，太想穿过针眼的手会抖，太想踢进球的脚会抖，太想在考试中胜出的心会颤，太关注结果，反而没有结果。

作为考生应该将关注的重心转移到复习过程中来，在正确复习战略的指导下，认真抓好复习的每一天，做好眼下的每一道题。只要你在考前主观上做到了最佳，相信结果对你来说也必定是最佳。至于真实的结果如何，那不是完全由自己决定的，就交给老天去决定吧！

减轻考试压力，降低焦虑指数

好多学生在考前都反应自己很累，这个"累"字从一个角度可以理解为学习任务重、复习时间紧迫、体力及脑力透支所致。从另一个角度看，则是因为考试的焦虑引起。焦虑是个体在未能达到目标前或面临自觉难以逾越的障碍时，产生的一种紧张不安、略有恐惧的情绪状态。如果说这种焦虑是在一定的应试情景下激发的，则为考试焦虑。很多考生考前便对考试的结果过分担忧，有的在考试前或考试期间出现失眠、头痛、胃肠不适、心跳明显加快，还有多汗、尿频、呼吸紧迫等症状。而有的考生在考场上表现惶恐不安，草率回答、记忆好似空白等现象都属考试焦虑的表现。

总担心自己考不好，这种消极的暗示必定对于你的考试是没有好处的。这种消极的自我暗示将增加考试焦虑，结果必然影响应考能力。面对着一个决定人生奋斗目标的重要考试要说不紧张、不焦虑是不可能的。但是过分的焦虑必然影响考生应考的心理状况及身体状况，导致不能正常发挥。所以，心理医生常建议考生们测评一下自己考试焦虑的程度，如果焦虑程度达到中度以上，应当寻求心理学的帮助，分析造成过度焦虑的原因，这样才能及时减轻不必要的焦虑。

王稳稳老师是学校里的心理辅导老师，这天周末，有个女生来找她。这个姑娘王老师从前就认识，她是一个尖子生，名字叫东东。她在班里品学兼优。可是这一次姑娘见了她第一句话就说："呵！活着真累。"

这句话出于一个花季少女之口，确实令人愕然，但此刻从一个高三学生的口里吐出，王老师倒觉得可以理解。不为什么，因为确有不少的考生跟她讲过同样的话。

东东虽然成绩很好，可她却有着自己的烦恼。她学习一直很好，可是她最近总是怀疑背后有人在说她。有时候她好像听说同学们嫌她死板不爱和她玩，有时候她又好像听人家说，就连老师也说不喜欢她这种性格。她心事重重，结果，这次考试成绩有所下降。老师说了几句，更加增加了她的心理负担。她从老师的话里面明显感到了轻视和讨厌，她感到老师不像以前那样看重自己了。

近几天她情绪很低落，觉得活着没什么意思。

从和姑娘的谈话中，王老师判断她这是考前焦虑症。这些情况反映出考生的不良心态：考试焦虑问题。考试焦虑是特指在考试情境的激发下而产生的一种心理焦虑状态。它产生的原因有外源性的和内源性的，外源性的主要是来自于外界的压力，比如家长、老师以及亲戚朋友的期望等；内源性的主要来自于考生自身，比如考生认知方面的偏差等。

东东反映自己应该处理好人际关系，其实这些情况并不一定都是客观存在的。可能只是她精神紧张，一时多疑的结果。所以王老师劝她，一定要放松下来，以轻松的心态面对考试，而不要心事重重。

当然，王老师在这里也提醒一些老师，作为老师，一个根本的原则是：不歧视、不打击、不比较、不责难。不要过于在意模拟考试的成绩，不要"以成绩论英雄"。你一个不满的眼神，一声沉重的叹息，都会成为学生心头的负担。中等生要以鼓励为主，差生要以安抚为主，使他们守住心，不至于破罐子破摔，影响其他同学。

东东的故事反应出一个普遍存在的问题，学生考前必须解决精神紧张，以放松的心态面对考试，不然，就不可能获得优异的成绩。

对于考前压力过大产生的焦虑，可以运用多种方法加以解决，其中最主要的有一下四种方法，有兴趣的同学可以试一下。

1. 抑制法

有许多学生在临考前总担心怯场，怕自己会紧张。对此，考生可用抑制法来避免怯场或走神。其原理是，当大脑中一组神经元受到刺激后，会发出兴奋去刺激大脑皮层，产生思维活动。同时，它又会发出另一种兴奋，去抑制其他神经元的活动。运用抑止法的具体方法是，当考生拿到试卷后，只需冷静地思考试卷上的题目，勿需多久，这种怯场或走神的心理干扰就自然会被抑止，进而调整机体步入最佳状态来完成考试。

2. 睡眠法

有些考生一接到试卷，由于昨夜的睡眠不足，身体欠佳，或者因为怯场，导致发挥失常。此时不妨即卧在桌上，休息3至4分钟，以达到镇静的效果。这样做有利于中枢神经的协调，还能消除疲劳、紧张，使情绪稳定，思路敏捷。结果，使机体竞技状态从低谷走向高峰。

3. 翱翔法

有一些考生拿到试卷后，便忧心冲冲，导致植物神经系统紊乱，使交感神经系统过度紧张，迷走神经过度抑止。这时，考生可让思路像牧羊一样，任其在大草原上畅游。这样，有利于植物神经协调，从而摆脱困境，顺利迎考。

4. 化简法

以往，有很多优秀的考生一拿到试卷，就先把简单的试题消灭掉，再一步一步地解决化简疑难的问题。因为一旦把简单的试题完成后，就能有效地稳定情绪，活跃思路，迅速提高反应能力。

一到考试就焦躁不安，怎么办

陈紫仙就怕考试，哪怕是她复习得很好，面对即将到来的考试她也会焦躁不安。每次考试前两天，陈紫仙就吃不好睡不好，甚至拉肚子，有一次还生病了。家长想方设法安慰她，可是效果总是不好，眼看着中考就要来临，她也渐渐越发不安。

陈紫仙的情况很可能是犯上了"考试综合症"。所谓的考试综合症，并不是传统意义上的疾病，而是一种心理症状。其主要表现为：

（1）考试前心神不定，精神极度焦虑，记忆力下降，思维迟钝。

（2）考试前或考试当天出现各种不良生理反应，如发烧、头晕、头痛、心跳加快、出虚汗，甚至休克，产生所谓晕场等现象。

（3）考试时感到头脑出现空白，思维能力降低，手足无措，心慌意乱，难以控制自己的情绪和思维，对考不好的严重后果感到恐惧。

考试综合症的产生主要源于下列原因。

（1）个体心理素质不稳定或心理承受能力欠佳，多见具有神经质性格或神经过分敏感的人。

（2）对学习的期望值过高，心理压力过大，精神过度紧张和疲劳，惟恐考试失败。

（3）对考试的信心不足，过分看重考试结果，自卑心理严重。

（4）生活不规律，学习方法不科学，用脑不科学，造成不良的身心状态。

随着大考的临近，不少考生都会出现我们常说的这种"考前焦虑"。心理学研究表明，焦虑就是指个体由于不能达到目标或不能克服障碍的威胁，致使自尊心与自信心受挫，或使失败感和内疚感增加，形成一种紧张不安，带有恐惧的情绪状态。而考试焦虑是在一定的应试情景激发下，受个体认识评价能力、人格倾向与其它身心因素所制约的，以担忧为特征，以防御或逃避为行为方式，通过不同程度的情绪性反应所表现出来的一种心理状态。其实，考前适度的焦虑有助于发挥考生的心理潜能，但过度的焦虑则会抑制大脑，不利于考生复习的临场发挥。因此，应该如何调整考前心理状态，是所有考生和家长普遍重视的问题。

能否适应考试，获得好成绩，不仅取决于学生的文化知识水平，更取决于学生的心理素质和心理健康情况。它需要学生具备较高的知识文化水平、坚强的意志和自觉果断的心理能力。缺乏任何一方面必备的心理能力，都可能导致考试失败，诱发多种情绪障碍和身心功能紊乱，产生考试综合症。

学生由于某种主客观因素，当面临重大的考试时，产生紧张心理，偶而考试失败是在所难免的。这是一种正常的应急性心理反应，不能视为心理疾病。所谓考试综合症，是指多次反复或经常面临考试情境屡屡出现相似的病症。如不及时纠治，常可导致恶性循环，直至无法应考的严重程度。

考试综合症是一种对考试情景紧张恐惧、无法自行调试的心理疾病。因此治疗本症的有效措施，首先是消除考试前各种心理压力，纠正不正确的用脑与应考方法，消除考试前各种心理压力。

家长不切实际地提出过高要求，期望值很高，行动上有意无意地催逼、威胁、强迫和施加种种压力。为了给学生创造良好的心理环境，家长应该消除一切强加在学生头上的心理压力。做父母的必须懂得文凭只是一个人掌握知识的凭证，绝非是人生惟一的通行证。对子女有期望、有要求，但不能不切实际地人为拔高，人生道路只能由学生自己选择。强加的心理压力，只能导致心理紧张和考试失败，事与愿违，应纠正不正确的应考方法，帮助考生科学用脑。

第一，证充足的睡眠时间。考试是一种高强度的脑力劳动。迎考复习期间大脑神经细胞处于长时间持续高度兴奋状态，消耗大量能量，如不能保证充分睡眠时间，大脑神经细胞就会疲劳或衰竭，使思维效能大大降低。有效措施是：

（1）做好睡前准备工作，消除不利于睡眠的各种因素。例如提醒考生不要长期连续用脑，睡前不要喝浓茶、使用兴奋剂、过度吸烟，甚至酗酒。监督考生定时入睡，心理放松。睡前洗脚刷牙等。

（2）创造良好睡眠环境。要尽量做到环境安静，室内黑暗和凉爽，空气流通又不对流吹风，床褥平整舒坦，切忌倒睡在沙发上过夜。

（3）如果考生有短期失眠，为了迎考，家长可在睡前给考生适量服用氟安定或海尔神1~2片。

第二，培养良好情绪。复习效果好坏，考试是否成功，常常与学生的学习动机和情绪因素有关。凡是考生具有强烈的迎考复习愿望，炽热的良性情绪，全神贯注，有意识使大脑兴奋专一，将会使学习效率大大提高。情绪是人内心体验的一面镜子，是人精神活动的"催化剂"，任何一种心理行为无不打上情绪的烙印。热情、愉快、乐观、明朗、奋发向上的良性情绪可以促进思维效能，使人机敏灵活，增强记忆功能，对考试充满自信心。负面情绪亦是考试综合症的重要致病因素。因此考生必须消除恐学、厌学、悲观失望和畏惧心理。

第三，考试前一天的妥善安排，这是家长们容易忽视的问题。一般考生在迎考期间常分秒必争，对考前一天亦不懂得合理安排。通常的做法是考前一天仍拼命开夜车，当天晚上很晚入睡，生怕遗漏枝节点滴内容。其实这不是科学的用脑方法，常导致相反结果。这时家长应该帮助考生调节考前状态，科学的要点是：

（1）停止一切迎考活动，让大脑得到最宝贵的"大战前"宁静休整时间，"养精蓄锐"。考生和家长应该懂得这样一个浅显的道理："强弓弩末"，一直拉紧的弓弦，箭是射不远的。只有在射箭一瞬间，拉紧弓弦，才能迸发出强大无比的威力。

（2）停止紧张的脑力劳动，让身心松弛和处于宁静愉快的最佳状态，听音乐、看电视、公园散走、做徒手操，有意识忘却即将来到的大战情景，这样反而取得意想不到的成功和收获。

（3）充分保证当晚的睡眠时间。

在考前家长往往容易对考生过度关心，这反而会导致紧张情绪的产生。我们要通过家长会、家访使家长明白孩子们在考试时存在着"紧张焦虑"的有害心理。家长要帮助孩子克服这种焦虑，首先必须正确分析孩子的实际情况，不要硬给孩子制定过高或太高的目标。第二，家长对孩子的教育不要急于求成，更不能一味要求孩子只有优点。第三，要求家长督促学生养成良好的学习习惯。

总之，要想彻底做好这项工作，不仅需要深入研究，更需深入工作，这一问题解决得好，对学生的成长是很有利的。

考前减压小食谱

在学校选拔保送生的考试中，平时成绩一直很好的晓敏由于过于紧张，加上没有吃早点，血糖低、身体虚脱，昏倒在考场上，不得不退出了考试。

随着中考、高考、研究生入学考试的日益临近，考生与家长的心理也随之紧张起来，考生的心理压力也越来越大。从历年的情况看，总有许多水平很好的考生因心理压力过大，心理不稳定，考前学习状态不佳而导致高考失利或成绩不理想。如果说考生知识水平是考取理想大学的硬件的话，那么考生在考前以及考试中心态的稳定，以及心理平衡与轻松则是取得理想成绩的软件。

所以说考生在高考前以及考试中，积极调试、减轻心理压力是非常必要的。针对考生在考前因时间紧、压力大而导致的长期过度紧张、焦虑不安、抑郁等心理问题，考生与家长可以结合实际情况，积极进行减压疗法，使考生在考前心理放松、心态平稳，恢复到正常的身心状态。

对于考生家长，采用饮食减压法不失为一个好的办法。

饮食疗法包括两个方面，一方面是指科学合理的饮食可以保证考生生理健康，为考生超强度的脑力劳动提供足够的物质与营养基础。

如考前合理搭配瘦肉、鱼类、蛋禽类等食品有助于增强体质、保证脑力劳动的营养需求，这是考生减轻心理压力的生理保证。

另一方面，研究表明有的食物有直接减轻人心理压力的作用，有的食物还可提高我们的接受能力和工作效率，使我们的思维更加敏捷、精力更加集中，如维生素C就具有减轻心理压力的作用。当人承受巨大的心理压力时，身体会大量消耗维生素C，所以考生应大量摄取诸如草莓、洋葱头、菜花、菠菜、水果等富含维生素C的食品。草莓味美，而且能消除紧张情绪，草莓里的果胶能让人产生舒适感，所以每天应最少吃200克草莓。白菜能减少人的紧张情绪，在考试前使学习变得轻松。洋葱头可以消除过度紧张和心理疲劳，每天至少吃半个洋葱头可以稀释血液，从而改善大脑供氧的状况。

同时，有些食物可以集中人的精力，提高工作效率，这可间接地减轻考生的心理压力。如胡萝卜能提高记忆力，因为胡萝卜能加快大脑的新陈代谢，有助于记忆。香蕉含有血清素，它对人的大脑产生成功意识是不可缺少的。柠檬能使人精力充沛，提高接受能力。海螯虾是为大脑提供营养丰富的美味食品，它含有的3种重要脂肪酸供应人体所需的养分，能使人长时间保持精力集中。核桃也是长时间集中精力的理想食品。兰芹（注：兰芹是一种调味料）能激起人的灵感，所含的挥发油能刺激人的整个神经系统，这是产生创新思想的前提。

另外，少食多餐也有助于减轻考生紧张与疲劳，如经常咀嚼诸如花生、腰果等食品对恢复体能、减轻疲劳是有一定帮助的。

而过硬过于油腻的食物，对考生来说则不是理想的食品。因为精神紧张必然影响肠胃的消化功能，这些食品会增加肠胃的负担，反过来加剧考生的精神紧张。

减压食品多多吃

1. 多种维生素是减压素

维生素C具有平衡心理压力的效果。有研究表明，人在承受某些比较大的心理压力时，身体会消耗比平时多8倍的维生素C。所以，此时应多摄取富含维生素C的食物，如菠菜、花菜、芝麻、水果等。富含B族维生素的食品可以促进肾上腺分泌抗压力激素。如坚果、豆荚、深绿叶的蔬菜、牛奶等都富含B族维生素。

2. 钙、镁、锌平衡情绪

钙是天然的神经系统稳定剂。有实验证明，人在受到某种压力时，通过小便排出体外的钙就会增加。因此，凡遇到不顺心的事，脾气不好时，注意选择含钙高的牛奶、酸奶、虾皮、蛋黄等食物，它们有安定情绪的效果。

镁也是重要的神经传导物质，它可以让肌肉放松，心跳有规律。富含镁的食物有：杏仁、花生、海鲜、豆类、香蕉等。

此外，锌是合成蛋白质和核酸的重要辅助因子，也与维持血糖平衡有关。富含锌的食物有蛋、瘦肉、海鲜等。

3. 膳食纤维是减压良剂

长期的压力和疲劳会导致胃肠功能紊乱，如慢性便秘、消化不良或心血管疾病。食物中的膳食纤维能够帮助消化，促进肠蠕动，减少胃肠疾病，维护肠胃和心脏的正常运作。

补充膳食纤维最简单的方法就是多吃蔬菜水果，并以五谷杂粮代替白米，以全麦面包代替精制白面包。

增压食品不要吃

1. 高脂肪食物

全脂奶、冰激凌、炸鸡、薯条、比萨、汉堡、芝士蛋糕、带皮的鸡鸭肉类等含高脂肪的食物，这些食物不容易消化，往往要在胃肠道里呆5~7小时，并将血液集中到胃肠道，这就很容易使人感觉疲乏和烦躁。

2. 容易产气的蔬菜

如甘蓝菜、花椰菜、菜豆、黄豆等。

3. 甜食

甜食容易让人在短时间内亢奋，随之而来的感觉却是疲倦。

4. 刺激性食物

一些刺激性食物也是容易增加压力的，如酒、咖啡、浓茶、辣椒、咖喱等，摄入过多很容易造成情绪焦躁。

5. 方便食品

一些含盐量较高的罐头食品、方便面、香肠、火腿、热狗、腌渍品等，吃多了也会使情绪紧绷。

减压营养食谱

家长给孩子安排考前减压餐时，要掌握几条基本的原则：

（1）主食吃够数，一日250~500克（男生多些，女生少些）；

（2）新鲜蔬菜水果不能少，一日500~750克（蔬菜500克，水果250克）；

（3）肉类、蛋类100~150克左右；

（4）奶类（鲜奶、酸奶）一日250克左右；加些零食，如核桃、花生、腰果等坚果，或是巧克力等糖果，一日25克左右。

1. 三餐参考餐单

早餐：牛奶250毫升，煮鸡蛋1个，馒头1个，炝黄瓜1小碟；

中餐：米饭100~150克，白斩鸡，豆干炒芹菜，拌海带丝，鸡蛋西红柿汤；

晚餐：花卷1个，清蒸鱼，炒香菇油菜，拌豆腐丝，红豆粥1碗。

2. 四餐参考餐单

早餐：豆浆250毫升，煮鸡蛋1个，油饼1个，炝白菜1小碟；

午餐：米饭100~150克，干烧鲤鱼，素烧茄子，鸡蛋紫菜汤；

晚餐：猪肉白菜水饺，酱牛肉，糖拌西红柿；

加餐：酸奶或牛奶250毫升，饼干2~3片。

考后调整考试心态，总结考试得失

有些同学考得不好，考试之后也要先把悲伤放在一边，做一些因为考试而没有做的事情。比如听听喜欢的音乐，洗个热水澡放松一下绷紧的神经。觉得心情还可以了，就仔细分析一下考试失利在什么地方。哪些知识模糊不清，甚至不懂，先找出来，然后一个一个攻破。或许会因为某一困难问题而烦心，这时可以请教他人指点一二，千万不要放弃。在这些问题解决以后，就会信心大增，然后好好地投入下一阶段的学习。想要取得好的成绩在于平常的思考与练习，加上自信，缺一不可。

高考结束后，王稳稳对自己考试不满意，因为她在考场上有些发挥失常。所以考后这几天一直情绪较低、悔恨交加，怕被理想的大学拒之门外，愧对考前父母的百般关心和老师的殷切期望。所以整天神情沮丧、蒙头大睡，也不愿意与亲朋好友接触。

这不，妈妈没有办法，带着女儿来找心理医生刘霞咨询。

刘霞说："针对这样的情况，要放下得失、转移注意力。高考是对考生的身体素质、智力水平和心理因素的总体考验，成败得失不仅仅是考试分数的高低。考生应对自己有一个正确的估价，客观地对待高考的成败得失。要摆脱消极情绪的困扰，考生不妨采取转移注意力的方法。比如，与亲朋好友一起去郊游，欣赏一下自然风光，让愉快、轻松的气氛冲淡烦恼，放松紧张情绪，做些力所能及的家务；走访一些亲戚朋友等，分散或转移对挫折的注意力，使考试失败的阴影逐渐淡化，从而有效地防止挫败感和焦虑感的产生。"

而徐盘盘又是另一种情况，也许是因为高考之前被压抑得太久，高考后一下子"松绑"，他选择了疯狂享受。他妈妈说，这孩子下来考场之后，整天打游戏、聊天、看影碟、看小说、几乎彻夜不睡。开始家里没有管他，想让他放松放松，可是他竟然约了同学在家通宵打扑克。他妈妈担忧地说："这样一下子放松下来，觉得无所事事，沉湎于玩乐。万一再染上什么坏毛病，孩子不毁了吗？"

刘霞说："我的药方就是制定科学的假期计划。考生若没有节制地玩乐，会造成身心疲劳，影响健康。另一方面，高考后到上大学一般有3个月的假期，考生若长期过于放松自己，进了大学在短期内会很难适应紧张的学习生活，影响大学生活。建议考生对整个假期的生活有一个科学的计划，合理安排自己的作息时间。若觉得一下子空出大块的时间无所事事，可以选择平日比较感兴趣而又没时间去做的一些事，比如学习英语口语、电脑图片制作、健美操、游泳等。"

考试之后，适当地放松放松无可厚非，但是也要讲究一个度。现在好多学生，尤其是经过大考的学生，考试之后往往出现一些心理问题，例如意志消沉、过度放松、暴饮暴食等等。这都不是正确的方法，正确的方法应该是适当地调整自己的心态，总结考试的得失。合理地安排考后的时间，有计划地对自己进行充电，切不可在消沉与荒废中度过。

要有备而战——做好考前准备工作

有些考生，到了考场上才发现不是这个没带，就是那个没带。甚至有的同学因此而无法参加考试。即使能够参加，情绪也一下子大乱，再也找不到考试的感觉。别说超水平发挥，就是发挥出正常水平，也不容易。考试之前，尤其是大考之前，考生一定要准备好自已作需要的物品，以备次日考试之需。这样在考试中才能够有备无患，才能够顺利地将全部精力投入考试，尽可能做到最理想的发挥。

孙红雷今年要参加高考了，考试之前，他有些慌张，不知道应该为高考准备什么，为此，他找到了班主任王老师。

王老师说："正好，为了这个问题，我正要跟同学们讲一下。"

他们到了多媒体教室，王老师打开电脑，将下面的内容透在大屏幕上：

一、准考证。《准考证》是进入考场的有效证件，必须妥善保存。一些有经验的老师建议，考生可以找一条喜欢的丝带，把准考证挂在脖子前，以防丢失、遗忘。

二、文具。2B铅笔、书写蓝（黑）颜色的钢笔、签字笔、直尺、圆规、三角板、橡皮等。特别提醒：涂答题卡使用的铅笔削得太细，会延长涂卡时间，建议把铅笔削成扁扁的"鸭嘴"形，涂卡时，一抹就可覆盖选项。

三、手表。考试时最好带一块手表合理安排时间。不用挑剔，只要准确就行，太贵重的手表还会担心丢失、损坏，影响精力。

四、水。很多经历过高考的同学反映，考试时很少感觉口渴找水喝。不过遇到卡壳的题，也可象征性地喝口水，让自己放松一下。

五、雨具。考试前两天考生或家长应注意天气预报，了解高考当天的天气情况，如果有雨，提前准备好雨具。

六、着装。如果高考当天温度较高，应准备舒适、宽松、透气性好的衣服，如棉、麻质地，避免考场中暑。

七、眼镜。戴眼镜的同学最好准备副备用眼镜，要提前试戴其是否舒服。戴隐形眼镜的同学要准备好一副框架眼镜和明目眼药水。

八、自行车文具。如果骑自行车去考场，此时应给自行车胎打足气，准备乘公共汽车或出租车的考生，应把所需零钱放入书包里。

看了大屏幕上的条款，同学们轻松了很多，知道考试前应该准备什么，心里有了底儿。

在考试前，应该准备好必须的生活用品，考试用品。只有这样，才能够在考试的时候，有备无患。这些生活、学习用品准备好了，学生们就能够更加轻松自信地走向考场，能力才能够得到更加理想的发挥。当然，准备东西的时候，最好由考生亲手准备次日要用的东西，而不要让家长代劳。因为在这个过程中，考生可以自然地想象考试的常规环节，逐步认可并愉快地接受现实，从从心理学角度来讲，这更有利于学生接受即将来临的考试，更有利于学生进入考试状态，考出优异的成绩。

自信——考试的通关钥匙

做任何一件事，信心是第一位的。在进入考场前，要不断地给自己以鼓劲。"我能行，我一定能行"。要相信考的东西自己都已经复习过的。心中有底，什么都不用怕。

要适度放松心情。愉快、轻松的心情是取得高分的前提，同时要有适度的紧张。但不能过分紧张，特别是在遇到难题或新颖的题目时，好多同学心情会特别地紧张，最后即使是做得出来的题目也因为紧张而失分。这时，要求学生做到"作最坏的打算，尽最大的努力"，目的就是放松心情。在进入考场后，多作几次深呼吸，直到自己平静下来。

每到考试的时候，李梦茹总是心情紧张。越是快考试了，越是感到复习的科目没有掌握好。这样，惴惴不安地走向考场，每次考下来，总是不理想，不能发挥出自己真正的水平。

为此，她非常烦恼，直到有一次她漫无目的地散步，走到了学校心理服务中心的门前。橱窗壁上的广告词吸引了她的视线——"调整心理，让你信心百倍地学习……"这不正是她渴望知道的内容吗？她走进大门，跟这里的老师进行了详细的长谈。

老师听了她的讲述，告诉她："考生信心是建立在学习实力的基础上的。只有建立在这个基础上，才能充分调动考生的积极性，保证考试充分发挥。考前查漏补缺，建立知识的体系和网络；抓紧抓好课堂45分钟，掌握考试的要求，强化自己的学习实力，这都有助于强化考试的信心。"

"老师，我学习也算扎实，不但上课认真听讲，而且每天都开夜车，学到很晚。可是醒来之后，非但没有感到心中非常充实，反而感觉心里很不踏实。"

"这是个不好的习惯，不少考生都在挑灯夜战。相当多的人夜里12点以后睡觉，搞得筋疲力尽。有些考生上午第二节课就无精打采，甚至趴在桌子上睡觉。疲劳战术使他们陷入心情烦躁的状态之中，从而影响考试的信心。"

李梦茹点了点头。

老师又说："考生应该学会打效率战，不打时间战。有节奏有规律地起居与复习，有利于精力充沛，有利于增强信心。每个考生相对自己而言都有相对优势的学科与相对弱势的学科。考生要强化优势学科，从而增强自己的信心，并靠它拿高分。弥补弱势学科，采取确实有效的措施小步子前进，一步一步来提高弱势学科的实力，从而强化自己考试的信心。"

在老师的建议下，李梦茹又意识地调整自己，她为自己的考试确立了正确的期望值。根据自己前一次的成绩（正常发挥的条件下）来确定自己考试的期待值，这样就有了信心。同时，她还注意进行积极的心理暗示，例如，在考试前与考试中默念："我一定能考试成功！""我有实力""我能行"。

信心是考试取得成功的关键，我们要调整心态，争取取得考试的成功。人生是一个金字塔，一个人的成就是金字塔的高度的话，那么这个人的心态就是这个金字塔的根基——塔基的底面积最终决定着这个金字塔有多高。这句话说明，良好的心态是走向卓然不群的第一步，也是人生获胜的法宝。

在不自信的时候，要注意调整自己，可以对自己进行一些积极的暗示，积极暗示能提高人的信心，消极暗示能降低人的信心。考生在考试前应尽量避免消极暗示的影响，要根据自己的情况，运用积极暗示强化信心，

人的姿势与步伐是和人内心体验有密切关系的。人在充满信心时，挺胸抬头，走起路来步伐坚定有力。考生经常挺胸抬头，走路步伐有力，速度稍快，有助于增强信心。

考试前一定要保持冷静

怕考试的人比比皆是，说不怕的人不少，但真正不怕的人可能没有。面对考试，几乎每个人都会出现不同程度的紧张感。其实，临考前有些紧张是好事，它能够调动人的积极性，使自己的智力活动处于一种兴奋的活跃状态，有利于临场的发挥。但是，如果过分紧张的话，那就会使人手足无措，使自己的思维发生障碍，从而影响临场的发挥。所以我们要尽可能地调整自己，让自己在考前尽量保持冷静，这是考试取得胜利的重要条件。

秀秀是一名艺术生，今年高考就要到了，她平时文化课成绩并不算太好，所以一提到考试她心里就紧张，为此，她去请教了班主任王老师。下面是他们的对话：

秀秀：艺术类学生没普高学生考试经验足，而且没在那种模拟考试的环境下考过试，考试会不会紧张？

王老师：你要想普高的学生要求比你高，你就可以把标准适当降低一点，这是你最大的优势。心里可以特别坦然，而且你想专业课考试人数那么多那么难，你还过来了，文化课不就更好过了么。考前要把自己所有要在考场上用的东西装在一个袋子里，然后好好睡个觉，好好吃饭。坦然进考场，把自己的能力都发挥出来，能拿多少就拿多少，把训练过的水平都发挥出来。

秀秀：做卷子时我看到普高的学生一篇一篇地翻，我就觉得特紧张，人家怎么做的那么快。

王老师：我告诉你一个窍门，他一翻你就想，他这篇不会，这么快就翻过去了，不就不用管他了么。再说普高的形式也和你不一样，他可能要比你多做好几篇才能过，而你有艺术考试的基础。

秀秀：我有时在考场上头脑一片空白，怎么办？

王老师：考生不会一拿到卷子就一片空白，都是在看到某个难题时一紧张才会一片空白的。进考场前要先做一下自我心态的调整，不要对自己期望太高，要预料到会有不会做的题目。只是把会做的做出来，如果还紧张就把笔放下做一个深呼吸，连续几次，越过这道题看下一道。空白是高度紧张的结果，不要紧张就好了。

王老师的话给秀秀吃了一颗定心丸儿，她心里有了底儿，高考这天，她信心百倍地走进考场了。

应该说，无论紧张与否，试总是要考的。与其于事无补地紧张一番，倒不如静下心来，好好回忆一下自己复习的情况，看有没有什么遗漏的地方。考试只不过是检验自己某个阶段学习的效果，是考察自己的记忆力和思维水平的一种手段。考得好，固然值得高兴；考不好，也未尝不是好事，它可以让你从中了解自己在学习上存在的问题，可以进一步有的放矢地进行补救。所谓"祸兮福所依，福兮祸所伏"，就辩证地说明了这个问题。所以，在对待考试的问题上，只要认真地复习了，完全可以泰然处之。

临考之前，就不要再看书了，应停止复习，放松紧张的神经。可以散散步，进行适当的轻微的运动，以调节自己的心境。进入考场时，在心里说些自我鼓励的话，也有利于安定自己的情绪。

总之，在考试前要保持冷静的头脑和坦然的心境，不必过分紧张。

考试是自己的事，不应抄袭对待

考试选才制度是目前来说最为公平的一种选人制度。虽然分数不能说明一切，但是，严格的考试制度对于那些投机取巧、浑水摸鱼的考生来说将是一个沉重的打击。而对于那些立志成才的青年来说，考试则为他们提供了一次公平竞争的机会。提高考试的含金量不仅仅是关系高等学校生源，也是关系到国家后备人才质量的问题，更重要的是确保了整个社会公正，公平以及人才价值标准的公信度。

在周老师刚接受的这个班级里，学生考试作弊现象非常严重。差生抄，优秀学生也抄。认认真真，忠实于自己成绩的学生还不到一半。每年期中、期末考试，学校都会抓住一大批作弊的学生。周老师决心改变这种现象，为此他想到了一个独特的方法。

期末考试之前，班里进行了一场模拟考试，由班主任周老师监场。

考试开始前，周老师走上讲台，在黑板上写下了四个打字："作弊一回"。粉笔头还没有来得及扔掉，教室里就一下炸开了锅！

哪有老师允许学生作弊的!? 不要说学生了，连校长老师都吃惊得张大了眼睛！

周老师没有理他们，开始告诉大家考试的时间安排："下周一准时考试。"

真的假的——班里的调皮鬼们议论纷纷。

军中无戏言！周老师的话掷地有声。

"那太好啦！老师万岁！"学生们纷纷欢呼。

"万岁不敢，不过——"周老师狡猾地一笑，故意卖了个关子。

"不过什么？"所有孩子都竖起耳朵。

"我有个条件……"周老师仍然慢条斯理地说。

"别说一个，十个也答应，只要老师网开一面！"学生们大声说。

"那好，大家记着：考试时，一不能把课本翻出来；二不能互相合作；三是抓到了，不收试卷，不扣分，但收回字条！"

学生们面面相觑，不知道老师葫芦里卖的什么药。

"大家做准备吧，还有一周就期末考了！"周老师缓步离开了教室。他充分相信自己班学生的聪明才智，虽然他们被定为普通班，但周老师从来没有低估他们的能力。他甚至相信，如果调理得法，他们将来不会比重点班的任何一个人差。就目前而言，无论在劳动、体育、待人接物，还是文明礼貌等方面，都绝对优于重点班：重点班不会唱歌，但他们班能歌善舞；重点班不会打扮，他们班俊男靓女……周老师经常这样树立这个班的信心。

考试期间，周老师把小迪子找来——在班上，他一向是考试排行榜上压轴的。

"同学们准备得怎样了？"周老师不紧不慢地问，"都有什么方法作弊？"

小迪子看着周老师，似乎不敢说。

"没事，我只是随便问问，还信不过我？"

小迪子歪头想了想，说："大家把各科重点要点抄写了好几遍，分别放在各个口袋里，备抄。保证没收一份还有一份，没收十份也有备份，手臂大腿上都有字迹，手腕都抄得发麻了，内容都快记得了！"

看来小迪子说了实话，周老师笑了笑，说："行！"这下，他心里有底了。

考试的那天，学校把监考重点放在他们班，监考老师也突然换了人。奇怪的是，周老师的班里居然不曾有人作弊，监考老师的火眼没有派上用场，尽管他们口袋里满是纸条。

考试的结果，周老师的班在普通班位居第一，直追重点班！连小迪子也考得很满意。

"怎么回事呢？"校长一脸狐疑。

周老师笑着说："你去问问小迪子吧！"

舞弊之风已蔓延到各种考试上，它破坏了考试制度的严肃性和权威性。舞弊者浑水摸鱼流入高校，滥竽充数。人才选拔的第一个关口松动，不仅影响到社会廉明的风气，而且也势必会降低后备人才的整体质量。我们很难想象靠弄虚作假的人，会成为什么样的"人才"。不过，对待考试作弊的学生，也不能一棒子打死，而应该正确引导。采用巧妙的方法让他们明白，如果把作弊的心思都用在准备考试上，说不定能取得更好的成绩。

了解考试的基本规定

有的同学因为不清楚考试时间而没有把题目做完，有的同学因为到了一个新的环境，找不到考场、找不到厕所，从而影响了考试，这样的情况大有人在。不论什么样的考试，从时间地点安排，到答题时间，答题要求都有明确的规定和制度。同学们在考试之前，应该先对这些东西进行一个简单的了解。虽然这些跟你的成绩关系不大，但是有时候却会影响你考试的顺利进行。

晓玲明天就要进行学业水平考试了，她的成绩在班里一直名列前茅，又进行了充分的复习，所以她对这次考试胸有成竹。

考场设在据他们学校不远的另一所学校，那所学校她小时候经常去玩，非常熟悉。考试的前一天，同学们都三五成群儿地去那所学校看考场，晓玲没有去，因为她觉得从小到大，经历的考试多了，再说那地方她又不陌生。

这样第二天，晓玲直接骑车去了那所学校。进了校门一看表还有十五分钟，她想先去一下操场后面的厕所。可是当她走到那儿的时候傻眼了，原来从前是厕所的地方现在成了一块草坪。她赶紧询问校园里的其他同学，正巧那位同学也不知道。不过那位同学提醒她，可以到校门口的示意图上去看。

这样晓玲赶紧跑回学校门口，看了示意图，赶到一个教学楼上上了厕所。经过这一番折腾，走进考场已经开考五分钟了。

开始答卷了，同学们都在答题卡上涂着，可是晓玲今天没有拿铅笔。事先她没有看规定，不知道今天还要涂卡。幸好老师那里有一个铅笔，才救了她的急。可是因为这一番的不顺利，影响了她答题的心情。面对试卷上本来并不难解的题目，她却是没有思路。

从考场上下来，她的心情很糟。她实在后悔，本来该好好学习一下考试的规定的，现在因为对这些东西不了解，影响了自己的成绩。

在考试前对考试要求规定有一个清楚地了解，这是考场上取胜的必要因素之一。如果对考试的要求不了解，考试中很可能因为这些非学习性的因素而影响了你的成绩，这是得不偿失的。所以，考生在考前除了复习好功课之外，了解考试要求，包括考试时间地点、开考终考信号等等都是我们必不可少的任务。只有这一切做好了，才能够保证考试中轻装上阵，取得优异的成绩。

适当地调节自己的做题速度

有时候，有些同学从考场上下来，抱怨说题量太大，没能做完。有些同学做题的时候速度很快，蛮以为做得不错，可是成绩下来却又是不理想。这些同学考试中存在的一个共同的问题就是没有很好地把握做题的速度。试卷发下来之后，应该先浏览一下试卷，把握试卷的难易程度，然后合理安排做题的速度，保质保量地完成答题。只有这样，才能够在考场上有条不紊，最终成为考场上的强者。

王晓走是高三六班的英语课代表，她的英语在班里总是数一数二。在考试的时候，她是怎样把握速度的？好多同学都想请教请教她。为此，班主任开了一个学习经验交流会，让她介绍了自己的学习方法。

"把握好做题的速度，这要靠平时的训练。"她说，"好多同学平时训练只是做做题，对对答案就完事了，但这远远不够。要平时开始有时间的紧迫感，为自己规定时间，只有这样，考试的时候，速度才能够有把握。"

"那在考试的时候，不同的题型，你是如何分配时间的呢？"刘明明问。

"首先说说词汇题，这是送分题。这里大家不能丢太多的分，考试时也不能占用太多的时间，尽量省下时间给阅读。词汇先从高频词和历年真题入手，因为词汇题重现率很高。平时也要练反应速度。总之在这里时间能省就省。"

"每次考试的时候，我花在作文上的时间就比较多，你是怎样把握的呢？"刘然问道。

"作文至少要考前一个月开始练。用写作模板开始练是一个很好的办法。背范文也行，但关键是把范文弄成自己的，一定要动手，写或抄。但现在很多书上的范文都是经过专业老师的不断推敲来写的，我们很难在考场上写出那么漂亮的范文。所以一定要改写范文，改成自己的，重点放在它的结构和亮点句子上。考前一定要写或抄至少5篇以上的作文，这样到考场才会有感觉，写作也流畅多了。这样考试的时候，在作文上用不了多少时间，而且做题效果也很好。"

汪涛问："很多人考试是先把答案写在试卷上，然后最后再利用5，6分钟时间填答题卡。这是一个普遍的做法。你觉得怎样？"

王晓走说："我觉得这个方法不是很好，而且可能时间上和心理上也会造成一定的影响。做到最后阅读看时间不够，而且答题卡还没填，心里就慌，结果连题目都没看就瞎选了。我的建议是做题直接涂卡，包括听力。"

经验交流会开得热火朝天，同学们通过交流，都找到了自己学习中存在的问题，好多学生表示，在以后一定要加强训练，把握好做题速度，做考场的主宰者。

在考试中把握好做题速度，做到既不浪费每一分钟，又不仓促做题，保证质量，这是很重要的。这就要求学生平时学习中打牢基础，基础性的题目，保证短时间内完成，不浪费太多的时间。同时通过大量的训练，把握住考试中做题的节奏。在考卷儿发下来之后，不要急于做题，要统观全局，浏览一下试卷。对它的题量、难易度、试题类型有一个全面的了解。只有这样，做到心中有数，才能够在做题的过程中游刃有余，保证考试的成功。

考试过程中切勿怯场

考试怯场是一个比较普遍的现象，在任何有考试的场合都可能出现，在中小学生中更多些。怯场是一种短暂性心理失常现象，是由于各种原因造成情绪过度紧张所致，表现为原来已经熟记的材料、熟练的动作不能重新回忆、再现或再做。严重者还可能出现头晕（俗称晕场）、目眩、心悸、恶心症状等，结果造成考试失利。只有消除怯场的毛病，信心百倍，才能够在考场上发挥出自己真实的水平，取得考试的胜利。

欧阳波波是某重点中学的学生，平时成绩不错，可是一上考场看到试卷大脑中就一片空白。别说难题了，简单的题都不知道如何下手。眼看就要高考了，他的妈妈张大姐十分担心：万一高考的时候再出现这种情况怎么办？

心急如焚的妈妈带着他找了青少年成长中心的心理老师王老师。大家坐下来之后，王老师说："怯场，其实是因为过度紧张。孩子的过度紧张是由于过度的压力制成的，有时候压力来自家长。家长望子成龙，望女成凤，期望值非常高，而且把期望变成了言语、行动，不断给孩子施加压力：'你一定要考好，考好了有奖励。''考不好就是没出息。''父母的希望全在你身上，考不好就全完了。''考不好，回来跟你算帐！'这些言行会成为有形和无形的压力，集中到孩子脑子里去。"

"是啊，是啊！"张大姐道，"这些话从前我跟他爸爸还真都说过，没想到这些严格的要求增了他的心理压力，造成了他的怯场。"

"当然，怯场也并不是这一点原因造成的。"王老师说，"现在学生压力很大，学校的，社会的，如果一个孩子对这些压力能够正确认识，自我调控，变压力为动力，考场上不乱方寸，那么，不但不会影响成绩，而且有可能考得比较好。问题在于，有的孩子心很重，把这些'石头'一块一块摞在脑子里，而且自己给自己加压，自我期望值也很高，但是又缺乏坚强的意志来调控高度紧张的情绪。一到考试时候，优势兴奋中心成为严重的干扰源，当然考不好了。"

"怎样做才能使孩子考试不怯场呢？"张大姐问。

"做好减压的工作很关键，家长不要在平时给孩子太多的精神压力。不要盲目地给孩子定过高的指标，达不到就如何如何。在临近考试时，尤其不要天天嘴不离口地谈考试的事，因为你说得越多，考试时刺激孩子产生紧张情绪的信号就会越多。

"其次，指导孩子正确对待考试，帮助孩子减轻自我压力。孩子的水平是客观的，只要认真复习，认真做好考试准备，能考出自己的实际水平就行了。有的孩子总担心出错，这样，一进考场就紧张，一旦看见了不熟悉的题目，紧张情绪加剧，从而导致一连串的失误。"

这些意见都是针对家长，说完了这些，王老师又对欧阳波波说：

"考试的时候如果紧张，可以运用'转移注意'和'自我暗示'的方法缓解自己的紧张情绪。转移注意就是暂时地强迫自己把注意力集中在考试以外的事物上，使紧张程度缓解。比如，当心里过于紧张时，认真听老师讲考试注意事项，观察老师的服饰、表情，想一小会儿最感兴趣的事情等等，都会使自己平静下来。自我暗示就是在内心里自己提醒自己：我是很镇定的，呼吸多么平稳，头脑也很清楚……这种反复提醒也有助于缓解紧张情绪。"

"另外，要事先明确自己答卷的程序和要求，按部就班去做。基本程序和要求是：1.工工整整写上姓名，有时写学号、准考证号，一笔一划地写，有助于使自己平静下来；2.看准题目，审清题意，一个题一个题顺序往下答。爱紧张的孩子往往来不及把全部题目看一遍，那样容易造成因为看到一个不熟悉题目而增加紧张感。遇到不会答的题目，认真展开思路想一想，如果没有想通，暂时放下，不可占过多的时间，免得耽误了做其他会做题目的时间。会做的题做完之后，再回过头来做难题。3.仔细检查，避免漏错。大题、难题多花点时间。时间较少，普通题目看一遍即可，多看一看重点题目。特别要把卷子正反面都查一查，不要有漏答的题目。"

从王老师那里回来，欧阳波波心情轻松多了。他有了信心，他相信自己在高考考场上一定能够消除怯场心理，考出优异的成绩。

产生怯场的生理原因，是大脑的皮层中由于情绪高度紧张而出现了优势兴奋中心，这个优势兴奋中心又因为免诱导规律而使大脑皮层的其它部位产生抑制，简单地说，就是大脑中紧张的兴奋中心把其它该兴奋的地方给压抑住了。因此，解决怯场问题，关键在于消除干扰性的优势兴奋中心。

孩子的过度紧张是由于过度的压力制成的，这压力既有外部的，也有自身的。

1. 压力来自家长

家长望子成龙，望女成凤，期望值非常高，而且把期望变成了言语、行动，不断给孩子施加压力："你一定要考好，考好了有奖励。""考不好就是没出息。""父母的希望全在你身上，考不好就全完了。""考不好，回来跟你算帐"……而且在行动上重点保护，准备营养品、补脑液、高级饮料……这些言行成为有形和无形的压力，集中到孩子脑子里去。

2. 压力来自学校。

有些学校以及老师运用动员、成绩排队甚至倒计时方式促使学生好好念书，提高成绩。对于面临升学考试的学生，更是双管齐下，造成紧张气氛。这对学生的压力是很大的。

3. 压力来自社会。

由于社会上竞争日趋激烈，各种考试成为人们的一个热门话题。亲友们见到孩子，经常会问："书念得怎样，考试得多少分？"而且往往鼓励几句，"好好念，将来考大学，当专家。"殊不知这些关切的话语，对孩子都会成为心理压力。

如果一个孩子对这些压力能够正确认识，自我调控，变压力为动力，考场上不乱方寸，那么，不但不会影响成绩，而且有可能考得比较好。

如果一个孩子，本来成绩就不好，而且没有信心，对这些压力抱无所谓态度。任谁怎么说，我行我素，考试也不会见起色。

问题在于，有的孩子心很重，把这些"石头"一块一块摞在脑子里，而且自己给自己加压，自我期望值也很高，但是又缺乏坚强的意志来调控高度紧张的情绪。一到考试时候，优势兴奋中心成为严重的干扰源，当然考不好了。

怎样做才能使孩子考试不怯场呢？

首先，要从家长开始，做好减压的工作。一方面，家长不要在平时给孩子太多的精神压力，不要盲目地给孩子定过高的指标，达不到就如何如何。在临近考试时，尤其不要天天嘴不离口地谈考试的事，因为你说得越多，考试时刺激孩子产生紧张情绪的信号就会越多。另一方面，不宜在孩子考试前和考试期间，为孩子做过多的物质准备和具体服务，如买很多的营养品，像保护大熊猫似的处处服务周到，这些做法会给孩子增压。适当改善一下饮食是可以的，但不能过分。

其次，指导孩子正确对待考试，帮助孩子减轻自我压力。孩子的水平是客观的，只要认真复习，认真做好考试准备，能考出自己的实际水平就行了。孩子有时对自己的水平认识不够，自我期望过高，甚至有侥幸心理。有的孩子总担心出错，这样，一进考场就紧张，一旦看见了熟悉的题目，紧张情绪加剧，导致一连串的失误。家长应在自己少给孩子压力的同时，让孩子正确对待考试。考试，就是考查学习水平，告诉孩子不要给自己定太高的指标，考试遇见不熟悉的题目是正常现象，对每个同学都是可能的。胜败乃兵家常事，努力就是好孩子。

第三，指导孩子在考场上运用"转移注意"和"自我暗示"的方法缓解自己的紧张情绪。转移注意就是暂时地强迫自己把注意力集中在考试以外的事物上，使紧张程度缓解。比如，当心里过于紧张时，认真听老师讲考试注意事项，观察老师的服饰、表情，想一小会儿最感兴趣的事情等等，都会使自己平静下来。自我暗示就是在内心里自己提醒自己：我是很镇定的，呼吸多么平稳，头脑也很清楚……这种反复提醒也有助于缓解紧张情绪。

第四，指导孩子事先明确自己答卷的程序和要求，按部就班去做。基本程序和要求是：

（1）工工整整写上姓名（有时写学号、准考证号），一笔一划地写，有助于使自己平静下来；

（2）看准题目，审清题意，一个题一个题顺序往下答。爱紧张的孩子不要先把全部题目看一遍，那样容易造成因为看到一个不熟悉题目而增加紧张感。遇到不会答的题目，认真展开思路想一想，如果没有想通，暂时放下，不可占过多的时间，免得耽误了做其它会做题目的时间。会做的题做完之后，再回过头来做难题。

（3）仔细检查、避免漏错。大题、难题多花点时间。时间较少，普通题目看一遍即可，多看一看重点题目。特别要把卷正反面都查一查，不要有漏答的题目。

这个基本程序和要求，让孩子平时小测验和阶段考试中就坚持做到，养成习惯，比较大的考试就会自然地按程序应考了。

第五，指导孩子在考前把该准备好的用具准备好，放在比较保险的地方。有的孩子就因为用具准备不齐，临时发现，增加紧张情绪。

此外，在考前让孩子适当参加一些文体活动，放松身心，对防止怯场很有好处。

还可以在考试前和考试中喝一点板兰根、清热冲剂、菊花茶等清热降火的中药，有利于保持脑子清醒。

如果孩子考试怯场过于严重，建议去看看心理医生。

做题时要认真审题，注重细节问题

走出考场后总有不少考生遗憾不已，究其原因，或因审题不慎、或因时间安排不当、或因粗心漏答。在考前除了要作知识、精神、体力等准备外，还要作好物质准备和技术准备，注意到每个小细节。

要在考前仔细检查，准备好考试用的文化用品和诸如手帕、眼镜、手纸、有关药品、适量现金等，尤其是千万不要忘带准考证。这些物品可以放在一个包袋中，每次出发前检查，中途手不离包，不让小事误了大事。所谓技术准备也就是考前可以到试区考场实地考察一次，在什么地方乘什么车，中途要多少时间，考区的休息、饮水处和厕所在哪里，都要心中有数，骑车的同学则要在考前检查自行车。另外，考试期间中午如家中无人的话尽量不要午睡，路上碰到突发事件可以向警察求助。

周涛是个细心的学生，每次考试，他都能够细心地审题，然后结合题目要求，结合不同题型的特点，进行作答。

当试卷发到手里的时候，他首先认真阅读试卷和试题的指导语，弄清答题的要求和方式，例如选择题是单选项还是双选项。针对不同的试题特点，单选题他就用淘汰法和直接法。多选题要求严格，解题时对每一个备选答案都要进行认真判断。

对于题目，他还要看看评分得分的理由。还以选择题为例，特别是双选项的选择题，要看清是全正确才得分还是仅选一项正确了就得一半分数，有没有倒扣分。遇到不是倒扣分的选择题，自己把握不大时可以大胆地去猜，猜时要选用淘汰法排除一些选项，剩下的选项用逻辑推理或直觉去猜，千万不要不敢选。但是，遇到倒扣分的题要防止没有把握的猜测。

第三，他还要看一看试题要求在什么地方写答案。若在机读的答题卡上作答时，要在题目纸上选好选项后，再用铅笔在答题卡上将相应的信息点涂黑。有些同学涂黑时涂得不标准，有时候涂了改，改了涂，这些细节毛病在周涛身上从来没有发生过。

说到细节，周涛还很注意把握时间。一般选择题大体上是得1分的用1分钟时间，得2分的用两分钟时间，得3分的用3分钟时间。他告诉自己，切忌在个别难题上纠缠太久。一下子把握不准的问题，他就选一个自认合理的答案，并在草纸上记下该题的位置，待全卷答完后，再回过头来仔细推敲。

有些同学喜欢想到哪儿写到哪儿，写错了涂了再写。可是周涛却不这样，他总是想好了再写。答题简单明了，得分点清晰。

另外他还注意到了一个细节，那就是大型题尤其是计算题，要能做几步就做几步，宁可"会不全"，也不要"全不会"。对于一眼就看出结论的题，也要写出步骤，要一步不少，一字不落。做完以后，只要时间允许，他都要认真检查，改正因为任何粗心导致的错误，绝不提前交卷。正因为心细，所以周涛的试卷总是写得干干净净，答得条理分明，每次考试，总能取得理想的成绩。

细节决定成功，在考试中，哪怕一个很小的细节问题，也可能决定你的成败。考试的时候，应该至少注意三点：一是牢记考试常规，接到试卷首先必须正确无误地填写好姓名及准考证号码等栏；答题之前先将试卷浏览一遍，了解题量、难度和得分多少，然后认真审题，做到不漏题，不看错题，不误解题，不审错题。二是先易后难，把握时间，准中求快。为了鉴别不同层次学生的能力，试题的特点往往是面广量大难度高，所以若在个别难题上耗费过多的时间，以致容易的题目也不做，这是不可取的。遇到难题，放在最后做，不要怕难题，因为我难人亦难，机会是均等的。三是要克服心烦意乱，焦虑紧张情绪，避免慌乱怯场，可以闭上眼睛深呼吸，稍微停几秒再慢慢吐出，达到身心松弛，或者先做其它的题目，还可以自我暗示，自我安慰鼓励，提高信心。最后在复查的时候要检查卷面、格式、答案、书写和姓名准考证号等，最主要的是不要受到上一场考试的影响。

掌握几个考试的诀窍

考场不仅仅是知识、技能的角逐，也是心理状态的较量。每一次考试中，总有很多"名不见经传"的"小人物"取得辉煌成绩，同样，也有一些'尖子生'失手落马。这主要是由心理状态好坏决定的。前者轻轻松松，没有压力，超水平发挥，后者惊慌恐惧，真正的水平没有体现，这是令人遗憾的。所以，考试其实有一些小窍门儿的，例如放松心态等等，都可以让你事半功倍。

崔平平是某省的理科状元，有人问他有没有什么诀窍，他说："考场上要发挥好，必须要考前准备作得好。"

"要做那些准备呢?"晓鸿问。

"首先，你要调整好心态，用一个全新的面貌来迎接考试。另外，还要能够很快地适应考场的气氛和环境，能够很快地进入考试的状态，不要很紧张和焦虑害怕。要坚定自己的信念，一定能够将高考征服。在考试的前几天，要适当地外出活动，活跃自己的身心，调节好自己的心理。不要乱吃东西，以免引起肠胃不适，以免考场上紧张，反而不能发挥好。考试时，将自己的试题，简单地浏览一遍，对试题有个大概的了解。做题要先易后难，一定要确保自己答题的准确性。"

"怎样才能在考试中发挥最好的状态呢?"淑桦问他。

"要发挥更好的状态,最为重要的是你的心理素质和承受能力,要不怕难题,能够提早作好征服难题的准备。另外,考试的前一天一定要好好地休息,只有休息好了,才会有很好的精气神,在考场上才会有清晰的头脑。遇到难题或者不会做的题目,一定不要慌,一定要保持清醒。"

王刚说:"我平时考试的时候,常常心理慌乱,你有什么好方法吗?"

"方法是有的,第一种方法是放松。一旦出现突然慌乱的最初症状,你最好暂停作答,闭合双眼,轻轻地对自己说'放松',重复6次,并注意体验全身松弛的感觉;你也可以先全身绷紧十秒钟,然后突然放松,这样就可以比较有效地消除慌乱感觉。

"第二种方法是深呼吸,放慢呼吸率。很多考生发现,当他们在考试过程中碰到难题时,呼吸率就会加快而且呼吸率变得特别短浅。结果,他们更容易忧虑并感到慌乱。你一旦发现了忧虑和慌乱的最初征兆,就要特别注意调节呼吸。在吸气时做到绵长、缓慢、深沉,在呼气时也应达到同样的要求。只要你坚持有规律地呼吸,你一定会很快恢复到心理平衡状态,正常作答。

"第三种方法是思路中断。一旦产生容易引起慌乱的想法,你可以果断地对自己说'停',同时握紧一下拳头,再重复命令自己一次,这样你就可以中断原来的思路。有个停顿过程后,你要把注意力集中在对你来说没有任何威胁的比较容易的试题,并重新确立自信心。当你自觉情况好转后,应迅速转入正常答题。"

也许考试并没有什么诀窍,所谓的诀窍就是怎样才能够让你发挥出你最高的水平,取得好的成绩。要发挥出最好的水平,就要调整自己的心态,驱除紧张心理,让自己在考试中不骄不躁、思路清晰。只有这样,才能够在考试中认真分析总结面临的问题,有条不紊地将难题一个个解决。

要理解着对答案,不要不假思索地抄答案

在考试中,尤其是平时的测验中,考试之后对一对正确答案,是学习的一个必须环节。这样可以查缺补漏;有针对性地进行学习,巩固了以前不会的知识。但是有些同学只是一味地去对答案,看自己哪道题做错了,然后找到正确

答案，写在上面好像就完成工作了。其实不是这样，对于做错了的题目，一定要弄懂、弄透，在理解中学习，而不是一味去抄答案。

李信是一名高三的学生，进入高三，做的题更多了。每次做完题，她都要对一对答案，看自己哪道题做对了，哪道题做错了。可是这样学下来，成绩提高并不是很快，困惑的她开始注意观察其他成绩好的同学的做法。

她发现马文同学在考卷儿发下来的时候，并不急着把正确的答案抄到试卷儿上，而是对着答案思索、研究。李信忽然明白，那是在研究答题思路，解题的方法以及自己做错的原因。相比之下，自己是缺少了这一步。

李信接着发现马文又将自己做错了的题目抄到了一个小本子上。怪不得李信发现平常的时候，马文会拿着一个小本子在那里看，从前还不知道他在看什么，原来是看的"错题本"。

看了这些，李信受到了启发。她也做了一个"错题本"，把自己做错的题目一个个弄明白，然后给试题归类，抄到小本子上。以后有时间的时候，就拿出来看一看。

这个方法果然奏效，不久李信的成绩提高上去了，还考到了班里第三名。

只有认真对待考试中做错的题目，才能有针对性地学习，快速提高自己的成绩。要改变平时把答案直接抄过来的简单做法，而是对自己做错了的题目深思熟虑，真正弄懂之后抄下来，好好复习。争取以后不再犯同样的错误。这种方法看似笨拙，实际上却是最省力的一种学习方法。

准备好考试中的应急措施

尽管我们在考试之前已经进行了充分的准备，但是真正到了考场上也有可能出现特殊的情况。例如有些同学眼镜忽然坏了，影响了考试，有的同学遇上了堵车。出现这些特殊情况的时候，能否处理好，就要看我们事先有没有思想准备。有没有对考试中可能出现的一些情况制定必要的应急措施。有些同学就在考试的时候，准备两副眼镜，准备上应急的药物。这都是有备无患的好方法之一。

根据往年的情况，每年高考过程中都会发生一些预想不到的特殊情况。对此应该给考生哪些建议呢？为此某报记者采访了教育部某领导。

记者："从往年的情况来看，虽然经过了周密的准备，可是考生在考试中还会出现一些预想不到的情况，王科长，你能就考试中常出现的问题给考生们一些意见吗？"

王科长："可以！"

记者："如果考生遇到走错考场或交通堵塞不能按时到达考场，应该怎么办？"

王科长："考试前一天，考生一定要先到考点看一看自己的考场，熟悉参加考试的环境，大致计算一下到达考场所需时间。考试当天，出发时间要留有余地。遇有交通堵塞，可出示《准考证》求得交通部门和交警的帮助。往年遇到这种情况的考生，只要是求助于公安交通部门的一般都得到了帮助。因此考生遇到这类情况，千万不要惊慌失措，应该积极寻求帮助。"

记者："如果考试期间考生患疾病或遇到交通事故受伤，应该如何处理呢？"

王科长："如果遇有这种情况，考生如能坚持，可尽最大努力参加考试。如果感觉无法坚持，家长和老师应从健康角度考虑，劝其放弃这次考试机会。"

记者："那么如果考场上临时不舒服，如呕吐、腹泻、晕厥、抽筋、急于上厕所等。应该如何去做呢？"

王科长："一旦出现这些情况，考生应立即举手示意监考员。一般情况下考生可在监考员陪同下临时离开考场，由医务人员进行紧急处理或者上厕所。如果身体允许，考生可继续应考，但考试时间不能延长。无法坚持考试的将被视为放弃本科目考试，不能补考。"

记者："王科长，如果万一考生发现试卷印刷出现纰漏。应该怎样做呢？"

王科长："这个时候不要慌张，根据考场规则，开考前考生有5分钟时间检查自己试卷及答题卡是否符合要求。考生应充分利用这段时间看清监考员在黑板上写明的试卷页数和大题数，仔细检查是否有缺页、漏印或字迹不清等现象。如果遇到这类情况，考生应及时举手向监考员报告，由监考员查验并负责解决。开考后原则上不更换答题卡和试卷，如果考生坚持要求更换答题卡和试卷，其考试时间不能延长。"

我们要在考试之前制定合理周密的应急措施来对待考试中可能出现的紧急情况。如果我们有所准备，到时候突发事件真的出现了，我们才能够冷静处理，不至于让它影响我们正常的考试。如果我们没有准备，到时候精神就会高度紧张，以至于无计可施、手忙脚乱，完全陷于被动的局面。

发下试卷后，先把题目浏览一遍

有些同学试卷发下来，就赶紧去做。开始的时候还算顺利，可是一遇上难题，心里就乱了。正确的方法应该是在动手做题之前，先用一两分钟的时间把试卷看一遍。对试题的布置，难易程度有一个大体的了解。然后，有选择地进行答题。这样就可以高屋建瓴，统揽全局，不至于遇到难题心慌意乱了。

期盼已久的数学第八单元测试就要来了，同学们都在抓紧时间复习着。许多同学都很怕这次考试，因为怕自己考砸后，被老师、家长训了又训。而王晓却很期待这次考试，因为他想在这场考试中来一个"个人数学成绩大突破"。

考试前一天晚上，他一遍又一遍地复习起了第八单元，生怕有一个知识点没复习到。假如哪里有那么一点点疑惑，他都要追根问底，非要把它弄懂为止。第二天，他一直没轻松起来，因为今天要数学考试了。

第二节课，考试正式开始了，他不由自主地紧张起来，试卷发下来后，他马上一道一道思考起来，难题一个个被他消灭了。但好景不长，一道应用题难住了他，画图、举例、排除等方法他都用了个遍，却怎么也没有思路，他真是心急如焚。想暂时放一放，先做后面的题目，可是又不甘心，再说后边的题目到底难易度怎么样，他心里也没有谱儿。

越是这样，他越是担心，面前的难题就越是想不起来。这样因为对试题没有一个整体的把握，虽然他考前准备很充分，但是在考试中还是没有发挥出自己的水平，没有取得优异的成绩，他的经历难道不应该引起我们的深思吗？

试卷发下来后先浏览一遍。在浏览的过程中搞清哪个题目是自己擅长的，哪个题目自己拿不准或者完全没有思路。遵循先易后难的原则，把自己擅长的题目回答充分。在解答较难的题目的不可盲目，要努力把答题要点向书本上的知识点靠拢。答题应遵循先易后难的原则，一份高质量的试卷，在难度的设置上应该有一定的坡度，"入手容易深入难"是许多命题者的一个原则。同学们拿到试卷以后，应该迅速浏览试卷，看试卷是否有分发和印刷错误，是否有漏印或缺页的问题，并初步了解考试内容和难度。

难做的题目要放到最后做

很多同学在考场上可能由于太过紧张或过于亢奋而一时手足无措，答每道题都不能真正静下心来。写上几笔就觉得没有思路，又急着去做下一道，弄到最后"一题无成"，平白浪费了许多宝贵的时间。所以合理地安排好答题顺序，自信，沉稳地完成试卷是考试成功的关键。

我们应该注意：先易后难，切莫慌乱。翻开考卷，一定要仔细阅读，遇到一时没有解题思路的问题，就先放下，抓紧做后面的题。等把会做的题目都做完，千万别忘了前面空下的难题。对这种题，要大胆想象，能做多少算多少。不要左顾右盼，看着别人唰唰地写，自己就更心慌意乱了。另外，当答题顺利时，也别觉得这题太简单了，会不会看错了，也许这正是你早已复习好的"难题"。

王刚是黑龙江省的高考状元。在考试的时候，他一般首先大体上看一下试卷结构，看看各种题型，分值的分布。对整个卷子有一个总体的了解，全面的把握。这样她就能在安排答题顺序时心里有数，不致慌乱。

然后开始答题，王刚注意到班里有些同学喜欢反着答题，即从后往前答，这其实不是一个好的答题习惯。因为整个试卷结构是出题人按照程度由易到难、分值由小到大的顺序安排好了的，打乱了顺序，会给自己增添不少的麻烦。

在考场上，考生虽然也知道要合理地分配答题时间，但是一遇到难题就全乱套了。答题顺序如何安排呢？王刚一般的做法是是从前到后，先易后难，稳扎稳打，最后攻关。

结合时间安排，他总是优先解答最容易得分的和时间分数值较高的题，最后做可能没有希望得分的或得分比较费时的题。

也就是说，先做一看就会的最容易得分题；其次，做每分钟得分多的题；再做得分少的题；最后做难度很大或可能没有希望得分的题。

王刚说，历年高考的试卷，难易试题的比例多呈梯形。多数试题属于基础题，难度较低，排在前面；少数综合性较强，难度较大的题目一般排在最后。先用较短时间准确完成基础部分，再集中精力和时间攻克难题。若先做难题，耗去大量时间左冲右突，如果劳而无功，再回头作简单而容易得分的题时，又可能因时间仓促而忙中出错或心理紧张"发毛"而对容易题目找不到正确的解题思路。

因此，考试的时候，他碰到对自己来说较难的题目，一时做不出来，总是先跳过去，做点简单的题目以恢复自信心。有时碰到并不难的题目，可能一时想不出解题的最佳突破口或解不出答案，他就暂时放弃，先做其它的题。好多情况下，过一会儿答案会突然出现在脑海之中。

正确的应试技巧，让他在高考关键时刻，不慌不乱，顺利走上成功的道路。

许多老师都提醒考生说，做题时要把握先易后难的原则。考试中偏题、难题只占大约15%，先把简单、易做的题答对了，再以放松的心态去"攻难"。"能把难题做出来最好，即使做不出来，靠余下85%也没问题。"

但是，就答题顺序，还要强调的一点是：我们确实要按照由简单到难的顺序，能得的分一分也不丢，将没有把握的题放到后面再去努力争取。但这里一定要把握好一个度的问题，先放一放的题不能太多，最多不超过三道。因为当你着手做一道题时，毕竟有了一些想法，若浅尝辄放，回头再看时，可能那些解题思路有的已被遗忘，有的步骤得数没有保存下来，这样无形中增加了许多重复劳动，解题成本变大。而且留下的题太多，会使自己心里没底，解后面的题时会产生急躁情绪和挫败心理，总觉得又是一道过不去的"关卡"。动辄欲轻易放弃，搞得"一题不会，满卷皆输"；再有你现在解不出的题回头再做时，也往往不易得解，即便得出，困难程度也会变高得影响你全卷的检查。所以，虽然很多老师，也有很多同学都建议大家做难题时先放一放，回头再攻克不迟，但我想告诉各位将要走进高考考场的同学，情绪再稳定一些，不要轻易弃题，或许你稍稍慎重沉稳一点就能"柳暗花明"了。

注意试卷书写的规范

孟子云："不以规矩，无以成方圆。"在考试中，答题的卷面书写，要求规范。尤其在高考中，由于近两年实行网上阅卷，这对考生在答题的过程中提出了更高的要求。要求考生从平时训练起做好三点：一是书写清晰工整，扫描进电脑的答案字迹不清，一律不给分；二是答题要规范，要在指定的范围内答题，如若超出了扫描范围，电脑将无法显示所答内容；三是要求考生有清晰的答题思路，在答题中注意分层，要突出"采分点"。

规范的书写，不能够一蹴而就，只能靠长期的训练，在做题过程中提高对自己的要求，这样才能培养能力，规范自己的书写行为，养成良好的书写习惯，这会使学生终身受益。

某中学于志高老师曾多次参加高考语文阅卷，他说，在阅卷过程中经常发现一些让人无奈的低级错误，这让作为汉语言教育工作者的老师们很痛心。"现在学生读得少、写得少，从小字词基础不扎实，习惯差，懒于翻阅工具书，使用电脑和拼音输入，对字型记忆不深，造成'提笔忘字'。"

在一次考试培训讲座上，他建议学生从小加强阅读，用抄写、摹仿规范读物等方法提高应用语言的能力。尽管好多学校有针对错别字的专题复习，但解决这个问题还是要靠平时的积累，多练多记，对比记忆，培养语感。高考时，考生要注意书写规范，别失不该失的分。

他拿出高考阅卷作文要求说："高考作文要求'标点正确，不写错别字'、'错别字每1个扣1分，重复的不计'，这是考试说明明确规定的。可是在考试的时候，卷面对你的影响决不仅仅是每字一分，因为不好的书写会影响老师的情绪，给老师一个不好的印象，尤其是在一些主观题目中，对成绩的影响是不可估量的。

"以往高考，有的考生一篇文章中有五六个错别字。一个选择题3分，如果错上6个字，就等于丢了两个选择题的分数，对分厘必争的高考，这会拉开很大的距离。"于志高说："能否正确书写汉字是语文能力的一项基本要求，而现在不规范用字的现象很普遍，错别字的泛滥已经严重影响到学生的表情达意。错字扣分，意味着教育部门开始动用高考指挥棒，从根本上改变错别字比例不断上升的趋势。"

于老师很注重考生书写规范的加强，为了提高学生书写的规范性，培养他们答题的条理性、严谨性，在12月份的阶段性测试中，他在考试前明确提出了严格的试卷答题与书写的要求，并在阅卷工作完毕后遴选了部分书写规范的试卷进行展出。

在考试中，书写的规范也许只是一些小细节，可是却影响着我们的成绩。作为学生，一定要严格要求自己，做到书写规范清晰，步骤完整。不论哪个学科都是这样，我们不能够只满足于"会"，要做到"会""对""全""美"。这就要求同学们对于题目不仅要会，而且做的时候要做对，步骤要全面，字体书写要美观。做到这些要求并不是难事，只要我们在学习中严格要求自己，从细处着手，从严要求自己，就一定能够在考试中以正确的解答、完整的步骤、美观的书写征服阅卷老师，为自己赢得高分数。

做好试题的检查工作

做题完毕，一般是要检查的。检查时应注意以下内容：有无漏做的题目，如先看看试卷背面还有无题目，再看每页试卷中有无大题漏做；每一大题中，有无漏掉小题；小题中有几问的，有无漏掉其中的某个问题。这样逐页逐题地检查，发现漏的及时补做，方能避免因一时粗心而造成会做而没有做的最大遗憾。对于正谬误，重点应放在自己觉得有疑虑，感到不实在的题目上。检查时，应首先从审题开始，因为如果题目看错了，过程再正确，也是答非所问。在检查中如果发现了错误，要沉着冷静地修改。首先将错误答案明确地划掉，然后将正确的答案工整地写在原题的旁边。如果时间紧迫，检查时最好按无把握的题，比较有把握的题，有把握的题的顺序进行检查。

寻倩男是一名高三的学生，在每次考试中她的成绩总是名列前茅，她是怎样做的呢？有什么考试秘诀？她告诉她的同学，其实没有什么秘诀，她的窍门儿就是做完试题要注意检查。

有些同学做事情粗枝大叶，题目做完了，就扔在那儿，或者急于交卷儿。寻倩男说："每次考试做完题之后，一定要检查检查，这样才能够保证心中有数，做到万无一失。

她检查过程的第一次工作是看有无遗漏或没有做的题目，发现之后，应迅速完成。如果考试中时间允许的话，她总是对各类题型的作答过程和结果，全面复查一遍，时间不够则重点检查。

她对于选择题的检查主要是查看有无遗漏，并复核她心存疑虑的项目。但若没有充分的理由，一般她不会改变依据第一感觉作出的选择。

有时候时间仓促，来不及验算，好多同学就放弃了检查。在这种情况下，寻倩男是采用一种简单的办法：一是查物理单位是否有误；二是看计算公式引用有无错误；三是看结果是否比较"像"，这里所说的"像"是依靠经验判断，如数字结论是否为整数或有规则的表达式，若结论为小数或无规则，零乱的，则要重新演算，最好用其它方法去做，这是最保险的措施。

另外还有些粗心的同学，忘记写名字、考号，所以寻倩男提醒同学们："在以后的考试中，要交卷之前切记，不要提前交卷。交的时候，一定要检查名字、考号等是否正确；试题是否完整并按次序排列，切忌丢掉最后一页。"

如果提早做完试卷，应注意复查。自查答卷是保证考试成功的一个重要环节，它是防漏补遗，去伪存真的过程。尤其是有些考生采用灵活的答题顺序，更应该与最后检查结合起来，因为你跳跃式往返答题过程中很可能会有遗漏题，通过检查可弥补这种答题策略的漏洞。

在考试中，检查是必要的一个程序。你要认真查看有无遗漏，并复核你心存疑虑的项目。但若没有充分的理由，当然一般不要改变你依据第一感觉作出的选择。对简答题、论述题和作文，一是要改正错字和病句，另外补充遗漏的内容，删去错误的观点。另外，检查的内容还应包括考生情况登录表的检查，擦净答题纸上的零散痕迹或标记（避免计算机把它们当成答案处理）。

正确对待别人对自己成绩的评价

作为一个学生，要正确对待别人对你成绩的评价。正确的评价，是一种肯定，也是一种鼓舞。它会对我们的学习起到促进作用。但是有些学校，按照成绩排队，给学生的压力很大。有些学生过于看重别人的评价，如果成绩考得稍微差一点儿，就产生烦恼失落情绪，甚至引起一系列生理症状：消化不良、头疼、恶心等等。这是完全没有必要的，对我们的学习也是没有好处的。

缓缓是一名初中生，平时学习成绩一直不错，经常受到老师的表扬，也是同学们羡慕的对象。可是这一次期中考试，她的英语一下子滑了下来。

把成绩单拿到家里去，爸爸看了之后，倒是没有批评她，只是说要她好好努力，将英语赶上去。望着爸爸期望的眼神，她的心一下子沉重下来，感到肩上的担子好重。

回到课堂上，缓缓更加刻苦了。可是在英语课上，缓缓感到英语老师似乎对她有了些看法。从前英语遇到大家答不上来的题目，都是提问缓缓，让她回答。可是她敏感地发现，自从这次考试之后，老师不大提问她难题了。

从前同位经常问她英语，可是这段时间以来，她感到同位也不大问她问题了。大家似乎对她有了一个新的看法，都不像从前那样对待她了。对此，她感到十分失落。

她下定决心要将成绩搞上去，可是心里越是急躁，学习效果越是不尽人意。她明显感觉到记忆单词没有从前那样快了，也没有那样准确了。经过一段的学习，眼看要期终考试了。如果再考不好，她真的不知道怎样面对父母，面对老师同学。万般无奈之下，期终考试的时候，她选择了作弊。

在考场上，她被监考老师逮着了。消息传开，没有一个人相信她竟然会作弊，大家都惊呆了。

许多学生都十分看重别人对他成绩的评价，可是过分地看重却是不可取的。这样会给自己造成不必要的精神负担，甚至产生焦虑、烦躁心理。影响了学习效率，影响学习成绩的提高。所以我们要正确看待别人对自己的评价，尤其是当我们的成绩有所波动的时候，一定要客观分析自己学习中的得失，而不是一味为了别人的评价产生自卑心理、烦躁心理。因为那样对我们的学习百害而无一利。

如何搭配考试期间的三餐

大考到来，考生难免焦虑、紧张。不良情绪的产生，除了心理因素外，营养原因不可忽视。肉类食物多含酸性物质，考生食用过多，会破坏体内酸碱失衡，导致酸性物质过多，使大脑活力降低、记忆力减退、身体疲乏。因此，考生的膳食安排要本着全面、适量与均衡的原则，注意粮食、水果蔬菜和肉蛋奶三大类食物的科学搭配。

一定要让考生吃好早餐，特别提醒考生不能空腹参加考试，饮食日常三餐的合理比例为：早餐占25%~30%，午餐占40%，晚餐占30%~35%。

在营养的搭配上，每天给孩子吃的蛋白质类食品，如鱼、肉、蛋及豆类制品，一般肉为100克，两个鸡蛋，200克豆腐；主食不可忽视或减少，每顿都应有米饭、馒头或薯类食品，要在250克左右，而且最好是粗面和糙米，因为这些碳水化合物类食品能产生较多的热量；还应该给孩子掺杂一些海藻、小杂鱼、奶及豆制品等含有无机盐的食品；黄、绿色的蔬菜每天应保证孩子食用400~500克，水果200~300克。烹调以清炖为宜，少食油炸食品，限制高蛋白动物脂肪的摄入，少吃食糖，就能保证孩子学习有充沛旺盛的精力。除此之外，要让孩子每天多喝些绿豆汤或凉开水（加入少许食盐），注意防暑，以补充因气候炎热身体失去的水分，促进体内循环。

家长在饮食安排方面要做到三个原则、八个注意：

三个原则是指均衡、适宜和卫生。

在三个原则的基础上，做到以下八个注意：

(1) 注重合理的食物搭配和均衡饮食；

(2) 讲究食物多样，不偏食，不挑食；

(3) 按时按量有规律进食；

(4) 早餐吃好，午餐吃饱，晚餐清淡；

(5) 注意饮食卫生，不到无证照街边小贩购买食品；

(6) 不暴饮暴食和盲目节食；

(7) 避免油炸和可能诱致过敏食品；

(8) 适当运动以促进食欲和增加血液循环。

早餐的安排

早餐应吃好，切不可空腹，否则容易发生低血糖晕厥现象。吃好早餐可充足供给大脑必需的能量，对保持旺盛的精力和较好的考试状态具有重要作用。

早餐能量应占全天总能量的30%。由于早晨起床后，大脑皮层仍处在抑制状态，很多孩子食欲较差，进食量少，因此早餐要进食体积小、质量高、热量高、耐饥且又易于消化吸收的食物，如鸡蛋、牛奶、面包、蛋糕、白糖、果酱、馒头、烧饼、煎鸡蛋及煎馒头片、豆浆、面条荷包蛋、火腿肠及香肠等。

午餐的安排

午餐是考生一日中主餐。上午体内的热量和各种营养素消耗很大，午餐应该吃饱吃好，可吃些肉类、鸡蛋等含能量较高的食品，它为午后考试活动做好准备。因此午餐应摄入充足的热量和各种营养素，有粮食、有肉、有菜、有豆制品，有干有稀。

午餐饭菜要丰盛，午餐各种营养素含量一般占全天供给量的35%~45%。

推荐午餐菜品：糖醋带鱼+炒素菜+海米菜叶汤；猪肝肉片+西芹虾仁+莲子

百合银耳羹；土豆牛肉片+菜花香菇+豌豆汤。

晚餐的安排

晚餐应以谷类食物和蔬菜为主，口味清淡易于消化，有利于抗疲劳和养神醒脑。

有条件的考生，尽量在家里吃晚餐。晚餐要清淡，以七八成饱为宜，因为晚餐后能量消耗较少。

干饭或小米粥等可作为主食，副食以鱼类和豆制品为主，少量的去皮肉，蔬菜至少半斤。

推荐晚餐菜品：清炖排骨藕汤+豆豉炒豆腐+拌海蜇丝；肉末豆腐+青椒土豆丝+皮蛋拌豆腐；洋葱爆猪肉+番茄炒鸡蛋+拌豇豆。

考试餐有讲究，忌大补特补

饮食上讲究清淡平衡

很多家长认为吃肉可以迅速补充能量，这并不科学。考前膳食要适当补充鱼虾类水产品，搭配豆制品、蔬菜。口味以清淡少盐为佳，不宜肉类唱主角。餐后半小时吃少量水果，可助消化。

食物安全性最重要

一些家长担心孩子食欲不振，家庭餐口味不能满足其需要，考试时到附近餐馆给孩子"加餐"。卫生专家提醒，为保证卫生安全，考试几日最好在家中进餐，尽可能不吃或少吃生冷食品，以免刺激肠胃。

菜肴不要变化太大

考前的食物摄入要广泛，但比照平日不要有太大的变化，因为考生最熟悉的食物最有助于放松心情。同时，对食物的摄入要比平时适当地减少，以七成饱为宜，因为考生在紧张疲劳的时候，胃肠的排空能力较平时弱，少食、多餐有助于减轻考生的紧张与疲劳，也有助于减轻胃肠的压力。

忌讳考前大补特补

一天一粒金施尔康、一瓶鸡精，早晚各一支舒脑液，考试时再带一瓶提神饮料……除了"食补"，家长每天为孩子"药补"。有的家长甚至带孩子去医院输血浆、打蛋白针补充营养。营养专家提醒家长考前大补特补不可取，并非所有考生都适合"进补"，如果不吸收的话，还会导致腹泻、过敏、上火等症状，结果适得其反。

不宜考生食用的六类食物

首先是油炸食品，包括中餐的油炸食品如油饼、油条、油炸糕等，动物性油炸食品如炸鸡、炸鱼等，包括一些洋快餐、炸薯条等等，都不能作为一餐的主菜主食，因为这些食品不但会增加肠胃的负担，还会影响下一餐的食欲和吸收。

其次在蔬菜中，韭菜、芹菜、洋葱等刺激性的食品也不利于考生食用。

第三是粗粮。考试期间，考生不适合大量食用粗粮，因为粗粮会延长胃排空的时间。

第四，考生不宜食用太多甜食，如奶油蛋糕、冰激凌、巧克力等，否则会产生胃管反流和反酸。

第五，家长也不必迷信目前市场上的保健品，因为目前还没有足够确定性的证据证明，保健品可以提供对考生智力、身体的有益帮助。所以还是以自然的食品为最好。

最后，核桃、芝麻、瓜子对孩子健脑有好处，但是这些食品在短期集中服用不仅起不到健脑的作用，还会适得其反。由于这些硬果类食物油脂含量比较高，大量食用会导致考生上火，所以每次食用不应超过25克。

另外，考试期间天气比较热，考生体液的流失也比较大，所以补充水分是至关重要的。但这里所提到的水分是指温开水或矿泉水，而不包括含糖的饮料。

考试期间的头脑清醒餐

考试当天由于思维活动过程加强，细胞内物质及神经递质消耗增多；情绪紧张，交感神经兴奋性加快，肾上腺素及去甲肾上腺素分泌增多；脉搏增快，血压增高；新陈代谢增强，各种营养素需求量增大，因此，考生应在维持充足能量和氧的基础上，增加优质蛋白质、不饱和脂肪酸、磷脂、维生素A、维生素B、维生素C及铁等营养素的供给量。家长应该给孩子准备容易消化、吸收的食物，才能使头脑清醒、心情舒畅。同时，家长在烹调时应注意色、香、味，提高孩子食欲。

下面介绍几种健脑食谱：

1. 早餐

红薯粥，花生什锦，鲜肉小包；玉米粥，鲜肉烧卖，香椿豆腐；红豆粥，火腿三明治，韭菜豆干；鲜牛奶，葱油豆饼，火腿鸡蛋；银耳羹，蛋炒饭，醋黄瓜。

家长们可以从每组中选择相应的主副食搭配。

2. 午餐

海带鸭丝汤，素什锦；糖醋排骨，凉拌三丝；鱼香肝片，西芹虾仁；豆干肉丝，香菇白菜心；胡萝卜烧牛肉，素炒豌豆尖，等等，家长可从中选择搭配。

3. 晚餐

清蒸带鱼，醋溜白菜；泡椒牛蛙，烧西兰花；麻酱高笋尖，白油豆腐。

考试期间的保持体力餐

考生经过一两门课的考场"洗礼"，体力消耗较大，接下来的饮食重在保持体力。

下面推荐专为考生设计的保持体力食谱：

1. 早餐

小豆粥，花卷，茶鸡蛋，海参捞饭。

小菜：五香豆腐丝，素什锦，拌黄瓜。

2. 午餐

米饭或面条，土豆炖排骨，红烧鳗鱼，香菇菜心，黄瓜炒鸡蛋；水果及饮品：荔枝、酸奶。

3. 晚餐

馒头，绿豆小米粥；清蒸活鱼，西芹百合，肉片焖芸豆，熘茄丝。

水果饮品：香蕉，橘汁。

睡前最好洗个澡，喝一杯牛奶或一小碗稠小米粥，以利于睡眠。

考试期间的清补健脾餐

历经两天的奋战，有些考生可以彻底轻松了，但还有些考生要继续进行第三天的考试。第三天给大家推荐的是清补健脾食谱。

1. 早餐

有粮食，也应有富含蛋白质的食物，干稀搭配，主副食兼顾。主食有馒头、包子、油饼、烧饼、豆沙包、鸡蛋挂面、鸡蛋炒饭等；富含蛋白质的食物有咸鸭蛋、火腿、豆腐丝、煮黄豆、酱豆腐、煮花生米、小葱拌豆腐等；稀的食物有牛奶、米粥、鸡蛋汤、挂面、麦片粥等；小菜有拌胡萝卜丝、拌黄瓜、拌白菜丝、拌海带丝等。

2. 午餐

午餐应摄入充足的热量和各种营养素。有主食、有肉、有菜、有豆制品，有干有稀。

主食有馒头、芝麻酱花卷、白菜猪肉包子、红豆包、玉米面豆面白面发糕、软米饭、面条等；

炒菜有炒猪肝、虾皮烧油菜、肉炒芹菜、肉片柿子椒、白菜烧豆腐、肉烧莴笋、炒洋白菜、肉片烧豆角、炒胡萝卜丝、拌绿豆芽、酸辣白菜、肉末炒鸡蛋、白菜炒海带等；

汤菜有排骨冬瓜汤、虾皮白菜汤、骨头白菜汤、紫菜汤等；

粥类有小米粥、大米粥、玉米面粥、绿豆粥、莲子粥、山楂粥、丝瓜粥等。

3. 晚餐

不吃油腻不易消化的食物，以免导致消化不良。晚餐还不宜吃得过饱。

主食有软米饭、面条、馒头、发糕等；

菜有爆炒香菇菜心、排骨汤、松仁玉米、肉末豆腐、麻酱拌菜心等；

粥类有大米粥、小米粥、玉米面粥、绿豆粥、莲子粥、山楂粥、丝瓜粥等。

第四篇

优等生的读书方法

第26章
培养高效阅读的习惯

一般传统阅读是字、词、句阅读，按行从左至右逐行阅读，由于是逐字阅读和出声阅读和默读，及反复回看、倒读，拉慢了时间。而高效阅读不是逐字阅读，而是一次凝视比较多的字，减少注视次数，扩大视野广度，眼球停视时多抓一些文字信息，减少回视次数。高效阅读采取概念阅读，抓住要点，用较少时间，赢得较大阅读量。

阅读速度有方法问题和技巧问题，这与一个人的知识水平、结构、能力、文化修养有关。每一部著作，每一篇文章都有阅读重点，所以要正确分配注意力，集中在重点的实质问题上。不要集中在感知文章结构上，这样可以提高理解系数30%~40%。

高效阅读的方法很多，如预读法，略读法，跳读法，错序读法，前后交叉读法，逆倒阅法等等。

怎样培养高效阅读的习惯

那么，我们应该怎么做呢？

（1）不要反复浏览。凡是科技读物，一般只需顺着读一遍即可。如有必要，也要等整篇读完之后，再回过头重复某项内容。避免眼睛不断地来回转动。

（2）采用"筛选"式阅读法。有意识地为涉猎专业所需的信息而读。

（3）要默读，不要朗读。发声的阅读是快速法的大敌。

（4）阅读时，视线应与读物成垂直线，并充分发挥视线的"余光"作用，多览到一些内容。

（5）要聚精会神地阅读。快速阅读必须有"强化"的注意力。

（6）提倡有理解地阅读。阅读时，抓住实质性的关键词。读物的内容实质，正是阅读时应弄通的重点。理解，就是探索出读物的思想意义。

（7）在阅读中，运用要领记忆的基本方法，有目的地去记。不必去记无关紧要的词句，要记住作者意图及内容实质。

培养高效阅读习惯，进入全新学习方式

总而言之，无论是阅读，还是对阅读的内容的记忆，都需要按照快节奏的时代精神，利用"高效阅读法"进行科学地培训和自我训练。

例如，如何在阅读中保持注意力的高度集中，如何在阅读中使视线的运动既快又能捕捉到更多有用的信息，如何提高对不同类型的阅读内容的综合概括的能力，如何在阅读时对它们进行分析，如何能快速地进入阅读对象的写作意图和思想内容之中，如何克服慢条斯理地阅读和反反复复回读的坏习惯，如何克服阅读时的恐惧心理和不自信的态度……凡此种种。

事实上，从阅读的习惯到阅读的技巧，从阅读的心态到阅读的目标的这一系列的调整，需要一整套的科学培训。很多介绍记忆和阅读的技巧的书都说明进行高效阅读法训练必须从实际运用的系统培训开始着手，特别强调培养和训练的系统性、科学性和实用性。我们必须改变这样一种根深蒂固的观念，那就是读得越慢就越理解文章的意思，也就记得越牢。如同进餐时强调要细嚼慢咽一样。科学的分析早已指出，读得越快才能理解得越好。当我们利用高效阅读法开始学会快读的时候，我们已经开始一种全新的学习方式了。

第27章
提高阅读的速度

按阅读的速度分，有慢读和速读。慢读的功夫需要韧劲和耐力，对于阅读草率、粗疏的人，应该先练习慢读，做到目不斜视，心无旁骛，能一连坐上几个小时。据说牛顿思考问题，注意力十分集中，头一天坐着的那个姿态，一直到第二天竟没有改变。慢读需要的就是这种专心致志的功夫。一般来说，慢读表现为精读，速读表现为略读，但这也不是绝对的，在科学技术高度发展的时代，阅读材料成倍增长，加快阅读速度十分重要。无论略读，精读，都需要调整速度。这里，我们着重谈谈速读的技巧。

阅读速度慢的主要原因

阅读速度慢是限制我们的知识面的一个弱点，为什么读的慢呢？在美国心理学家古德、伊洛弗看来，造成阅读速度慢的主要因素有以下几点：

1. 阅读停顿的次数过多，停顿时间长。据心理测验，阅读快的人每5—8行才停一次，每次停的时间为03—05秒。

2. 倒看，有些读者因为阅读留下的印象浅，不得不倒回来看。有经验的读者眼光是很清楚地集中在那些关键词句上的。

3. 念词阅读：在阅读时眼睛注前看而口也在无声地念（小舌在动），限制了阅读速度。

4. 缺乏强制性的速度锻炼。会读书的人常是抓紧一切业余时间，以尽快把书看完，他的阅读速度就是在这一过程提高的。

5. 不善于运用跳读。在阅读时有一种不能忽略一切的情感，这在心理学上叫做"求全态度"。这自然影响速度。

6. 注意力不集中：注意力不集中是学习的大敌，也是影响阅读最主要的"敌人"。

7. 情绪的两级分化：过于忧伤或过于高兴都不利于阅读，应该在稳定的、舒畅的、随便的精神状态下阅读。

8. 时间的选择不当：睡眠后不直接着阅读。因为这时大脑神经系统尚处于抑制状态，还未兴奋起来，建立关系。诸如这样违背生理规体，在与"生物种"违时的状况下读书，速度也不会快。

扫描法

这是一种快速浏览法。

从形式上看，"扫读"是粗粗地一扫而过，一目十行百行，其实这对读者的要求更高，它需要注意力高度集中，在快速阅读中，准确挑选出重要信息。

实验证明，视觉（特别是周围视觉）发达和经过训练的人一打开书，就能立即发现自己要找的东西。用扫描法阅读时，最好手里拿一支铅笔，一面挨页翻书，一面把有关材料、人名、主要观点和重要数据勾划出来。这样不仅便于抓住主要的东西，而且可以减少第二次阅读时的"陌生感"。扫描法还可用在复习中，一本书读完了，再顺手挨页翻一遍，这样把细读中被剖析分开的整体重新连了起来。当然，扫描法用得最多的是在寻找人名、地名、论点和重要数据等资料中。

跳读法

　　跳读法是快速掠过，从中提取精华的阅读方法，与扫描法不同，它是跳跃式的，略掉一些东西不读，而扫描法则是逐页扫过。跳读法可分为以下几种。

　　以标题、重点语、图表等为主要阅读对象。每本书都要开列些章节标题，许多书还用黑体字突出定义和结论。近几年，有的书出现用方框框出要点；有的用黑体字体现……这些都是作者要读者留意的地方，是全书、全章和全节的重点所在。通过跳读法把这些重点连贯起来，构成这本书的"浓缩本"。许多书只需要读一读这样的"浓缩本"就行了。

　　（1）首尾句读法。又可分首句读法、尾句读法和首尾句同时读法。一般来说，尤其科学性著作，每小段的首句往往是提纲挈领的一句话，末句是承上启下的一句话，中间则是推理、补充和例子之类的东西，运用首尾句读法，只读每个自然段落的第一句或最末一句，可以迅速抓住全书发展的主线，减少枝节问题的干扰。

　　（2）选择跳读法。选择自己所需要的同特定主题有关的词语阅读，而省去其它的段、句和词，这多数用于查找文献资料。

　　（3）语法词跳读法。这种读法主要是抓住关键词即名词、动词，或者说，主要抓主语、谓语、宾语，而忽略修饰等辅助性句子成分。

　　（4）随意跳读法。

　　上述4种跳读法是以书中出现的线索为阅读的注意点，随意跳读法的主观性则很强，它完全根据阅读者的兴趣和思路来找阅读的注意点，而略去书中的一些章节、句子和词语。

"消化吸收"的速读三部曲

快速阅读法要求读者对书中内容的理解，带有浓缩知识的特点，在充分消化重点内容后吸取其中的精华。专家们为此设计了三步曲式的"消化吸收"阅读法：

第一步，选出最能反映内容实质的相关词语——关键词；

第二步，将关键词加以有机的组合排列，使它具有完整的意义；

第三步，用自己的语言把这些内容表达出来，进而记住它。

你应该采用的正确阅读速度并不是只有一种。最理想的是，能够运用各种不同的速度来阅读，而且知道什么时候用什么速度为宜。高速度的阅读能否取得成效还值得怀疑；只有在你不得不读并不真正值得阅读的材料时，高速度才有价值。无论怎样，阅读速度的快慢，只是大多数人阅读问题中的一个小问题而已。

速读练习的10条原则

快速阅读法要在实践中反复练习才能掌握，练习中要注意10条原则。

（1）不要重复阅读。无论多么深奥复杂的书籍，永远只读一遍，眼睛不做逆向运动，只有在一章或一节阅读完复习时，可以重复阅读。

（2）阅读时，在思想上将所接收的信息分类，并记住各类的基本内容。

（3）阅读时不要出声。朗诵是快速阅读的最大障碍。阅读过程中，按一定的节拍练习，这可以起抑制发声的作用。

（4）阅读时视线垂直移动，注意扩大末梢视觉。随着眼球运动能力的提高，逐步过渡到理解性阅读。

（5）阅读时注意力要高度集中，要系统地完成书中规定的各项练习。

（6）边阅读，边理解。阅读文字时，要分析出关键词和主要概念（这是理解的重点）。请记住，阅读的目的是为了找出和处理书中的概念和意图。

（7）阅读时要采用记忆的主要方法。阅读的目的决定了记忆的特点，只记忆理解了的内容，记作者的见解和思想，而不要记个别词句。

（8）要变换阅读速度。这一点与学会快速阅读同样重要。

（9）经常练习，以便巩固已形成的习惯。

（10）每天应该读完2份报纸、1份专业性杂志和50页~100页课文。

速读的心理要求

扩大阅读量，提高阅读效率，是时代对当今青少年提出的一个新的要求。那么，怎样才能提高阅读效率呢？要想读书效果好，必须具备良好的客观环境和心理环境，其中，心理因素占主导地位。要保持最佳的读书心理，起码要具备以下几点：

一、纯洁的心境。就是说，在读书之前要把一切芜杂的、混乱的、烦琐的念头全部拭去，使心境如一池清水、一块水晶。在这张"白纸"上画出的"图画"才会清晰。

二、渴求的心欲。读书要有如饥似渴的求知欲，要有浓厚的兴趣和爱不释手的感情。

三、安静的心绪。读书时的心绪要安稳宁静，要克服慌乱、烦躁和紧张，心跳应平稳，呼吸应均匀。

四、明确的心态。在读书中要有一个念念不忘的目的，这样才会有新的发现。

五、专一的心力。在阅读时要把全部精神倾注在阅读对象上，加强感觉器官和思维器官的活动，造成大脑的兴奋。

六、乐观的心情。对环境、处境，应该有一种惬意的顺向心理，不应该有反感的逆向心理。

第28章
改进阅读的技巧

阅读不能依靠加快翻书页速度和人为地强迫眼睛运动等机械的方法来改进，这种方法是没有魔力的。只有在阅读技巧上用功夫才会产生魔力。

语调方法

默诵是阅读和理解过程中的一部分，可以运用它来作有高度理解的快速阅读。

最有效地运用默诵即是通过语调。语调指的是在读句子时是用升调还是降调，换句话说语调阅读就是有表情地阅读。语调能够自然地将单个的词汇组成有意义的"语段"。

要用这个方法，就得让视线像通常一样在书页上快速移动。不必发出任何声音，但要让思想在每一行上回旋，用一种"内耳"听得见的语调节奏。这就是有表情地阅读。这样做了，就在把文字变成书面形式后失去的重要韵律、重音、强音和停顿重新用上了。

为使不出声的语调阅读方式成为经常习惯，开始的时候，可以在自己的房间里出声地朗读，用10分钟~20分钟来念完小说中的一章。要带有夸张的表情来念，就像是在朗诵戏剧中的台词。这样在脑子里会建立自己的一些语言模式，在默读时，就会更容易"听到"它们。

词汇方法

也许没有比积存丰富而精确的词汇这一方法更可靠地合理地来永久提高阅读能力了。

精确的词汇要求我们把每个词都当作一个概念来学习，知道这个词的来源，主要含义，几个次要含义，它的一些同义词及它们之间细微的区别，以及它的一些反义词。于是，在阅读中遇到这个词时，这大量的词汇便会闪现在面前，启发我们理解这个句子、段落以及作者想传达的思想。

背景方法

读几本好书会使我们在很大的程度上改进阅读。这样说的第一个理由是因为这样做，会得到很多练习的机会，更重要的是，可以积累大量概念、思想、事件和名字，它们将在我们今后的阅读中发挥作用，这些信息被运用之频繁令人惊奇。

杰出的心理学家戴维·奥斯贝尔指出，阅读的关键性先决条件是我们已经掌握了的背景知识。奥斯贝尔的意思是如果要理解所读的内容，就必须运用已掌握的知识（即背景）来理解它。所谓背景并不是生下来就有的，是通过直接的和间接的经验而积累起来的，当然，间接经验是通过听、看电影或读书得来的。

作者在书上常常引用名著、名言或众所周知的事件。在许多情况下，我们虽然不知道出处，但仍能理解故事内容。但有时，一个引喻也可能是很关键性的，如果没有这个背景知识，就得去查找它的含义。为了说明这一点，我们拿罗伯特·路易斯·史蒂文森的一段话来作例子：

And most long ago I was able to lay by my lantern in content, for I found the honest man.

这一句由20个很简单的词组成，其中许多词只有两三个字母。其中有一个对理解这句话有着决定性作用。作为一个实验，在念下面一段之前，回过头去看看自己能否找出那个关键词。

这个句子中被人最多找出的两个词是honest（诚实）和content（满意）。不错，这两个都是美好的词，但都不是关键词，那个关键词应是lantern（灯）。当然，史蒂文森指的并不是一盏普通的灯。第欧根尼是公元前4世纪希腊哲学家和批评家，他在大白天举着一盏点燃着的灯走在雅典的街道上，盯着看过路人的脸庞，他说他在寻找诚实的人。他是用夸张的手法向人们表明甚至在大白天举着点燃的灯也难找到诚实的人。

很清楚，如果读者不了解第欧根尼的故事，就无法完全理解史蒂文森的句子。而这不过是成千上万个例子中的一个罢了。我们不可能将每一事实、神话、故事和诗歌存入自己的背景知识库里，但是，可以通过阅读，增加其容量，从而使阅读收到更好的效果。

要读巨著，前辈的智慧正是通过这些书籍传给后人的。它们可以向人们提供和王子、国王、哲学家、旅行家、剧作家、科学家、艺术家以及小说家"谈话"的机会。从感兴趣的书籍和科目开始，如果自己的兴趣狭窄，那也不必烦恼，一旦自己开始阅读兴趣就会自然地扩大的。

吉本方法：大回忆

著有《罗马帝国衰亡史》的英国伟大的历史学家爱德华·吉本（1737-1794）经常运用"了不起的回忆"这个技巧。这种技巧只是指有组织而认真地运用人们的一般背景知识。

在开始阅读一本新书或者在写某一课题之前，吉本常独自一人在书房里呆上几个小时，或独自作长时间的散步来回忆自己脑中所有的对这一课题的知识。当他在思考着主题思想的时候，他会不断惊讶地发觉，他不可以挖掘到许多别的思想和思想片断。

吉本方法是极其成功的，因为他所凭借的是一些自然的学习原理：

脑子里将过去的想法提到最前面，以备应用；

过去的思想可以作为吸引新思想新信息的磁力中心；

这种回忆方法可使人集中思想。

段落方法

为了更好地理解课文内容，可以在读完每一个段落之后，停顿一下，将段落内容概括压缩成一句话。要学会概括和压缩，就必须知道三种主要的句型，即段落主题说明句、论证句以及结论句。

段落主题说明句，显然说明这个段落将讨论的主题（或主题的一部分）。虽然，这种主题句可出现在段落中的任何一处，但通常是段落的第一句，这样做有很充分的理由，即作者写作时与读者阅读时都能够有个中心。所以，如果发现了段落主题说明句，就立刻把它画出来，因为它不仅现在醒目，而且在以后的复习中亦很醒目。

大多数说明段由论证句组成，用来解释和证实主题。这些句子描述的是事实、理由、例子、定义、比较、对照以及其他有关细节。这些句子最重要，因为正是这些句子说服读者接受作者的思想。

课文中每段的最后一句话可能是结论句。用来概括讨论内容，强调要点和重述整个或部分主题的说明句，从而结束这一段落。

当然，阅读的段落是一部比较长的作品的一部分，课本中的一章，一章中的一节或者是报刊杂志中的一篇文章。其中除了新的信息的提出并讨论说明段外，这种比较长的作品包括三种形式的段落。

（1）导言段。这种段落能够预先告知：这一章或这一节要讲的主要思想；所讲内容的广度和限度；主题是如何发展的；作者对主题的看法。

（2）转折段。这种段落通常是很短的，它们所起的唯一作用就是把已读过的内容和以下要读的内容联系起来，起承上启下的作用。

（3）概括段。这种段落是用来简要地重述这一段或这一节的中心思想，作者也可以根据该章的中心思想作出某种结论。

所有这三种形式都应该提醒：导言段表示将讲些什么；转折段表示即将讨论一个新的主题；概括段指出该段内容的中心思想。

结构形式法

有成效地阅读的秘诀是思考。我们必须思考所读到的词以及这些词所代表的思想。这听上去挺简单，事实上却并非如此。问题是：我们阅读的时候，思想常常不集中。我们在思考别的问题时，就不能思考我们正在阅读的内容。

有一种方法可以使我们阅读时集中思想，就是看出并认识到作者所用的结构形式，这样，就会和作者一起思考。例如，认出正在读的段落是按时间顺序来组织的，就会对自己说："我知道她在写什么，她是把大萧条期间所发生的主要事件按年份来描写的。"领会了这个结构形式，思想就会逗留在阅读的作品上并会思考着它。

一次一页方法

托马斯·麦考莱（1800-1859）是英国的政治家、史学家、小品文作家和诗人。他的最伟大的作品《英国史》出版后，销量超过了所有其他书籍而仅次于

《圣经》。

麦考莱在3岁时候便开始阅读成人的书，但在读了一书架一书架的书籍后，他突然发现花了那么多精力并没得到许多知识。

他能够看懂作者们的每一个字，似乎也理解他们想要说些什么，但以后他不能概括书本所讲的思想，甚至也不能用一般的措词形容作者所写的内容。

他对解决这个问题的方法作如下的描述：

当我念到每一页底下时，总让自己停下来讲一讲这一页所写的内容。起初我总要念上三四遍才能使自己的思想稳定下来，但我强迫自己来遵守这一规定。一直到现在，当我念完一页时，就差不多能把它从头至尾背出来了。

麦考莱的方法至少有一些非常基本、诚实和令人耳目一新的，没有什么复杂的公式，只要在每页结尾的地方，问一下自己："简单地说，作者在这页里讲了些什么？"

这个曾有益于麦考莱勋爵的方法对我们同样有用。这会使我们集中注意力，它也教导我们在阅读过程中不断地进行思考，每次停下来作一次简单的回顾，也会加强我们的记忆力。

丹尼尔·韦伯斯特方法

丹尼尔·韦伯斯特有他自己的集中注意力的方法：他在读一本书之前，先看一遍目录，读一遍前言，再翻上几页。然后开列这样的几张表：

他期望这本书能回答的问题；

他期望阅读中得到的知识；

这本书会把他引导到哪里去。

这三张表指导他读完全书，并使他的注意力高度集中。

关键词方法

在阅读时最能给予帮助的词是介词和连词，它们能够引导我们进入作者的思路。如"furthermore"这个词表示："继续下去！""However"表示："后面部分需要引起注意"。

掌握上述词汇或短词，就立即能成为一个更好的读者。

略读方法

学生和商业行政人员都认为被广泛应用的阅读方式是略读。略读包括多种速度用途，从快读一直到查找，查找简直不能称为阅读。所以，是用快读还是用查找——或介于两者之间——取决于个人的自由。必须使略读的方式与个人的目的相配合，否则，就是浪费时间。

下面是略读的五种目的以及各自的方法。

（1）大海捞针。如果要查找一本课本或一篇文章内所提供的信息（如姓名、日期、词或短语），可以用略读的查找方法，因为在找的时候并不需要理解，而只要辨认，便可找到答案。为了保证自己的眼睛不漏看要找的词或事实，在一页页浏览的时候要注意并集中注意力来找这个词或事实。这样，就会在字的海洋中把它找到。

一旦找到了这个具体的字或事实，最好先停顿一下，然后再念一下它周围的句子和段落，通过上下文来确定是否已找到了要找的字或事实。

当我们运用查找方法时，如果时间不多，那么就要不受读整篇文章诱惑，因为我们的潜意识里可能是想推迟学习。如果确实有时间，那么不妨满足好奇心，把文章念完，这对于下一次的考试可能没什么帮助，但所获得的知识会有用，能丰富自己的常识。

（2）寻找线索。我们想要找一条特定的信息，可又不知道它会在哪些字眼中出现，那么你就要用慢一点的查找方法。既然这样，没办法预见那些确切的字，所以，就得注意线索，而线索则是可以以各种方式出现的。

（3）要领。有时候可以通过略读来抓住一本书或一篇文章的要领。我们可以用这种方法，来弄清楚一本书是否同研究的课题有关。为了抓住要领，可以很快地念一念导论和摘要，也看一看一些指明包含重要论据的主要说明句的段落。

在准备写一篇学期论文的时候，这个略读法对我们会有所帮助。在资料室查阅完目录卡片，并列出一张看上去与自己的题目有关的书名单后，把这些书籍拿来看一看，剔除一些与自己的题目无关的书籍，保留与自己的题目有关的书籍。很明显，如果想阅读书单上的所有书籍，要看一看目录，或者选择标题与你论文的题目有关的一章，略读一下，从而得到这一章主要的思想。

（4）对课本中的一章作总的了解。这样做能在不同程度上达到对课文的理解。一般地来说，这种略读要求对解说词标题、副标题及段落的几个部分的理解，从而知道重要的概念将在何处讲述。这样的略读可以使我们弄清楚每一部分在整体中相对的重要性。

（5）为了复习而略读。应付考试或背诵而进行的复习也可用略读这个方法。把以前所读过、钻研过、做过笔记的内容略读后，为了更有效果，应不时停下来试试将每一章重要的概念背一下，或概述一下一章的内容。

读完课本中的一章后，就像一张拼凑成了的七巧板拼图一样，一定要对全章作总的观察，把它作为一个整体来理解。

为使略读成为一个有效的工具，必须常练习，要记住使这方法适合自己的目的。略读可为我们的学习以及将来的专门工作节省时间。

第29章
掌握阅读的心理

　　阅读动机一般可分为两类。一类是"外在的动机"，也就是说，读者是在外在压力下产生阅读某本书的愿望的。如为考试、为竞赛、为逃避指责而去读书，多半属于这种情况。外在的动机常常可以使人迫切地需要读书。另一类是"内在的动机"，是指读者在没有明显的压力的情况下，由于自己的追求、审美趣味、求知欲而产生的阅读动机，读者所感受到的是内在的压力，自己给自己的压力。

阅读中的心理学问

阅读总是需要全身心配合的，因此阅读的过程就是心理活动的过程。阅读的效果不仅取决于阅读的策略，取决于读者的知识水平和思维能力，还取决于读者阅读需要、动机、兴趣、意志、情绪和经验。阅读过程是这种种因素相互作用的过程。积极的心理因素对提高阅读效果起促进作用，消极的心理因素往往成为阅读的内在障碍。因此，我们有必要了解一些阅读方面的心理知识，自觉地把握自己的阅读心境，以真正做到有效阅读。

阅读的愿望和需要

为什么有些人愿意学习并且想办法学习？为什么有些人不愿学习甚至厌恶学习？这是因为前者具有学习某科知识的内在愿望和需要，而后者没有。按照亚伯拉罕·马斯洛的观点，人的需要可分为五大项，即生理的、安全的、爱恋的、尊重的和自我实现的需要。

生理需要包括我们的生存所必需的食物、衣着、住室之类的东西。

安全需要指的是基本的生存需要，在今后有把握得到满足的一种感觉。安全需要主要是经济性的，但是，这种需要也同我们的情绪上的安全需要相毗邻，或者互相重叠。

这里所用的"爱恋"一词，从本质上说，是一种情绪上的安全感觉。它指的是对钟爱和依恋的需要。它包括有人为了我的缘故而关心和珍视我的感觉。

尊重是指一个人觉得自己重要、有价值，被人看得起、受人尊重、受人敬佩的一种需要。它意味着对注意、承认、地位、威信或诸如此类的东西的需要。

自我实现是指一个人对个人的成长或完满发展的追求，是指一个人最充分地发挥自己的聪明才智，发掘自己的潜力，使自己能够成为一个人物的那种需要。自我实现意味着人们对自我表现、审美经验和欣赏的需要以及人们追求知识，满足自己的好奇心，了解自己、他人和周围世界的需要。

人的大部分行为包括阅读都是满足这五种需要中的一种或几种。只要有助于满足这些需要，就会给阅读带来强化作用。例如，当一个人体检被告知他患了肝炎的时候，他就会立即产生一种关心自身健康的需要，因而也就会迫不及待地设法弄一些医学书来看，即使书中充满了深奥的术语和枯燥的数字，他也会很有兴趣地一页一页地翻阅下去。甚至在短短的几天内，就把有关肝炎的各种问题搞清楚了。当然，人们的阅读范围比这种或那种因直接需要而进行的阅读要广泛得多。我们在阅读一种书籍和材料之前，首先要明确阅读的目的和意义，这样就会产生强烈的阅读愿望和需要，甚至把书"啃"得滚瓜烂熟了，还觉得不过瘾。

阅读中的动机和兴趣

如果我们感到读书枯燥无味，或者感到读书是一件要用意志去克制的事情，那么，应该问一问自己，究竟为什么要读这本书？读书的动机是什么？动机强烈吗？

只要扪心自问，我们就会发现，阅读常常是有动机的，但各种动机在性质上有所不同。

例如，有的书之所以要认真阅读，是因为"要考试"，它们是升级、考研究生"不得不读"的书；有的书，是因为工作中遇到了难题而努力去读的；有的书，是因为前辈学者说过"这是一本治学者必读的书"；还有的书，完全是因为它吸引了自己，唤起了探求人生真谛的热情……如果把自己的各种动机开列出来，我们一定会突然发现妨碍自己提高阅读效果的症结所在。

阅读动机一般可分为两类。一类是"外在的动机"，也就是说，读者是在外在压力下产生阅读某本书的愿望的。如为考试、为竞赛、为逃避指责而去读书，多半属于这种情况。外在的动机常常可以使人迫切地需要读书。另一类是"内在的动机"，是指读者在没有明显的压力的情况下，由于自己的追求、审美趣味、求知欲而产生的阅读动机，读者所感受到的是内在的压力，自己给自己的压力。

阅读的主体是个人，是人的眼、脑、嘴、手的有机配合的独立活动，一切社会性的动机、外在动机要在阅读过程中发挥实际作用，必须要转化为读者个人的动机，外在的需要要转化为读者自己的需要。

深层的阅读动机是由世界观、学习目的、人生价值取向和知识水平所决定的。一时的阅读只需一时的动机就行，消遣性的阅读只需一般的动机就行，而作为开创性的艰苦的阅读，长期坚持不懈的阅读，则非有远大的动机不可。外界社会对个人的影响，也就是说，对人类的前途的关注，对祖国和人民的爱，一般表现为"发自内心深处"的阅读欲。思想家们如果有一天身边没有书可读，就会有一种不可名状的寂寞感和空虚感。只有这样的阅读欲才能使读书成为乐事。这正如孟德斯鸠所说："喜欢读书，就等于把生活寂寞的辰光换成巨大享受的时刻。"对于读书欲弱的人来说，读物的难度会造成阅读兴趣的消失；但对于读书欲特别强的人来说，只要对胃口，读物越难，读起来越有味道。这种动机是深层的，阅读者自己也不是常常能意识到的。

除了读者的人生目标对于这种深层阅读动机的强烈制约之外，从阅读本身的角度看，这种深层阅读动机取决于哪些因素呢？一般来说，有以下几点：

读者的思维素质和语言能力。语言能力包括文字符号的感受能力，以及运用语言进行思维和表达的能力。语言能力较高的人，在阅读时花在理解文字符号上的心力较小，阅读的障碍较小。语言能力高，实际上是思维敏捷，因而在阅读一开始就迅速接受文字符号的刺激，产生出一种阅读的心境，激起阅读欲。即使拿到一本开始不太感兴趣的书，但开卷读了一小段，也会因为语言能力强，获得一种阅读的内驱力，从而产生继续读下去的愿望。所以，一定要扎扎实实提高自己的思维素质和语言能力。

阅读习惯和经验。阅读习惯使读者迅速完成从其它活动转入阅读活动的过程，阅读是一种思考。因此在阅读开始时，心理往往不适应，发生"读不进去"的现象。没有阅读习惯的人这种心理不适应的阶段延续较长。对于阅读成习惯的人，心理转变较快，一拿起书，眼、脑、心都进入"临战"状态，稍读几行就能很快品出味来。阅读经验也起同样的作用。读过很多书的人，能很快地把自己的注意力调节到阅读中来。心理学的研究证明，习惯和经验同该行为的内驱力有关。要激发深层的阅读动机，必须培养自己的阅读习惯，使阅读成为自然而然的事，从而提高阅读效果。

读者的"自我意识"。在阅读中，读者有什么样的自我意识，就会得到什么样的阅读效果。以"博学家"、"学者"自居的阅读者在阅读中产生的内驱力，与以"随便读读"自居的阅读者是不同的。这个对阅读效果影响很大的问题，十分隐蔽地伴随在阅读心理的过程中，一般不为我们所察觉。有些大学生，在大学一年级时，心理上就过早地产生专攻某一学科的意识，结果很快失去了阅读其它必读之书的动机，形成片面的知识结构。还有的，认定自己是"不善阅读的人"，有了这样的阅读意识，就把自己束缚起来了。读得少，读得慢，读得不好，反而认为符合自己的实际情况，严重妨碍了多读快读的阅读动机的发挥。在阅读中，应该抱"无所不知"、"没有什么书是我读不懂的"态度，便会大大激发博览群书的阅读动机。

第30章
如何阅读一本好书

在选择了好的和合适的图书之后，那么怎么阅读一本书呢？

阅读书讲究抓住重点

阅读的主要目的，是要理解。必须根据主题建立一套分析的体系，先观察一个有完整思想、段落的句子，接着就解析构成句子的单字，最后才认识字母。也就是说先找出作者强调的重点和目的，从目录中了解书的结构。找出几篇重要论点所在，再仔细阅读。可以假设自己是个侦探。要找出书里面的主题、观点等线索，必须随时保持机灵，才能很快达到目的。第一次阅读一本困难的书，最好能一口气读完，不要为了不懂的地方而停下来思考或查证。能很快读过一遍，第二次再阅读时，就能了解更多，吸收更多。太早查证参考数据，对我们不仅没有帮助，反而会妨碍我们阅读。还必须能运用不同的速度来阅读。还可以使用手指当作指针，不仅要训练增进阅读速度，而且也是要促进更加集中精神。

读书的一个很重要的原则是主动阅读

主动阅读的简单规则——边读边提出问题，而且必须尝试着自己去回答问题。无论读任何书，都必须提出问题，这些问题也与重点有关：

书的内容大体有关什么？

作者详细叙述的是什么？

这本书是真的吗？

这本书和自己又有什么关系？

要能够抓住重点，指出作者一连串观点的发展，无论如何必须把所有的观点连贯起来。

培养习惯的方法无它，只有不断地运用练习，形成阅读的习惯。习惯是第二天性，把握规则才能将其熟练运用，把握原则，加上不断地练习、运用，才能养成习惯。

抓住重点的学习方法分为三个阶段

第一阶段——找出书本内容的规则。

依照作品的种类和主题加以分类。

使用最简短的文字，叙述本书的内容。

按照内容发展的前后关系及顺序，一一列出各部分的大纲。

确定作者所要解决的问题。

第二阶段——诠释作品内容的规则。

找出作品的关键字眼，并且完全了解这些字眼的意义。

找出重要的句子，从中掌握作者的主要命题。

找出互相关联的句子，并加以组织，以便了解作者的论点。

确定作者已解决和未解决的问题，最后再断定他所无法解决的问题。

第三阶段——评论一本书的规则。

进行评论的一般礼节：

还不能充分了解作品以前，不要任意同意，反对或存疑。

不要恶意反对或驳斥。

批评作品时，必须提出批评的理由或证据。

批评观点的特殊准则：

指证作者的无知。

指证作者传递错误的知识。

指证作者不合逻辑的观点。

指证作者分析或解释说明得不完全。

解说的书主要是传达知识，只有经过思考后抓住重点，拟出来的规则，才能一目了然。明智的行为是以知识为基础。理论的书，告诉读者事情是怎么一回事；实用的书，则是教导读者如何做自己想做的事，及如何思考必须做的事。理论所要表达的，是事情的真实性及事情本身的内容，而不是提出获得更好结论的建议和方法。哲学书籍所涉及的范围，都不超出人们日常的生活经验。

必须以适当的态度来阅读各种不同的知识

必须以透视的眼光去读它，了解一本书，最主要的就是把握架构，把握住文章的要点。每一本值得阅读的书，都具有完整的架构，且各个部分，有系统地组织起来。愈完美的作品，其结构愈完整。必须知道构成整体的每一个部分，而这些部分之间，应该是有组织的联系。如果有一个部分不只是集合，而是复杂组合的有计划、有安排的情节，必须试着把它们找出来。世界上的情节是很有限的，故事安排的好坏，就看作者如何为相同情节的主干加上外衣。要有真正属于自己的心得，就像作者也有他自己的观点一样。

第31章
区别对待读书法

　　我们读书之前应谨记"绝不滥读"的原则，不滥读有方法可循，就是不论何时凡为大多数读者所欢迎的书，切勿贸然拿来读。例如正享盛名，或者在一年中发行了数版的书籍，不管它属于政治或宗教性，还是小说或诗歌。要知道，凡是比较通俗的作品常常会受大众欢迎的。不如把宝贵的时间专读伟人的已有定评的名著，只有这些书才是开卷有益的。这就要求我们对图书进行分类，加以区别对待。

作家伍尔芙夫人读书的两个步骤

英国作家伍尔芙夫人，读书有两个步骤：第一步是尽量敞开胸怀，来容纳作者给自己带来的无数印象；第二步是比较与判断。第二步比第一步复杂得多、困难得多，必须经过广泛的阅读，有充分的理解力和很好的记忆力，才有可能进行生动有力地比较。更难的是对作品作出确切的评价，指出它的失败与成功，哪一部分是它的优点，哪一部分是它的缺陷。对这两个步骤，伍尔芙夫人形象地比喻为当"朋友"与当"法官"。当"朋友"是为了解书的内容，获得印象，但这仅仅完成了阅读过程的一半，就此止步是不行的。要想从阅读中得到充分的收获，还必须作进一步思考和判断。初步的印象有时并不可靠。当人们拿一本书与别的书比较时，意味着态度已经有了变化，从前是作者的朋友，现在则想当一名法官，我们同样也不能太严厉。但有些读物是例外，对那些伪书、劣书、坏书，对它们的审判必须严厉。在评价一本书时，最好把它与同类著作中的最佳作品作比较，不仅能使之优劣分明，还能使那些优秀作品相得益彰，给我们留下更深的印象。

她的读书方法，实际上就是一种区别对待的方法：把好书当朋友，把坏书当敌人。

大仲马集中精力读精选书籍

法国著名作家大仲马有一套精选读书法。他在《基度山伯爵》一书中，塑造了一个博学多识的人物——法利亚长老，并通过长老之口谈了这样的读书方法："在我罗马的书房里，我将近有五千本书，但把它们读了许多遍以后，我发觉，一个人只要有150本精选过的书，对人类的一切知识都可齐备了，至少是够用或应该所知道的都知道了。我把生命中3年时间用来致力于研究这150本书，直到我把它们完全记在心里才罢手。"在这里，他认为这150本书就能囊括"人类的一切知识"，显然不够科学。但是，大仲马注重"读精选过的好书"，却是值得借鉴的。

诗人纪宇谈读书

诗人纪宇在谈到读书时认为，"读书无禁区，思考要独立，博览最必要，精读大有益。"他主要是写诗，读的诗比较多，但也读一切感兴趣的书，不偏食，不忌口，而且在某些时期主要读诗之外的书，爱读美学、艺术理论、杂著、笔记之类的书，尤其爱读其中的人物传记。作为文学青年，多读文学书籍是不必多说的，但也要读一点美学，懂一点艺术理论，这是很重要的、必不可少的艺术修养。不学点美学，怎样在生活中感受美、发掘美、歌唱美呢？真正的文学家从来都会融会贯通的，虽然不能说十八般武艺样样精通，也决不能像李逵那样，除了两柄斧头就是俩拳头。

他重点提到，书太多了，全读不可能。他读书会对书进行不同的区分，主要有三种情况：

（1）粗读书：浏览，知道书名、著者、主要内容就可以了。用时可以查，能找到就行；

（2）细读书：动笔墨，圈画，抄重点；

（3）常读书：爱不释手，几乎有空就看，而且反复思考；每天睡前看一会儿书，外出时也随身带着书，细嚼慢咽。

世界上的书质量不尽相同，我们应当挑最好的书来读，不要把精力耗费在二三流的书籍里。

第32章
模型读书法

所谓模型读书法要求读书前就预构读书的结构模型，即预先设想一下该书将说些什么，将以什么方式说。然后带着这个模型在书的"现实"中寻求验证、修正或重构，主动而有意识地朝书的结构前进。这自然也出现了一个问题，还没读书，怎么能预构出书的结构模型呢？换句话说，这个原始模型是怎么得来的？

建立原始模型

原始模型的质量如何，对即将进行的阅读顺利与否影响重大。原始模型的建立并不是凭空的、随意的，而是可以根据一些非正式信息（即正文以外的信息）来建立的。这种可供利用的非正式信息是很多的，可以粗略地归为关于著作和关于作者的。书的序、跋，乃至书名、目录都给我们提供了关于书的重要信息。还有别的渠道获得的书评、介绍，如读一部文学名著，先读读文学史的有关部分就可以获得这部书的大致轮廓。作者的生活时代、思想观点、风格特征也是极有价值的信息，有了这些非正式信息，我们就可以预构书的结构模型了。当然，我们可以利用非正式信息预构出各种具有可能性的结构模型，也就是说，原始模型可以是单一的，也可以是多元的。这种仅利用非正式信息建立的原始模型，也许是极粗糙、极模糊、极不稳定的，但总比没有强，它毕竟为下一步阅读提供了一个大致的去向。

阅读—校验模型

原始模型建立后，就进入阅读，即进入用原著的"现实"来校验模型的过程。校验的过程就是由模型向结构逐渐演进的过程。模型向结构演进的路径有单向的，有多向的。在阅读过程中，或者不断修正原始模型，或者用一个模型取代另一个模型，总之，整个过程始终保持单一模型，这是一种单向的演进路径。还有一种是多向的演进路径，就是在阅读过程中出现多个模型并存的局面。阅读中，时常碰到需要假定多个结构模型，以便筛选、比较，这时就出现多向路径。采用单向还是多向，要看具体情况而定。

模型读书法的优越性

模型读书法比传统读书法，有两点显著的长处，首先表现在便于集中注意力，而阅读过程中注意力的集中是理解的先决条件。教育心理学实验证明，带着问题阅读注意力更易集中。

模型读书法还有一个传统读书法所不具有的长处，就是它的全面性。模型，实际上就是结构的模拟。在阅读的初期阶段，模型是模糊的，还是整体的，这是模型本身的要求。用模型读书法读书，阅读是围绕模型的演进而进行的，这样，读者就能保持思维的全面性，有利于对原著作全面整体的把握，而不至于肢解原著。

模型读书法对读者的要求

模型读书法有比传统读书法优越之处，也对读者提出了更高的要求，要求读者要具备以下思维：

（1）开放型思维

要求读者知识面广，对新鲜事物保持浓厚兴趣，具有足够数量的信息储备，以便在构造模型时左右逢源。否则，就难免随心所欲，使模型无效，甚至产生相反效果，不但不能帮助读者揭露原著结构，而且使读者越来越背离它。

（2）批判型思维

保证模型向结构正确演进要靠批判型思维。要求读者毫不吝惜不合适的模型，根据原著的客观实际，不断修正和重建新的模型。否则，固执先入之见，就有可能歪曲原著，始终不能达到与客观结构同一。

（3）反省型思维

即要求读者读懂一本书后，要经常反省自己的思维过程：被抛弃的模型之所以错误的原因是什么？正确的模型又是如何建立的？久而久之，养成了反省的良好习惯，就可以熟能生巧，有效地运用模型读书法，其益处是很多的。

第33章
先读序文法

序文是指写在一本书正文前面的文字，主要介绍该书的读者对象、主要内容及作者写书的缘由、意图、经过、体例等内容的文字。有的序文还要介绍作者情况、有关背景材料以及对该书的评论分析等。

读序的好处很多

（1）明了对象，利于选书。先读序文弄清读者对象，不至于耗费很大精力去读与自己不适合的书。

（2）了解背景，便于入门。

（3）知其人更知其书。

（4）得向导，不迷路。

（5）抓要点，理解深。

序文中一般都能指出该书的要点，使读者更准确、更深刻地理解作品的思想内容。

爱因斯坦的先读序文读书法

无独有偶，伟大的物理学家爱因斯坦总结出的"一总、二分、三合"读书法，也是这样一种提倡先读序文的学习方法。具体来说，步骤是这样的：

一总：先浏览书的前言、后记、序等总述性部分，然后认真地读目录，以便概括地了解全书的结构、内容、要点和体系等，这样便可对全书有个总体印象。

二分：在读了目录后，先略读正文，不需要逐字读，要着重对那些大小标题、画线、加点、黑体字或有特殊标记的句段进行阅读，这些往往是每节的关键所在。读者可以根据这些来选择自己所需的内容来细读。

三合：就是在翻阅略读全书的基础上，对这本书已有个具体印象，这样再回过头来细读一遍目录和全书内容，并加以思考、综合，使其条理化、系统化，以弄清其内在联系，达到深化、提高的目的，进一步深入领会初读时所不能领会的许多东西。这一步很重要，人们往往在这一步不得要领时，看过之后，书一扔，便算了事。

先读序文法的几种情况

先读序文法实际上是一种探测性阅读。探测性阅读是一种有效的阅读方法。通常指为了搜寻某种资料或确定读物是否具有阅读价值的阅读。这是具有独立学习习惯的人经常进行的一种阅读方法。

这种阅读有3种不同情况：

（1）为了掌握一本书的总观点，要经过以下一些步骤：

注意书的标题和副标题，作者和出版者；

阅读导言和序言；

浏览目录，检验参考书目；

阅读出版者有关的话或关于作者的说明；

选择一两个包含主要论题的中心章节，阅读它开始的一两段和结束段。

在迅速阅读完后，就可以确定这本书是否包含了探测者所需要的资料，是否需要进一步深入或全面阅读了。

（2）为了掌握一个章节或文章出现在哪一类书籍或报刊上，知道所读部分与其它部分的关系，寻找出概括介绍文章的段落和句子。

（3）为了寻找某种特殊的资料，就要学会浏览。浏览时，要把寻找的问题牢记在心间，尽快地移动眼睛，扫视阅读材料，并且运用标题、提示等帮助搜寻所需资料。

运用这种方法，能够帮助我们尽快地分辨一本书的好坏，尽快地掌握大意，有效地提高阅读的效率。

第34章
"SQ3R" 读书法

　　这种五步读书法，最早出现于美国的一所大学，后来，美、英和欧洲各国都普遍采用。国外一些教育学家和心理学家认为，这种读书法符合人们读书中的一般思维规律，有助于理解书本内容和增强个人记忆力。

　　五步读书法过程包括五步，即S-Q-R-R-R。

概览材料，获得大的印象

第一步：Survey，也就是通过阅读要学习的材料的部分章节，比如章节要点、概要、学习目的列表、序言、结语等，对整个资料做个概览，来获得对整个材料的总体的把握。

概览阶段可以在多个不同的阅读层次上使用，比如可以用在整本书或整章或一章中的一节。阅读整本书有时候称之为总览（overview），阅读一章有时候称为预览（preview）或者称概览（survey）。我们这里统称为概览，如果是浏览一本百科全书或杂志中的一篇文章道理也是一样的。

（1）开始浏览一章（或一节）时，应注意要读的那一章是怎样与全书的整个主题（plan）相配合的。例如，它是不是整本书中跟其他几章相提并论的主题中的一个？它是不是为以后几章提供一个背景知识？它是不是对前面几章介绍过的知识作进一步地阐述？

（2）翻看一下这一章有多少页码，对阅读这一章一共所需的时间作大致的估计，决定在这一章上花多少时间。

（3）注意一下这一章分成几个主要部分或者几个论题，决定你眼下打算读多少内容，是把整章的主要观点都了解呢，还是先完整地读完第一节？

（4）研究一下章名，把章的名称转换成问题形式，考虑一下：

这个题目谈的是什么意思？

关于这方面的内容已经知道了什么？

（5）阅读本章第一页主要标题和次标题，这些标题会告诉学习者一些有关本章的关键词、重要观点以及它们是如何组织安排的，然后把主要的小标题转换成问题。

（6）阅读一下引言和小结（或者第一段和最后一段），如果章的末尾附有一些思考题，也读一读。

（7）把标有黑体字或斜体字的句子、短语或词汇也读一读。

（8）看看使用了哪些直观的呈现方法，例如，图表、图片、曲线等等，读一读这些图表的标题。

(9) 如果有必要，再对所需花费的时间或打算阅读的数量作进一步估计。

(10) 停下来想一下在浏览阶段提出的各种问题。

提出问题，引发思考

第二步：Question，问题，在正式开始详细阅读资料片断之前，要有明确而简洁的问题，最好是写下来。这个步骤，能够帮助人们在阅读的时候集中于章节的关键部分，当然仅有问题还不够，最好是还能同时刨根问底。

提问阶段有三类基本的问题。由这些基本问题再引出其它所有的具体问题。

第一类问题：我已经知道了什么？

例如：

章名说的是什么意思？

我已经掌握了有关这方面的什么信息？

主标题和次标题说明了什么问题（或者这一章有哪些关键词）？

主标题和章名的关系如何？

主标题和次标题的关系如何？

我以前在哪里听到过这种观点或这种词汇呢？

这个观点（词汇）是不是同以前其它学科中的某一观点相像？

哪一小节对我来说最难（或花费最多时间）？

考虑到我已经知道的东西，我现在有多大可能可以达到目的？

第二类问题：作者想告诉我什么？

例如：

他想回答的可能是什么问题？

我能否预测他将提供的一些事实、观点或例子？

他将告诉我哪些以前不知道的东西？

作者将如何证明他的看法？

他能通过举例来证实他的观点吗？

作者的观点与我的老师讲课的观点一致吗？哪一个更合理些？

对于今天我在课堂上没有掌握的概念作者是否解释清楚了？

第三类问题：我想要得到什么？

例如：

教师在讲课中已经作过哪些指导？

我的目的是：①获得理解下一次讲课的背景（经历）？②在这本书归还图书馆之前作些笔记以供复习时用？③准备下一次考试？④记住某一部分所有内容？⑤为一篇论文作业搜寻材料？

这一章结束还有哪些问题？

在读完这一章我该知道些什么或能做什么？

带着审判眼光阅读材料

第三步，Read，这也是最重要的一步。认真、积极而带着批判性的眼光阅读。第二步不是准备了些问题么，在阅读的过程中就可以自己试着找到答案，在这个过程中，往往会发现新的问题紧随而来，不用担心，这可是好现象。学习者可以细想所阅读材料的含义，思考可能的例外和矛盾之出，检验书中的假定等等。

阅读阶段是SQ3R或其它所有方法的中间阶段。如果没有浏览和提问阶段的准备就去阅读，常常会得不到透彻的理解或者心不在焉、注意力分散，导致不必要的重读。如果没有复述和复习阶段，那么阅读过的大部分内容到了第二天就会遗忘。阅读阶段同其它阶段结合起来是可以重复进行的。为了达到理解的水平，经常有必要这样做。

（1）进行必要的快速阅读训练（High Speed Drill）。

3分钟~5分钟的快速阅读训练将提高阅读理解率及鼓励运用右脑。在练习中学习者将无意识地吸收大量的内容以至在实际阅读中理解更迅速。

（2）再回过头来开始阅读一章或一节，利用直观信息，用学习者感到轻松而又稍快的速度来理解内容。

（3）在阅读中要设法回答那些在浏览和提问阶段提出的最重要的问题。

想方设法寻找能帮助回答主要问题的关键段落。

注意细节是如何同要点发生联系的，是通过推理、举例，还是通过再细分成更小的部分。

注意那些表示转折的关键词，如"另一方面"、"第二点是"、"另一个理由"等等。

尤其要注意斜体字、黑体字及短语。

(4) 在第一次阅读时，不要停下来重读那些难懂的段落或仔细琢磨那些不认识的字，或者再回过头去找那些遗漏的细节。要直接读下去，相当快地读，直到结束为止。

(5) 读完了第一遍后，就随即进入复述阶段。通过复述能告诉自己这一部分是不是需要全部重新阅读一遍。如果需要重新阅读，那就需要寻找另外的时间（第二次时间）。

注意：

(1) 在时间限定的情况下，较快地把内容读两三遍，总是比慢吞吞地读一遍更有效。在重复阅读时，学习者会强化第一次阅读中注意（grasp）到的东西，并且可以将细节纳入已经得到的整体框架中，因而理解和记忆的效果都更好。

(2) 跳过特别难懂的地方或死盯着它非弄懂不可，前者效果更好。这是因为：

继续读下去能够降低紧张感，焦急忧虑只能使事情更糟。

大脑有机会无意识地思考这些疑难之处。正像有时候我们在考试时也会有这种情况，有些问题想不出或回答不上来，事后发现完全是懂的。

当学习者再回过头时，会有另外一些信息帮助自己理解这个难点。大脑有一种自动化的机制来填补空隙，这种上下文背景对阅读通常是有帮助的。

(3) 当学习者碰到某些细节或段落里的主要概念，有助于解答自己所提出的问题，可以画重点、做眉批、或用荧光笔做记号以加强印象。

以下是画重点的原则：

读完一个段落后再画重点。假如边读边画重点，会发现有些重点其实并不重要。

不要画太多重点。在书上画太多重点，反而看不出重点所在。原则上每页所画的重点不能超过该页信息的20%。

画重点有助于做读书笔记。

用双线、曲线或黄色荧光笔把最主要的概念画出来，每段只画一个最主要的概念，并且只在其关键点画线即可。假如主要概念分散在数段，可用1、2、3

等数字加以标示，以利记忆。

用单线画重要细节。通常每段不要画两个以上的重要细节，而且只在其关键点画线即可。

对于最重要的概念可在书中空白处用"※"加以标示，以利于复习。

重要的学术名词的定义可用圆圈注记。

重要的细节如举例、因果、步骤、特征等可在书中边缘处用"例"、"因"、"果"、"步骤"、"特征"等字词加以注记，以利查考。

复述材料，检验阅读的效果

第四步，Recite，叙述、详述。在这一步，可以给自己或者学习伙伴重述或者解释一下所阅读的材料，也可以回答自己早些时候提出的各类问题，最好是大声地说出。这个过程能够帮助学习者明确自己对所阅读材料的理解和掌握程度，心理学家的建议是和同伴交流材料，或是自己大声地复述出来。

这一阶段在其它学习方法中称为背诵（记录、总结或测验）。它们都同复述有关——从头至尾温习一遍刚刚读过或学到过的东西，通过口头复述、以某种方式记笔记或通过回答问题来作小结。

没有复述这一阶段，在一两天时间内，学习者会忘记读过的80%的内容。只有借助立即复述，才可能记住80%或更多。

（1）合拢书本（或放在一边）。在某些学科，尤其是理科，当你要证明自己理解和记住了什么，在学习中，可能会有一半的时间要合拢书本。

（2）努力回答最主要的问题，并在回答时试图运用自己的语言举例说明。在检验复述情况时，提出一种模型是一个好方法。随着理解和复述量的增多，模型可以逐渐复杂。

（3）尽量运用图表、曲线或框图等直观表现手法。如果这些直观形式本身十分重要，最好能凭记忆加以描绘。

（4）对学习者要记住的要点抓住更多的细节（人的潜意识将发现更多的细节）。

（5）顺手记下自己仍然要作出回答的问题或没有完全理解的名词术语。

（6）再次翻开书本，再次浏览这一节或这一章以检查自己的答案及直观表现形式的理解程度和精确性，进一步补充需要作出回答的那张问题表。

（7）如果有必要可再次进行提问、阅读和复述两个阶段，具体集中在：

扫清难点。

完善理解。

（8）复述整章的要点和主要的细节，具体可以采用两页纸：

一页纸把整章内容分解成关键词模型，每一个关键词应该能够使我们回想起与之相联系的要点及观点。

另一页纸收集一些不容易放在模型之中的具体材料，例如公式、定义、统计数据、图表和问题等。学习者可以用数字或符号将这些材料与模型联系起来。

（9）寻找机会复述或运用已经学到的东西。每一次复述不仅能帮助学习者记忆新的信息，也强化了已经掌握的东西。

适时温习材料，达到长期记忆

第五步，Review，温习（应该也伴随有评论的意思）是记住自己所学习材料的必要条件。前面几个步骤的重新回顾和反思，能够让自己注意到资料的不同部分是如何整合在一起的，同时也有助于发展学习者对学习内容的全景式的认知。

有规律的复习会巩固记忆的东西。这就是说，它把最初短时记忆的信息转化为长久储存的信息。更进一步说，它保证了存储的信息在必要时很容易得到恢复。

如果学习者已经运用了SQ3R方法，每次复习都应该只花费几分钟，这是因为必须反复复习自己所学到的东西，而不是学习第一次没有掌握的东西或者把已经遗忘的东西再学一遍。

（1）第一次复习应该在学习后立即就进行。它通常应该只花2分钟~5分钟，因为这时候大脑中的印象还十分新鲜，通过复习能够使信息在溜掉之前就被抓住。换句话说，即时复习能预防遗忘。

在完成复述阶段之后休息5分钟~10分钟，伸伸肩膀，站起来走走，揉揉眼睛等等。在你休息时，大脑将对已经学到的东西产生更强的内部联系。

当休息完之后开始复习时，应考虑使用以下哪一种复习方法更为适当。

学习者可以运用已经准备好的关键词模型。首先，不要看这个模型，看看自己是否能同时复述出要点，然后检查一下。接下来再回过头来检查一下要点，看看是否能同时复述更详细的要点，并再检查一下。如果某个关键词不能引出所需要的信息，那就表明自己需要寻找更适当的关键词来替代。

如果学习者现在是对已经读过的整章内容进行重新复习，需要准备一个能对整章内容作出概括的关键词模型，当自己能够复述每一个要点和次要点时，大脑便会重新搜索与关键词模型相联系的细节。

如果学习者已经从一本书或教师讲课中做过笔记，可以将笔记大致浏览一下，看看这些笔记的内容与关键词模型是否吻合。可以运用画线、数字和符号等将笔记内容与关键词模型联系起来。

（2）第二次复习应该在第二天就进行，以便在信息渐渐遗忘之前再次强化记忆，这次复习也应该只花2分钟~5分钟。第一次复习和第二次复习合起来，一共花4分钟~10分钟，但能够节省将来考试前复习的几个小时时间。

（3）第三次复习应该在一周之后进行，第四次应该在一个月之后。这样不仅增强了记忆，而且也能够提供自己有关这门课程进步的情况。

（4）显然，在考试前需要最后一次复习。以前几次复习越是有效，考试前复习所花的时间就越少，同时也能够增加更多的知识。

其实上面这些步骤，在学习的时候，可能通过不同的方式，老师都有提到过，我们可能不自觉地也用过。不过没有把它们系统的联系起来分成递进的几步。最关键的，没有相对应地作些这方面的训练，所以效果上不甚理想，只能靠自己的自觉和学习积极性来获得。如果我们能够贯彻这一方法，持之以恒，就能够收到良好的效果。

最后，还必须说明，任何学习方法都不是万能的，更不是固定不变的教条。检验学习方法的唯一标准是看其对自己提高学习成绩是否有效。所以，在选择和运用学习方法时，除了注意吸收他人经验，学习那些被公认的优秀方法外，还必须强调在学习实践中，根据个体的具体情况对它们进行改造与创新。

第35章
五步读书法

　　著名数学家华罗庚主张：读书的第一步是"由薄到厚"。就是说，读书要扎扎实实，每个概念定理，都要追根求源，彻底清楚，这样一来，本来一本较薄的书由于增加了不少内容，就变得"较厚"了，这是"由薄到厚"。这一步以后还有更为重要的一步，即在第一步的基础上能够分析归纳，抓住本质，把握整体，做到融会贯通。经过这样认真分析，就会感到真正应该记住的东西并不多，这就是"由厚到薄"这样一个过程，这样才能真正提高效率。

　　对于以求知为目的的读书者来说，学过的东西最好能尽快掌握。为此数学家华罗庚创造了"由厚到薄"读书法。怎样才能做到"由厚到薄"呢？这里结合前人的读书经验，介绍一套实现"由厚到薄"的读书程序，叫做由厚到薄五步读书法。

第一步：确定该读的内容

古人讲"读万卷书，走万里路"，"万卷虽多当俱眼"，唐代大诗人杜甫有诗云："读书破万卷，下笔如有神"。万卷书是多少呢？一部《论语》才1.37万字，一部《孟子》才3.54万字，都没有一张报纸的字多。这是古代的书，读上卷，也不过相当于看几千张报纸，不超过1亿字，量虽不小，但可以办到。

人类发展到今天，情况就不同了。书籍可谓浩瀚无际，即使是某一学科的书籍，一生也难以读完。我们面对知海书林，最重要的是选择，宜背诵的则背诵，宜精读的则精读，宜粗读的则粗读，不宜读的则不读。

清末张之洞写了一本叫《书目问答》的书，是专为他的学生写的，目的之一是告诉他的学生，选择好书读，不好的书不读，也就是读书要有选择。所谓选择，首先要看一下所读之书的目录或者内容提要，然后根据需要确定哪些内容该读，哪些内容不该读。如果全书没有该读的内容，那么这本书也就不要读了。如果是教科书及其参考书，则以老师指导的为主；如果是课外读物，则以行家推荐的名著名篇为主。

读书可以消遣，可以增长才干，可以励志，对于中小学生而言，以励志为目的去选读课外书是最值得提倡的。有的学生，对读书产生兴趣以后，一见书犹如牛见了青草，不分好歹，大吃大嚼，这种做法很不可取。世上的书那么多，那么杂，不加选择一辈子也读不出个名堂来！不仅如此，有些书对青少年还有毒副作用，如果不加选择地去读，很可能被其诱离正确轨道。若是根据实际需要来加以选择，便实现了广义的"由厚到薄"。果戈理《死魂灵》中的彼得尔希加，不管什么书都拼命地读，乱读一气，结果辛辛苦苦读了一辈子书，一无所得。别林斯基指出："阅读一本不适合自己阅读的书，比不阅读还要坏。我们必须学会这样一种本领，选择最有价值、最适合自己需要的读物。"

第二步：明确重点

对于所学习的一切重点内容及一切应该内储的知识，可用钢笔在底部打上波浪线，或者做出其他标记，还可以书写体会，加眉批。下一步复习时就看这些内容，其他内容可以不看了。对于重点内容中的重点句子以及重点句中的重点词汇都要作出标记，而把那些多余的语言和词汇过滤出去。这就是爱因斯坦所说的"在所阅读的书本中找出可以把自己引到深处的东西，把其他一切使头脑负担过重和会将自己诱离要点的东西统统抛弃。"对于你所确认的重点内容，可以边读边记笔记，然后，回过头来去整理笔记，使之网络化或条理化，最后，该内储的则抓紧记忆，该外储的则及时归类予以外储。

第三步：反复理解、领会、记忆应该内储的内容

刚开始学习时，有一两处不明白、记不住也不要紧，继续往下看，当前后内容贯通以后，自然就大彻大悟了。

对于数理化等理科知识，要在掌握了基本概念、基本理论、基本方法的基础上多做练习题，以加深理解、记忆和提高应变能力。

第四步：归纳概括

每一章乃至全书学完以后，对应该掌握的内容进行归纳、概括。整理出来的内容可写在几张纸上，或者抄录在文摘卡上，或者加注眉批，实现"厚本变薄本儿，薄本变张纸儿"的飞跃。同时在此基础上，针对所有应知应会的内容提出若干问题，由自己一一回答，日后复习时方便、省时。

对于应该外储的散见于书中的知识，抄录卡片，归类存档。

第五步：每隔一段时间复习一次

这是专指内储知识而言的。复习是为了弹掉覆在记忆之上的灰尘，应该适时进行，否则灰尘太多太厚，清除就费时了。

对于文科知识，复习时可以回答第四步所提出的问题为主；对于理科知识，可以解应用题为主。

第36章
不动笔墨不读书

　　世人之所以知道达·芬奇，是因为他画出流传千古的"梦娜丽莎的微笑"。不过，达·芬奇不只是一位杰出的艺术家而已，他的兴趣相当广泛，举凡解剖学、物理学、植物学、地质学、哲学、文学等，他均有涉猎。

　　他的思考广博精深，而且习惯随手记下心灵的吉光片羽。在他67年的生命里，竟写下多达13000多页的笔记；现存7000多页中的18页，在1994年11月，已由美国首富比尔·盖茨以3080万美元的高价买下收藏。

　　达·芬奇之所以能集艺术家、发明家、科学家、哲学家等身份于一身，就是源于他一点一滴地累积自己的思考。"千里之行，始于足下"，现在就向大师学习，随时记下你的心灵点滴吧！

抄录读书法

明代有一位文学家宋濂，青年时期就非常酷爱读书。可是，由于家里贫穷，他常常到有书的人家借书读，有时还要把它抄下来，再按约定的时间送回去。

有一年冬天，刺骨的寒风夹着鹅毛般的雪片纷纷扬扬地下着，宁濂照常坐在书桌前抄书，这部书按约定今天该送还回去。他暗暗下了决心，"天冷也得抄完"，手冻僵了，就送到嘴上呵热气暖一暖；砚台里的墨结冰了，就用笔轻轻挑开……功夫不负有心人，就这样一字一字、一页一页地抄，直到快点灯的时候，才把书抄好。抄完以后，他又赶紧把书包好，顶风冒雪，如期还给别人。

寒来暑往，宋濂抄了很多书，也读了很多书，后来成为明代有名的文学家。

左思是我国西晋著名文学家，著有《三都赋》、《咏史》等。抄录读书法是在读书时运用抄写的方法来启迪思维，提高读写能力。左思抄录法的步骤是诵读——抄写——记忆。贯穿全过程的是"思"，读中思，写中思，记中思。

左思出身寒微，小时候跟人学书法、弹琴、读书，但学习成绩不好。他父亲很泄气，认为这孩子没有出息。有一次他父亲对朋友说："这孩子的智力才能太差了，还赶不上我呢！"左思在一旁听了很不服气，从此发愤读书学习，决心追回失去时光。经过几年后，他开始着手撰写《三都赋》，他把读书、抄录、写作结合起来，发愤攻读，勤于动笔，抄录了无数书文警句。他在室内的门上、墙上，以及厕所里都挂满了纸、毛笔，随读随记，他还把随时看到或想到的思想、语句也随时记下。经过10年构思、琢磨及反复修改，左思终于完成了《三都赋》。

消息很快传开，一时轰动了洛阳，大家竞相传抄，因为用纸太多，洛阳纸张都涨价了，流传下了"洛阳纸贵"的佳话。

在我国古代，抄书一直就是文人学子学习文化知识的一个必经之路，这也是历代文人的一个优良传统。古人以抄书而事业成功的例子是很多的，这些人中有的是因为家贫买不起书，不得不借阅抄录；有的是因为经济困难，以替人抄书作为生存的手段；有的则是为了让稀少的珍本秘籍流传后世，而对其进行抄录副本，以存真迹。而这些抄书的人却有不少最后成了名留青史的文学家、藏书家、政治家、思想家等等，正所谓"塞翁失马，焉知非福"。

大家所熟知的投笔吏，这个典故就是一个关于抄书而流传下来很有名的历史故事。据《后汉书·班超传》中写道：班超，为人有大志，不修细节。然内孝谨，居家常执勤苦，不耻劳辱。有口辩，而涉猎书传。永平五年。兄固被召诣校书郎，超与母随至洛阳。家贫，常为官佣书以供养。久劳苦，尝辍业投笔叹曰："大丈夫无它志略，犹当效傅介子、张骞立功异域，以取封侯，安能久事笔研间乎？"左右皆笑之。超曰："小子安知壮士志哉！"后来，班超弃笔从军，终以大功封定远侯。这里的佣书即是抄书，抄书的过程虽然辛苦，但却是一个循序渐进的学习阶段，等到后来胸中有了滔梁谋而远征顽敌胜利，抄书不正是很有必要的基础吗？

前人的治学经验告诉我们，抄书至少有两大好处：一是加深印象，巩固记忆效果，二是积累了资料，为日后进一步研究作了准备。但是对抄录的书籍、资料的内容要多思考、多揣摩，力求悟出一点新道道。如果不思考，做个"抄书公"，对读书也不会有多少好处，仍然学不到真正的知识。

勤做读书札记

读书札记也称读书随笔、随感。它是把读书过程中的收获、感想或者对读物内容的意见、见解、补充、评价和质疑等随手记录下来的一种笔记形式。读书札记法，顾名思义，就是指读书的同时做摘录、记笔记的学习方法。

古今中外许多学者均得益于此种方法，许多古代名人都有"不动笔墨不看书"的好习惯。札记不限于所读的书，可以把联想到的所闻即录，所见即记，有感即发，不拘形式，也是一种片断性练笔方法。札记要选准目标，定向积累，最好结合自己的主攻方向，养成习惯，持之以恒，"一日一根线，十年织成缎"。札记要经常翻阅复习，"温故而知新"，还要善于运用，举一反三，有所创新。在讲解这种方法之前，我们先说说读书札记的相关知识。

读书札记是读书笔记中最灵活的一种。它是在读完一本书或者是一篇文章后，把书中、文中的相关材料摘抄下来，以表明自己读书后的心得、体会或者是感想、质疑。之所以称读书札记最灵活，是因为它既可以对全书的内容发表感想，又可以考证或注释名篇佳句。因此读书札记与读书摘要有着明显区别——它能鲜明地反映出作者的观点和认识，同时又将自己摘引的材料保存于札记中。

读书札记不仅内容灵活，而且形式多样。读书札记可多可少，有话则长，无话则短。读书札记虽然没有固定格式，但其类型大致可分为两种：一类是治学札记。一般是作者在治学过程中对某些小问题的新的发现和认知，一般不涉及学术研究中的重大课题，作者的见解可以用论断方式来表述，也可以用假设、推想、质疑等方式启发读者自己去探究问题的结论。写这样的札记，切口要小，使读者容易抓住问题；材料要新，使读者产生阅读兴趣；语言要平实自然，使读者感到亲切。另一类是读书札记。它一般不涉及学术性问题，而只是谈论古今世事、社会沧桑、思想道德修养等，目的在于用具体的事理启发读者，使读者能明辨是非，知所行止。

写好读书札记要分三步走

既然是利用读书札记法学习，那么重点就是怎样写好读书札记——我们要掌握的知识都写进札记里了。前面讲过，写读书札记贵在评论。既然要评论，就要善于领悟文章的意义，善于发挥自己的想象力和创造力，善于质疑，这三条是写好读书札记的前提条件。做到了这几点，会大大提高写作水平。概括起来，写读书札记应该分下面几个步骤依次进行。

第一步，熟读原著，把握它的要点。

从古到今，"纸上谈兵"都是一大忌讳，写读书札记也是一样。没有对原著的熟读，是不可能写出好的札记的。因为读书札记要求写出我们对所读内容的认识和感受，所以必须建立在对原著精读的基础上。精读之后，转为从原著中的关键词着手，深入研究，力争准确地把握住原著的主要内容。在此基础上，对原著内容融会贯通，深入理解，这样，第一个要求算是达到了。需要注意的是，熟读文章后要勇于超越书本中的观点，切忌人云亦云，以免对原著的理解发生偏差。

第二步，联系实际，发表自己的观点、感想

议论文写作的一大忌讳就是空发议论，不着边际，写读书札记也是如此。具体写作时，应该抓住文中最引人发生感想的关键词语或句子，如若不然，札记的评论会变得空泛无物，没有任何价值可言。此外，写读书札记时还应该注意抓住自己无意间冒出的思想火花——即使是不成熟的想法或者是片段的想法。因为它们是我们对文章最真实的反映，非常有价值。随时记录下这些稍纵即逝的火花，加工整理之后将会是非常好的随感。

第三步，对归纳出的观点进行整理分析，揭示其中的哲理。

读书札记的范围很广泛，对象很多。所以我们在写读书札记时应该运用正确的分析方法，把握住原著的本质。也就是说，要在对原著充分领悟的基础上去写，有什么写什么，如果没有体会就不要硬写。

总而言之，利用读书札记法学习时要立足全篇，深思熟虑，有感而发，凸显哲理，这也算得上是十六字"真言"吧。

批注读书法

几十年来，毛主席每阅读一本书、一篇文章，都在重要的地方划上圈、杠、点等各种符号，在书眉和空白的地方写上许多批语。有的还把书、文中精当的章节和语句摘录下来或随时写下读书笔记或心得体会。毛主席所藏的书中，许多是朱墨纷呈，批语、圈点、勾划满书，直线、曲线、二直线、三直线、双圈、三圈、三角、又等符号皆有。

毛主席早年在湖南第一师范上学时，曾阅读批注了德国泡尔生著的《伦理学原理》。在10万余字的原著上，他用工整小楷写了一万二千一百多字的批注和提要。在他移居长沙清水塘时，他这本书曾被一个同学借去，直到1950年，这位同学才托周世钊先生带还给毛主席，毛主席又高兴地翻阅了自己写在书中的批语。毛主席动笔读书，还纠正原书中的错别字和改正原书中不妥当的标点符号。打开毛主席阅批过的书籍，可以看到他是怎样不厌其烦地将一个一个的错别字和明显点错的标点改正过来，又将漏字一个一个地添加上去的。

几十年来，毛主席工作一直很忙，可他总是挤出时间，哪怕是分分秒秒，来看书学习。他的中南海故居，简直是书天书地，卧室的书架上，办公桌、饭桌、茶几上，到处都是书，床上除一个人躺卧的位置外，也全部被书占领了。

为了读书，毛主席把一切可以利用的时间都用上了。在游泳下水之前活动一下身体的几分钟里，有时还要看上几句名人的诗词，游泳上来后，顾不上休息，就又捧起了书本。连上厕所的几分钟时间，他也从不白白地浪费掉。一部重刻宋淳熙本《昭明文选》和其它一些书刊，就是利用这种时间今天看一点，明天看一点，断断续续看完的。

毛主席外出开会或视察工作，常常一带几箱子书。途中列车震荡颠簸，他全然不顾，总是一手拿着放大镜，一手按着书页，阅读不辍。到了外地，同在北京一样，床上、办公桌上、饭桌上，都摆放着书，一有空闲就看起来。

毛主席晚年虽重病在身，仍不废阅读。他重读了解放前出版的从延安带到北京的一套精装《鲁迅全集》及其它许多书刊。

有一次，毛主席发烧到39度多，医生不准他看书。他难过地说："我一辈子爱读书，现在你们不让我看书，叫我躺在这里，整天就是吃饭、睡觉，你们知道我是多么地难受啊！"工作人员不得已，只好把拿走的书又放在他身边，他这才高兴地笑了。

毛主席从来反对那种只图快、不讲效果的读书方法。他在读《韩昌黎诗文全集》时，除少数篇章外，都一篇篇仔细琢磨，认真钻研，从词汇、句读、章节到全文意义，任何一方面也不放过。通过反复诵读和吟咏，韩集的大部分诗文都能流利地背诵。《西游记》、《红楼梦》、《水浒》、《三国演义》等小说，他从小学的时候就看过，到了60年代又重新看过。他看过的《红楼梦》的不同版本差不多有十种以上。一部《昭明文选》，他上学时读，50年代读，六十年代读，到了70年代还读过好几次，他批注的版本，现存的就有3种。一些马列、哲学方面的书籍，毛主席反复读的遍数就更多了。《联共党史》及李达的《社会学大纲》，他各读了十遍。《共产党宣言》、《资本论》、《列宁选集》、《列宁关于辩证法的笔记》、《哥达纲领批判》、《国家与革命》、《斯大林选集》等等，他都反复研读过，许多章节段落还作了批注和勾划。

读书时怎样做记录

你读书的时候，应该备一本小册子，随时记录。

1. 记录新词新句

读到不识、不懂的字和词，马上记下来。自己查得出来，就从字典和词典上查出，详详细细的注个明白；自己查不出来的，或立刻去请教别人，或上课时请教老师。

2. 记录难解的问题

读到意义不懂的文句，马上记下来并注明页数行数，以便查对。或去请教老师或别人，如果遇到用字、造句，和文章结构上有疑问，也应即时记下来。因为这些都是对你非常切实，非常有价值的研究材料，绝不可以轻易放过。

3. 发表自己的意见

一路阅读下去，也许心里会发生一种意见，这种意见，正可以记录下来。你不要以为自己年纪还轻，学问浅，不敢发表意见；如果用心细想，也可以有很正确的见解发表出来。记得我在高中读书时，有一位同班同学读了欧阳修的"明党论"，文中引述党锢的史事，说是汉献帝时候的事，他就指出这是错误，说党锢之祸是漢桓、灵二帝时候的事。另有一位同学，读了黄宗羲的"原君"，文中引许由、务光的事迹，作古人不愿做皇帝的证据。他曾听说许由、务光的事迹是从《庄子》上引来，他又曾听说《庄子》一书，是"寓言占了八九"的，因此他就指出寓言怎好当事实引证。不错，用不可靠的传说作立论的证据，确是一般学问家所反对的，从这两件事看来，各位明友自然也会随时产生有价值的意见的，不妨认真地记下，以便将来提出跟人家讨论。

做读书笔记的7种形式

做读书笔记的方法因人而异，多种多样，内容较复杂，长短不一，体例不限。常见的形式有：

第一，批注式。这是边读书，边勾划，边批示，边注解的一种学习方法。

勾划圈点，这是边读书，边作记号的一种读书笔记形式。它是阅读时使用最广、方法最简、效果最明显的好方法。阅读遇到重要词语段落、要点、疑点，当即标记。用勾、圈、点、直线、双线、浪线、点线、问号、叹号或三角号等做标记，分别记出自己所强调的内容。这是根据自己的习惯做出的特殊标记，勾划圈点等各标志什么意义，有什么特定作用，自己要心中有数，使用统一，便于复习时掌握与使用。但标记不宜过多，以免弄得书页上混乱，影响以后读书的效果。

书上批注，这是在书页的天头、地脚或边旁处，随读时顺便写上批语、注脚、质疑、解释的话。这种批注的作用有的是记下心得、感想，为复读时加深理解和记忆；有的是提出问题，以利于研究、发展、创新；有的利于联想，与有关知识比较。好处是简单、方便、不受约束。清代金圣叹评点《水浒传》，毛宗岗评点《三国演义》，都属于这一类读书笔记。

第二，摘录式。这是读书时摘抄原文或概要的一种笔记方法。它使用面广，各种书籍、报刊等都可摘录。原文摘抄，要保持书中观点论据的完整性；人名、地名、数据要严格核准；条文要标上小题、出处、日期，以备查找。

第三，提要式。这是编写读书纲要的笔记方法。对所读之书进行科学分析，先分大段，后分小段，写出要点，使其层次分明，思路清晰，事理连贯，然后便可顺着思路了解作者意图。用提要式读书的好处是便于掌握全书内容、逻辑结构、作者思路和写作方法。

第四，索引式。这是收集文章标题，抄录有关书目的一种笔记方法。把书名、篇名、作者、出处、版本和时间等编成索引，以便日后需用时有针对性地查找。

第五，心得式。这是读完一本书或一篇文章，经过回味，思考加工，产生感想、联想或收获，形成比较深刻的认识，当即把它记下来的一种笔记方式。这种笔记价值很高，也可写成札记，进行旁征博引，论证辨析，或者写成体会，进行引申阐发，抒发情感，议论是非。心得主要是多写自己的见解和看法，特别是有关思路、闪光点、设想、灵感之类的东西，有时苦思冥想很久也得不到正确答案，而读书无意之中见精神，受启迪，这就不能轻易放过，必须及时记之。

第六，百科全书式。读书前，先把笔记本分成若干栏目，作好标记。然后读书或看某些材料时遇到自己需要的知识内容或范围，认为可取，就分别将其记入已准备好的栏目里。这样记，分类清，内容广，易查找。

第七，活页笔记式。将活页笔记随身携带，读书阅览时，不管遇到什么所需材料，都可当即记在活页上。一项专题内容最好记在一页上，便于过一段时间进行分门别类装订。这样久而久之，就积成了不同系统内容的活页教材。

做读书笔记的两个小窍门

做笔记时，还有两个小窍门。

一是画线可利用四色笔标示重要的程度。在阅读书本时，千万别在重要的地方画线，遇到这种情形，要因重要程度而更改圆珠笔的颜色。最重要的部分使用红笔画线，次要者使用蓝笔画线，参考程度则使用绿笔画线。有人认为画线使用不同颜色的笔很麻烦，不过如此做之后，可以节省很多的时间。如果只使用红笔画线，则每一页都是红线，叫人分不清楚哪儿最重要，哪儿比较不重要，以致所有画线地方都要看，当然会浪费很多时间。虽然比较麻烦些，如果以不同颜色笔画线，再阅读书本的话，不管在头脑里面，或书页上面，内容都会被整理，自然就能够成为提高效率的读书法。有一种四色笔，对于这种分色作业很有帮助。有一只四色笔便于携带，对于随时随地读书来说，是一种不可缺少的必需品。

二是书页上角打上"□"、"○"、"△"等重要度标志以方便重读及检查。在书本的各页上角都打上"□"、"○"、"△"，以及"×"等的记号，这仿佛是答案用纸的评分似的。事实上，这些记号是表示该页的重要程度。在阅读时，发现重要处，都会打上"□"，认为尚重要者会打上"○"，如果只能作为参考资料则打上"△"，至于不必要者，一律打上"×"。书本是知识的宝库，从那儿取出自己所需要的东西，也正是所谓"读书"的作业。打上"×"的部分，大体上都是难解的装饰语句，也可以说是作者卖弄玄虚的手段之一。只要把表示重要程度的记号，打在书页上角，重读或检查时就可以一目了然，对读书效率当然会提高不少。

如何做读书卡片

古今中外学者一致认为，做读书卡片，有利于巩固记忆，增长知识，积累资料，激发创造。阅读书刊文献资料时，要认真思考，手脑并用，边读，边想，边记，把对学习、工作或研究有用的资料，分别记入做好的卡片上。这样做的好处是：（1）易于掌握所读内容的重点、难点、名言警句、精彩部分或重要的公式、推理和结论。（2）有利于产生联想和想象，激发思维活动的积极性，提高分析和解决问题的能力。（3）素材积累多了，经过分类排列组合加工，就会由量变到质变，产生信息撞击，使人发生联想和想象，从而发现新问题，产生新构思，经过研究，即可形成新认识，提出新创见，充实学术研究成果。

读书卡片的种类和写法可分为：

第一，索引卡。这类卡片，每张只记一本著作或一篇文章的题目，说明属于自学课题的哪方面内容，不抄录原文，只详记出处用途，以备用时查找。

第二，摘抄卡。这是摘抄原文的某些重要观点、精辟论述、精彩语句、名言警句、论点、论据、公式、定理之类的一种实用卡片。把这些作为原始材料，可供学习研究引证，往往是解决重大问题的关键材料。摘抄时，每张卡片一个专题，一定要注明来源出处。

第三，心得随感卡。这类卡片专记平时读书、工作所遇到、想到的体会，产生的类比、联想和想象，当思维活跃而迸发思想火花时，即刻将茅塞顿开的想法记到卡片上，分类保存，以备日后整理、研究和使用。

总之，读书卡片的实用价值很高，是自学成材不可缺少的。记完后一定要分门别类，妥善保管，定期整理和复读，并从中进行研究、发现和创造。

一般说来，做读书卡片应注意以下几个问题：

一事一卡。诸如每张卡片只写一个问题、一个事例、一个观点、一段原话、一个公式、一个定理、一个格言警句等。这样才能达到既灵活而又不乱，才便于分类整理，进行不同的排列组合，进行读书卡片的多种综合利用。

摘录原文一定要经过认真思考，进行选择，提纲挈领，简短扼要，使其真正成为原文的精华部分，关键问题。只有对自己学习、工作、研究有迫切需要，或很难得很有价值的资料，才做摘录式卡片，其它只做索引式卡片。

必须完全按照原文抄录，不能进行修改或遗漏，摘录中间有省略处时，要加省略号。摘抄格言、警句、引语等必须忠实于原文，防止断章取义。如发现原文有错误时，可加注括号说明。

读书卡片上要写明摘抄内容的标题和类别；卡片中间抄录资料的具体内容；卡片下边注明摘抄资料详细出处，写明书籍或论文名称、著作者、出版社、出版时间。如是报刊上的资料要注明报刊名称、刊期或日期，非书刊的特种文献还要注明文献号码以及语种等项，以便于查找查证和进一步参考时之用。在阅读原文或读书卡片有疑问、补充、体会、心得、评语等都要用简明扼要的语言写在该卡片的反面。

读书卡片积累了，一定要定期进行整理，按类别放入卡片盒中，最好有分类导卡，写明目录，便于查找。经常整理翻看读书卡片的目的完全在于应用，一方面是使分类更加合理，更重要的方面是要不断对卡片内容加以复习，这样才能更有目的有计划地阅读文献资料。发现问题，增补卡片，使卡片逐步向某个方面更加集中，以便于系统地研究某一问题，引导学习和研究工作一步步得到深化和升华。

同一本书或同一篇文章中，可以根据不同内容写成不同的卡片，分类存放。读书卡片可根据学习和研究课题的需要，不断重新进行分类和重新组合，一张卡片可以有多种用途，同时用在几个问题上；多种卡片可以合为一个题目，同时说明一个问题。

如何做读书剪报

凡是到过美国作家杰克·伦敦家中的人都觉得很奇怪：窗帘上、衣架上、柜厨上、床头上、镜子上、墙上……到处贴满了形形色色的小纸条，初到他的房间里的人还以为那是什么特殊的装饰品呢。

实际上，这些小纸条并不是空白的。上边写满了各种各样他搜集来的材料：有美妙的词汇，有生动的比喻，有五花八门的资料。杰克·伦敦从来不愿让时间白白地从他眼皮底下溜过去。睡觉前，他默念着贴在床头的小纸条；第二天早晨一觉醒来，他一边穿衣，一边读着墙上的小纸条；刮脸时，看镜子上的小纸条；在踱步休息时，他一边回忆小纸条上的内容，一边到处寻找启发创作灵感的词汇和资料。不仅在家里是这样，外出时也一样，外出的时候，杰克·伦敦把小纸条装在衣袋里，只要一有空就随时随地掏出来看一看，想一想，记一记。由于他这样锲而不舍地搜集、积累材料，一点一点地把材料装进了自己的脑子里，再加以灵活运用，因此，他写出了一部部光辉的著作。

胡适说自己一生有三大喜好，即"读书、写作、交友"。晚年胡适在同别人谈起做学问，尤其是做国学类学问的方法时说过："每一部大书都摸过，以后知道要什么材料，才知道向什么地方找。先要把自己这一行的各种类书、字典、辞典收购起来，成了一个小小的图书馆，这是要紧的工作。"

胡适的读报、剪报、贴报与用报，可以说坚持了一辈子，1915年5月12日的《胡适留学日记》中，就记载着欧美国家剪报行业的发展情形。他从在沪读书的少年时期，留美学习的青年时期，成为北大教授，到晚年任职的台湾中央研究院院长等，都不忘读报、剪报、贴报。

梁实秋曾说："最令我们惊的是，除了（指胡适日记）私人记事以外，他每天剪报贴报，包括各种新闻在内，因此篇幅多得惊人，兼具时事资料的汇集，这是他的日记的特色，可说是空前的。"作为治学严谨、成效卓著的胡适，真正达到了"剪报贵于恒，剪报贵于用"的原则精神。

鲁迅在读书中，非常重视资料的积累，剪报就是他积累的一种方法。鲁迅的剪报册贴得很整齐，分类很严格，每页上都有他简要的批注。鲁迅曾借鉴这些剪报，写过不少犀利的杂文。

第37章
深钻细研去读书

　　将要研究的课题认真钻研，通读有关书籍，读通、读精、反复钻研、认真地思考、深入掌握直到融会贯通，运用自如。这在阅读方法中可称之为"精读"。这种阅读法不同于普通阅读，更不是浏览、泛读。

　　需要注意的是：

　　第一，精读要定一个明确的方向，把自己主攻专业的著作及有关基础课程，有选择性地进行精读。十目一行，精雕细刻。

　　第二，随研究的重点课题要制定科学的读书计划。基础在先，精深随后，不能本末倒置，更不能见什么就研究什么。精读就是要在一个较窄的专业领域里，集中精力，精深研究，深钻细读，仔细体味，深入掌握其精义，即是用心精读的收获。

穿山甲打洞式读书

杜维明是一位闻名美国的汉学家，从1967年起就在美国的一些大学教授中国思想史、哲学史。杜先生学问渊博，不仅有自己的读书观，而且有独特的读书方式。在一次采访中记者问道："杜先生，你采用什么样的读书方式？"

他回答说："英国学者柏林说过，做学问有两种方法：一种是狐狸打洞式，接触面广；另一种是穿山甲打洞式，钻得深。这也可以用来说明读书的方式，而我采用的是穿山甲方式。"

作为一名研究理学的专家，杜维明的读书单上主要是四书五经、程朱理学。对于这些典籍，他系统地读、反复地读，手不释卷地百读不厌。就以"四书"而言，他每年都要重温一遍。他读这些书，不是一读了之，而是一头钻了进去，同时进行潜心思考，每读必有所得。这大概就是他所说的"穿山甲的读书方式"吧。杜先生认为，如果每次重读书，没有新的收获，就等于没有读。"涉深水得蛟龙"，他从书中领悟了更深的哲理。正是这种谦逊好学的态度，孜孜不倦的精神，正是这种"穿山甲的读书方式"给他的学术研究带来累累硕果。

说了这么多的例子，那我们到底应该怎么读呢？以文学为例，名著是一种值得仔细阅读的图书。斯蒂夫·艾伦教给我们的方法，值得我们好好揣摩。

斯蒂夫·艾伦谈怎样欣赏名著

在学校里，我们学会人类所完成的一项最了不起的也是最困难的技术——怎样阅读。

我们每个人都遇到过这样的事：读老师指定的书。老师指定读《白鲸》，我不喜欢它，我没有读，我以为我赢了。

可实际上，我输了。我失去了阅读名著本应得到的有益的东西。后来，我还是读了它，渐渐喜欢起《白鲸》来，而且每读一遍，我都发现一种新的乐趣。

什么是名著呢？名著就是这样的书——哪怕只是一瞬间，它都会使人从中感受到一部分生活的意义。名著是能够经受住时间考验的书，是世界上亿万读者多少年来为从中得到特别启迪而阅读的书。

不是很多书都能经受住这种考验的。算一下自从人类第一次用凿子打制石器以来出版的所有著作，名著只占有其中极微小的部分——还不到总数的千分之一，只不过有几千部罢了。在这些书中，它牢固的核心则不足一百部。

为什么我们应该阅读名著，并且要学会欣赏它们呢？我提出三条充足的理由：

名著开阔人的眼界。

名著资助人成长。

名著帮助人了解生活，认识自己。

最后一点是非常重要的。名著可以使人洞察自己的内心世界，这是从别处得不到的。可以肯定，人们几乎能够从许多书中得到乐趣，但是，一部名著，一旦读进去了，它会把人带到更高的境界。

我常听到人们说："名著太难懂了，我啃不进去。"

让我出些主意帮助人找到这个奇妙的世界。拿一本你常说要读的名著，然后按照下面的建议去读？

知道自己正在读什么

这是一部小说，剧本，还是传记或历史？要想知道这一点，查一查目录，读一读封面和前言，或者在《读者百科全书》中查一查题目或作者。

不要躺在床上读

我承认读名著会是很难的，所以必须思想活跃，器官敏锐。如果躺在床上读，就想睡觉，那么当开始打瞌睡的时候，就会埋怨那本书。

不要被众多的人物所左右

陀思妥耶夫斯基在他的《卡尔马佐夫兄弟》一书中抛出了50多个主要人物，托尔斯泰在《战争与和平》的第一章中用了22个又长又复杂的名字，使人脑袋发胀。这时，不要急着往前翻，坚持看下去，渐渐地，这些人物就会变得清晰，就会觉得和他们在一起，就像和自己的老朋友在一起一样。每个人记得自己的许多朋友，在结识前也是陌生人。

给作者一个机会

不要过早地说"我看不懂"，要坚持读完。有时也许是对自己要读的那本书还没有做好充分准备。我啃柏拉图的《理想国》一共啃了三遍，才看懂。如果认真看了但确实看不懂，就把它放到一边，搁一天或一年，先去读另一本书。

大段大段地读

别小口小口地啃，读的句子越长，就越能进入书的节奏和感情，从中得到的乐趣也就越大。

读作者读的书

例如，莎士比亚为了写《尤力斯·恺撒》、《仲夏夜之梦》，曾仔细阅读了诺斯的《蒲鲁塔克传记集》的翻译本。任何一个作家都是他所处的那个时代的产物。了解当时的历史、作家及其他人所面临的问题和他们的态度会帮助人理解作家的观点。作家的观点不一致也没关系，起码它使人思考。

阅读有关作者生平的书

读者对作家的个人经历知道得越详细，就越明白他为什么写他所写的作品，就会开始明白隐藏在作家作品中的自传性的花絮，一个作家不可能暴露自己，我们关于莎士比亚的大部分猜测都是从他的剧作中出的线索。

重读一遍

所有名著都反复读。读完一本书后，如果很感兴趣，又不完全懂，那么立即重读一遍，会发现更多的东西。如果几年前读过一部名著并且喜欢它，就再读一遍。书里还有那么多的东西要告诉人们，使人简直不会相信这是同一本书。

不要只把脚尖浸在名著这潭深水中，要跳进去，像前面一代代聪明的人类一样。我们会觉得自己的灵魂深处被那些历史上最有天赋的作家的思想和洞察力鼓舞着。

第38章
以书喻敌读书法

没有书籍，就不能打赢思想之战，正如没有舰就不能打赢海战一样。

——罗斯福

有人把书喻为良师益友，却也有人把书喻为敌人。

宋代词人苏轼，曾借《孙子兵法》八面受敌的术语比喻读书，他认为读书如用兵。如果问题很多，就要各个击破，逐一把文章读懂读透。清代文人郑板桥也曾视书为敌。他把读书时发现的疑点、难点，或有争议的问题，作为"敌方"设置的"堡垒"，努力攻破。

以书喻敌读书法，要求我们在读书时能够发现问题，力求深入钻研，去解决问题，并且能够有所创新，锻炼自己的思维能力，促进发展。

读书的四个比喻

清代诗人法式善，写有《读书四首》，运用四个比喻，论述了读书的道理和方法，很能给人以启迪。

第一首诗：

读书如蓄货，一室靡不有。

瑰奇产岩阿，幽怪发渊蔽。

当其求莫致，岂借跋涉走。

诗人认为读书要像蓄积宝物一样，应当应有尽有多多益善，甚至不惜长途跋涉以求得。当然，有了珍宝也不要炫耀于人，同时又不能闲置不用。

第二首诗：

读书如树木，不可求骤长。

植诸空山中，日来而月往。

露叶既畅茂，烟打渐苍莽。

读书要像植树一样，要循序渐进，不要急于求成。日月来往，不知不觉地就会长大，拔苗助长，欲速反而不达。最初可能感到"掩卷了无得，心中时快快"，但坚持不懈地读下去，"忽然古明月，照见天怀朗"。自然就会融会贯通，收获不小。

第三首诗：

读书如行跑，历险毋惶惑。

安保万里程，中间无欲仄。

自古志士心，往往伤壅塞。

读书如行远路，难免遇到困难和挫折，在这种时候，要勇敢地挺住，坚强地走下去，"半途勿消息"，"要从实地行，直造光明域"。一定能够达到很高的境界。

第四首诗：

读书如将兵，当先讲纪律。

将军扫群寇，势若风雨疾。

有了严明的纪律，军队打起仗来才能势如疾风暴雨扫灭敌寇。他借《易经》

中的话说："师贞丈人吉"。贞，就是正，正义之师才能立于不败之地，所以他特别强调读书要"树义"，要有正确的指导思想。"树义不制胜，不如不开帙"，读书若无正确的思想作指导，若不能用来培养自己的道德情操，还不如不读。

阅读的四种情况

干什么事都得讲究方法。读书也不例外，只有掌握了正确的方法，才能使自己深刻理解书本的内涵，有助于迅速、及时地吮吸书本给自己提供的养料。

阅读可以分成四种情况，分别是：

第一种是信息式阅读法。

这类阅读的目的只是为了了解情况。我们阅读报纸、广告、说明书等属于这种阅读方法。对于大多数这类资料，读者应该使用一目十行的速读法，眼睛像电子扫描一样地在文字间快速浏览，及时捕捉自己所需的内容，舍弃无关的部分。任何人想及对了解当前形势或者研究某一段历史，速读法是不可少的，然而，是否需要中断、精读或停顿下来稍加思考，视所读的材料而定。

第二种是文学作品阅读法。

文学作品除了内容之外，还有修辞和韵律上的意义。因此阅读时应该非常缓慢，自己能听到其中每一个词的声音，如果嘴唇没动，只是因为偷懒。例如读"压力"这个词时，喉部肌肉应同时运动。阅读诗词更要注意听到声音，即使是一行诗中漏掉了一个音节，照样也能听得出来。阅读散文要注意它的韵律，聆听词句前后的声音，还需要从隐喻或词与词之间的组合中获取自己的感知。文学家的作品，唯有充分运用这种接受语言的能力，才能汲取他们的聪明才智、想象能力和写作技巧。这种依赖耳听，通过眼睛接受文字信号，将它们转译成声音，到达喉咙，然后加以理解的阅读方法，最终同我们的臆想能力相关。

第三种是经典著作阅读法。

这种方法用来阅读哲学 经济、军事和古典著作。阅读这些著作要像读文学作品一样的慢，但读者的眼睛经常离开书本，对中的一字一句都细加思索，捕捉作者的真正的用意，从而理解其中的深奥的哲理。值得注意的是，如果用经典著作阅读法阅读文学作品，往往容易忽略文学作品的特色，以使读者自己钻进所谓文学观念史的牛角尖中去。

第四种阅读方法是麻醉性的阅读法。

这种阅读只是为了消遣。如同服用麻醉品那样使读者忘却了自己的存在，飘飘然于无限的幻想之中。这类读者一般对自己的经历和感受不感兴趣，把自己完全置身于书本之外。如果使用麻醉性的阅读方法阅读名著，读者只能得到一些已经添加了自己的幻想的肤浅的情节，使不朽的名著下降到鸳鸯蝴蝶派作家的庸俗作品的水平。如果漫不经心地阅读《安娜·卡列尼娜》，犹如读一本拙劣的三角恋爱小说。麻醉性的阅读在将进入成年的时候达到顶峰，年轻人的麻醉阅读是造成大量的文学作品质量低劣的原因。

读书离不开一个"思"字

读书最重要的一个方法是：多思！

清代学者王夫之说过："致知之途有二，曰学，曰思。"他特别强调的就是"思"，古往今来一切有成就的人，他们所以能从书本中获取知识，恐怕都离不开一个"思"字。

爱因斯坦就曾说过："学习知识要善于思考、思考再思考，我就是靠这个学习方法成为科学家的。"

如何"思"呢？宋代理学家朱熹在介绍自己的读书方法时，有过这样一段话，很值得我们深思。他说："读书，始读，未知有疑；其次，则渐渐有疑，中则节节是疑，过了这一番，疑渐渐释，以至融会贯通，都无所疑，方始是学"。

当我们捧读一本新书时，作者为我们提供的新的知识、新的观点，往往会在我们头脑中打下一个个问号，这是很正常的。

第39章
阅读学习单

　　有明确的目的或任务、凭借意志努力记忆某种材料的方法，叫做有意记忆法。相反，没有明确的目的或任务，也不需要意志努力的记忆方法，称为无意记忆法。心理学研究表明，有意记忆的效果明显优于无意记忆效果。为了系统地掌握科学知识，必须进行有意记忆。

　　先给孩子一张"阅读学习单"，读一读上面的题目，告诉他，读完此书，先填写这一份学习单。以"阅读学习单"来让阅读的过程"意义化"。

为什么要有"阅读学习单"

焦点集中的阅读。一个有关"学习和记忆有意义文章"的研究指出，我们的记忆运作无法像电脑一样，很难将阅读得来的信息逐字记忆，而是用我们的方法去组织这些讯息，使它变得有意义。

比如，他曾让受试者读一篇短文，然后让第一个读完的人，按他的记忆写下来，传给第二个人看，第二个人再把记忆写下来，传给第三个人看；依此类推，直到第十个人，所阅读的信息，已经和原文大相径庭了。

这说明了如果在阅读前，没有先告知"阅读的焦点"，阅读者会以自己感兴趣或易理解的部分作为重点来读，其结果很可能读完之后，与原文所欲传达的重点相差甚远。

有一次我访谈一位四年级学生，他告诉我看完《乞丐囝仔》后的感想是很爆笑。读过此书的人应知道，这是本励志畅销书，主要大意是书写一位贫寒出身的人，突破现实环境困顿，奋发向上的经历。然而，此位学生自由阅读后，遗留在脑中的，却只记得书中描述困窘生活的一些匪夷所思行径，所以觉得很好玩，与原书焦点可以说差了十万八千里。

无重点式的自由阅读，当然也有妙处，一般成人读者，一定也都享受过陶渊明那种"读书不求甚解，每有意会，便欣然忘食"的乐趣。不过，如果想在有限时间，让孩子在阅读时，保有"努力追寻意义"的精神状态，不妨在阅读前，就设计一份"阅读学习单"，念给他听，让他知道在读此书时，要特别注意哪些部分，将 来讨论时，也会有这方面较多的探讨。

也就是说，在阅读前，先了解阅读后的讨论焦点，以便在阅读时，特别注意相关内容。

教学的认知理论中，提到的"前导组体"，是指在学习之前，如果先呈现重要信息，可以使学习者在学习过程中，用来组织及解释新来的信息，有助学习迁移。

举个例子，我就读大学时，那些大部头的教科书，常在一个章节前，有个简短的"本章摘要"，还提纲契领的说明"在本章中，你将学到……"，带着这样的"先验知觉"，再进入庞大内容中，比较能得出一些条理。

"阅读学习单"上的题目，等于前导组体般的，提醒孩子在阅读时，应聚焦的一些方向。

比如：如果希望着重讨论书中人物性格，就在"阅读学习单"上设计此类题目："我最欣赏书中哪个人？"，"我觉得自己最像书中的谁？"，"书中哪个人最让我气愤？"当孩子正式阅读时，他就会想到："为了回答这些问题，我在看此书时，得注意到人物的描写。"

"阅读学习单"设计要点

（1）使用语言须简要有趣，不要用太专业化用语。

比如：别再使用"佳作摘录"这样的字句，会让孩子以为又是一项功课。如果问"本书最让我喷饭的一段对白"会比较生动活泼，对孩子也是"非制式用语"的良好示范。

（2）视年龄来设计

比如：低幼的孩子可以替书中情节绘图，或说给爸妈听，或帮这本书评分（给几颗星）；高年级可以多些评监性质题目。

第40章
绳锯木断，水滴石穿

学海无涯，艺无止境。读书上的"零存整取"是通过"处处留心"来实现的，南北朝的文艺理论家刘勰在《文心雕龙》中说："积学以储宝，酌理以富才"，讲的就是这个道理。

打工仔是怎样成为研究生的

郭荣庆是一边读着《资本论》一边卖菜的打工仔，为了保证看书时间，他只打零工。2004年9月，他被中国社会科学院录取，成为法学所研究生。

郭荣庆初中毕业后辍学，在工地上做过建筑工，在马路市场上卖过菜。9年漂泊中，他始终没有放弃他的爱好和梦想——学习，他说："我每到一个地方就先办个图书证。"

郭荣庆1974年出生在山东省青驼镇东冶村。在那个贫困的山村里，郭荣庆是父母眼里争气的孩子，学校的成绩成就着他最初的光荣与梦想。"从小学到初中，我都是班上的前两名。"考试后拿着成绩单回家时，是他最自豪的时刻，但每学期交学费时，是他最难受的时候，经常是到了最后期限，父母才艰难地筹措到学费。他们把钱交到他手里时，忍不住叹口气，郭荣庆从小就知道那些钱沉甸甸的份量。

村里的大多数孩子们都只上到初中。1991年，17岁的郭荣庆念到了初中毕业，终于也恋恋不舍地离开了学校。他带着行李跟随村里人踏上了打工的行程，要到更远的地方寻求生存。

第一站是上海。出门前父母给了他200元钱，他把钱放在贴身的衣兜里，尽一切可能减少开支。但三天后，他口袋里的钱已经所剩无几，更可怕的是他还没有找到活儿干。第一次出门的他不懂得在城市活下去的种种技巧，不知道如何找活儿干。白天，他一趟趟地在街上走，对五彩街景无动于衷，只有街道边的用工启事才会让他眼前一亮。

第六天过去了，还是没活儿干，身上的钱也没了。郭荣庆两天没吃东西，急得嘴边起了一大片水泡。路过小饭馆，看到地上有块儿馒头，他捡起来就吃。

后来，他去了建筑工地做小工，接触到第一个包工头后，他就知道怎么找活儿干了，生活终于有了着落。第一次拿到工钱，郭荣庆留下吃饭钱就小步跑来到书店，买回一本高中教材。放工后别人打牌聊女人时，他坐在角落里翻开书本，劳累使他眼睛发涩，可他就是舍不得放下。

从此哪里有活儿干，郭荣庆就去哪里，他去过上海、徐州、威海、秦皇岛等很多城市，每天的收入一般是个位数。郭荣庆说："外人都觉得我苦，我自己从来没有这种感觉。一直处于艰苦之中，就体会不到什么是苦了，相反，倒是有一点甜就会非常开心。我打工能维持自己的生活，能学习，还能给家里寄点钱，这有什么苦的？如果哪天收入多了点，用于学习和寄给家的钱多些，我就会更高兴。"

郭荣庆扫过大街，干过小工，生活漂泊不定。只要工作一安定下来，郭荣庆就会把仅有的几本藏书拿出来翻看。发了工资，他买回一本新书，走路都觉得轻盈，看书是他在体力劳动后的一种精神享受。但这样的时候对他是一种奢侈，他居住在简易工棚，工友挤在一起，经常十天半月换一个铺位，他的书很难找到一个安全的地方。但郭荣庆也有自己的办法，"每到一地先办图书证"。

1995年，郭荣庆来到大连，在一家马路市场卖菜。一大早，他蹬着三轮车从批发市场把菜运到摊位上，分类码齐了等着生意上门。一个月起早贪黑，能挣到400元钱，而且除了早起，体力上比建筑工地轻省多了。收入稳定了，打工者的心也就稳定了，郭荣庆决定在大连呆下去。市场上人少的时候，他就从摊位下拿出书，抽空看上两眼，哪怕只读一两页就被打断了，他也很满足。

如果卖菜是主业的话，看书算是他偏爱的副业。为了两业都不误，郭荣庆摸索出一些"省时"的好办法。别人家的辣椒卖8毛一斤，他就在自家摊位前用硬纸板标明"6毛一斤，谢绝讲价"。这样，一天下来，他少说很多话，菜也不会剩下。这时高中的课程他基本上看完了，他喜欢哲学、法律方面的书，感觉能解决自己人生的困惑。

每天一停下来，哪怕只有两分钟，他也会打开书看上一会儿。晚上回到"家"，他做点面条、土豆之类的饭菜，一边吃一边看书。

没有书桌，没有椅子，郭荣庆拣回一只旧沙发，砍去半边改成了一个读书用的椅子。屋里地方实在太小，看书时他才将椅子从屋顶上搬下来。

9年中，这把"读书椅"是郭荣庆最亲密的朋友，没有一天离开过。郭荣庆说："我学习都是抓紧平时时间，经常晚睡，但没有熬过夜。"

他的事迹在见诸报端后，许多人打来电话，向郭荣庆讨教学习方法的居多，其中年轻人居多，打工仔也为数不少。郭荣庆总是告诉他们："读书要讲'零存整取'，就是每天都要挤出时间看书，不要今天看个够，明天又一点不看。"

学习应"处处留心"，读书应"零存整取"

银行的存款方式有很多种，其中有一种是"零存整取"。这种方式是为了方便那些每月余钱不多而又想攒钱的用户，通过每月存入一定数额的钱，达到积累资金的目的，读书也应如此。

学海无涯，艺无止境。读书上的"零存整取"是通过"处处留心"来实现的，南北朝的文艺理论家刘勰在《文心雕龙》中说："积学以储宝，酌理以富才"，讲的就是这个道理。

但是在实际生活中"处处留心"并不容易。清朝末年梁启超在谈及积累知识时说过："这种工作，笨是笨极了，苦是苦极了，但真正有学问的人，总离不开这条路。"纵观古今中外有识之士，无不"处处留心"以"储宝"、"富才"。名相萧何正因为他认真熟读"律、令、图、书"之类的知识，才在刘邦建立汉王朝中大立功勋。

如今科技迅猛发展，没有广博扎实的知识就难以胜任。因此，每一位读书人要善于在更广阔的社会空间吸知长智。

第41章
读书的总与分、精与泛

　　鲁迅阅读文艺作品时曾说过："先看几种名家的选本，从中觉得谁的作品自己最爱看，然后再看这个作家的专集，最后再从文艺史上看看他的历史位置。倘若要知道得更详细，就看一本这个人的传记，那便可以大略了解了。"这种读书法把泛读和精读相结合，既有横断面，又有纵剖面。

爱因斯坦的"总-分-合"读书法

爱因斯坦是世界上著名的物理学家，他在物理学上有着重大贡献。著名的相对论就是他提出的。他之所以能有如此巨大贡献，这与他的独特读书法有很大关系。他不但喜欢读书，而且善于总结读书的规律。有人曾问爱因斯坦是怎样读书的，他总结出了"一总，二分，三合"的读书法，这对我们读书学习是有很大启迪和借鉴之助的。

一总：就是先浏览书的前言、后记、编后等总述性的东西，再认真地读读目录，以概括了解书中的结构、内容、要点和体系等，以便对全书有个总体印象。

二分：就是在读了目录后，先略读正文。这不需逐字读，而着重选那些大、小标题画线、加点、黑体字或有特殊标记的句段来读，这些往往是每节的关键所在。你可以根据这些来选择自己所需要的内容来读。

三合：就是在翻阅、略读全书的基础上，头脑对这本书已有个具体印象，这样再回过头来仔细读一遍目录，并加以思考、综合，使其条理化、系统化，以弄清其内在的联系，达到深化、提高的目的。进一步深入领会初读时所不能领会的许多东西。人们往往在这一步上做得较差，看过书一扔了事。

泛读、速读、精读相结合的"三读法"

读书学习各人有各人的方法，不可强求一律，但应根据自己的条件吸收前人的经验、综合总结出自己切实可行的学习方法。

21世纪是信息飞速发展和快速传递的社会。面对琳琅满目的书籍报刊，人们既没时间也完全没有必要全部精读细读，而应依据书目和实际需要区别对待，有所选择。

这里推荐一种读书方法"三读法"

（1）浏览性地泛读。对大部分浅显易懂的书或阅读价值不高的书籍报刊，可采取浏览法，即"随便翻翻"，以大致了解其主要内容，或通过看标题、目录、内容提要、前言等，以求在有限的时间内获取更多有价值的信息。

（2）探求性地速读。有时读书是为了达到某个特定的目的或完成某项任务，如寻求某个问题的答案，专门搜集某方面的知识等，这就要求"一目十行"。快速阅读的奥秘在于让大脑跑在眼球前面，掌握快速阅读的孩子每分钟能读200多个字，未受训练的每分钟只能读八九十字。速读能求得新知识新信息成倍成倍地增长，从而赶上时代发展的需要。

（3）品味性地精读。对名篇名著和其他文质兼美的优秀作品，需要静心细读，体会立意构思，揣摩布局谋篇，欣赏妙词佳句，像人吃东西那样，经过细嚼慢咽，才能把书中的精华变为自己的知识营养。有的好文章要反复地读几遍，甚至熟读成诵。

以精读带动泛读

著名语言学家夏丏尊先生提倡过一种读书方法：把精读的文章或书籍作为出发点，然后向四面八方发展开来，由精读一篇文章带读许多书，有效地扩大自己的知识面。

夏丏尊先生举阅读陶渊明的《桃花源记》为例，这篇文章是晋朝人写的，如果想知道这篇文章的地位和晋朝文学的情况，就可以去翻翻中国文学史；这篇文章体现了一种乌托邦思想，而英国的莫尔写过一本叫《乌托邦》的书，又可以对照起来读；这篇文章属于记叙文一类，如果想明白记叙文的格式，就可以去翻看有关记叙文写法的书；另外，如果想知道作者陶渊明的为人，还可以去翻《晋书·陶潜传》。如此这般，可以由读一本书引出一大串来。夏丏尊先生自己就是经常这样读的。

鲁迅阅读文艺作品时曾说过："先看几种名家的选本，从中觉得谁的作品自己最爱看，然后再看这个作家的专集，最后再从文艺史上看看他的历史位置。倘若要知道得更详细，就看一本这个人的传记，那便可以大略了解了。"这种读书法把泛读和精读相结合，既有横断面，又有纵剖面。

鲸吞牛嚼读书法

秦牧读书坚持博采众长的准则。他曾于《在探索学问的道路上》一文中将自己的读书方法总结为鲸吞与牛嚼："只需知道一个梗概的书报可以泛读,"但要面广,犹如大鲸吸水;"要求彻底弄明白的和记住细节的书报,必须精读",就像老牛吃草,慢慢咀嚼,细细品味。这就是后来被人们称之的"鲸吞牛嚼读书法"。

当代著名作家秦牧,每天都要阅读大量的书报杂志,广博地积累知识。结果,他写出的作品宛如由知识的珠宝串成,闪耀着独特的光彩。秦牧在谈到读书时,主张采取牛和鲸的吃法,即"牛嚼"与"鲸吞"。

什么叫"牛嚼"呢?他说:"老牛白日吃草之后,到深夜十一二点,还动着嘴巴,把白天吞咽下去的东西再次'反刍',嚼烂嚼细。我们对需要精读的东西,也应该这样反复多次,嚼得极细再吞下。有的书,刚开始先大体吞下去,然后分段细细研读体味。这样,再难消化的东西也容易消化了。"这就是"牛嚼"式的精读。

那什么叫"鲸吞"呢?他说,鲸类中的庞然大物——须鲸,游动时俨然一座飘浮的小岛,但它却是以海里的小鱼小虾为主食的。这些小玩艺儿怎么填满它的巨胃呢?原来,须鲸游起来一直张着大口,小鱼小虾随着海水流入它的口中,它把嘴巴一合,海水就从齿缝中哗哗漏掉,而大量的小鱼小虾被筛留下来。如此一大口一大口地吃,整吨整吨的小鱼小虾就进入鲸的胃袋了。人们泛读也应该学习鲸的吃法,一个想要学点知识的人,如果只有精读,没有泛读;如果每天不能"吞食"它几万字的话,知识是很难丰富起来的。单靠精致的点心和维生素丸来养生,是肯定健壮不起来的。

"牛嚼"与"鲸吞",二者不可偏废。既要"鲸吞",要大量地广泛地阅读各种书籍,又要对其中少量经典著作反复钻研,细细品味。如此这般,精读和泛读就能有机地结合起来了。

鲸吞与牛嚼,本是动物的不同进食方法,但却被作家秦牧巧用来形象地比喻读书方法——泛读与精读,实在有趣,令人记忆犹新。

第42章
读书的"博"与"破"

　　读书的目的主要在于学习，所以一定
要掌握好"博览群书"和"读破一本"的
关系。"博览群书"在于从中选取真正有
价值的书；"读破一本"则是把选取的好
书经过咀嚼、理解、思索、消化等，把别人
的知识变成自己的知识，变成自己创造的。

"读书破万卷"的"破"是什么意思

清代诗人袁枚曾说过："读书如吃饭，善食者长精神，不善食者生痰瘤。"

人都需要吃饭，但吃些什么，怎么个吃法，却是大有讲究的。同样道理，人都要读书，但是读什么书，怎么读书，也值得认真思考。

唐代大诗人杜甫诗云："读书破万卷，下笔如有神。"对此，一般人往往简单地理解为读的书越多越好，其实不完全是这个意思。

清代的仇光鳌在《杜诗详注》一书中，对杜甫的这句诗曾作过如下解释：一曰"胸罗万卷，故左右逢源而下笔有神"；二曰"书破，犹韦编三绝之意，盖熟读则卷易破也"；三曰"识破万卷之理"。

这三说，集中反映了对"破"字的不同理解，概括起来就是：要突破、磨破、识破。

读破一本书，受益一辈子

书籍浩如烟海，而人的生命毕竟有限，即使你从生到死手不释卷，又能读多少本书呢？

有人曾把书分为4类：一是既有用又有趣的书；二是有用但无趣的书；三是有趣但无用的书；四是既无趣也无用的书。当然，"有用"和"有趣"是相对而言的，对不同的人来说有不同的标准。一般来说，对有趣的书，可适当读一些，但如果有趣却无用，则可读得快些，甚至一目十行也可以；但对有用的书，即使无趣，也要反反复复地读，细嚼慢咽地读，不妨先读破一本，将其印在脑子里。

著名学者王冶秋对"读破一本"也深有体会。他在谈到自己读鲁迅的《阿Q正传》时，认为要读懂《阿Q正传》，至少要读14遍，否则消化不了。他说：读第一遍，我们会笑得肚子疼；第二遍，才咂出一点并不可笑的成分……第十四遍，也许是报警器……

范文澜说过，他做学问就是从专攻刘勰的《文心雕龙》一书入手的。他通过读这部南北朝时文艺理论的名著，不仅系统地掌握了古汉语，而且对于中国古代历史、古代文艺理论、魏晋之前的中国文学史以及天文地理等方面都有所收获。

"博览群书，读破一本"

读书的目的主要在于学习，所以一定要掌握好"博览群书"和"读破一本"的关系。"博览群书"在于从中选取真正有价值的书；"读破一本"则是把选取的好书经过咀嚼、理解、思索、消化等，把别人的知识变成自己的知识，变成自己创造的。

世界著名物理学家杨振宁在西南联大读书时，曾把数学家耿克逊的《近代代数理论》一书中仅20页的一篇文章读了半个多月，从中获益匪浅。

著名作家贾平凹在《读书示小妹生日书》中谈到：

读书首先不能狭窄，哲学、历史、美学、天文、地理……凡能找到的书都要读一读。但是又切切不要忘了精读，真正掌握本事，全在于精读。第一遍可囫囵吞枣，这叫享受；第二遍是静心坐下来读，这叫吟味；第三遍要一句一句想着读，这叫深究。三遍读过，放上几天，再去读读，常会有再新再悟的地方……

古训说："读书破万卷，下笔如有神"，要做到这一点很难。一个人即使从生到死手不释卷，所读书籍也很有限。何况别人的书你读得再多，如果不在理解的基础上消化吸收，就永远不能成为自己的知识。因此我很欣赏一句话那就是"博览群书，读破一本"。如果你真的愿意读书的话，我认为你要做的第一件事是：认真读一本难书。

首先，我要说说"认真"二字。

如果我们确想提高自己的智能，确想理解一个重要的思想，确想获得某一方面的知识或理论的基础，甚至确想获得乐趣——我指的是真正的沁人心智的读书之乐，而不是一时的浅薄的俗趣，那么我们只有认真读书。因为无论是重要的思想或是知识和理论基础，都存在于重要作家写出的重要作品里。这就是说，他们都经过一个反复认真的思考、想像和写作的过程，或者经过一个将天才变为文字的神奇转换，面对着这样一部凝聚着作者人生经验、心灵感受或者是高超的智力求索的作品，我们只有认真阅读，才能有所领悟，有所收获。也只有经过一个认真的心智活动过程，我们的智能才能有所提高，才能获得持久的快乐。

为什么要特别提出"一本"书呢？

我们应该先认真读"一本"书。把别人说得如何如何好的那些书放到一边去吧，连同那些广告和评介文字也放到一边去吧，开动自己的脑筋，认真地思考一下，选出一本基本的、重要的书，认认真真地，一字一句地，从头到尾地，读上一遍两遍甚至多遍，从语言到情节，从论据到论点，从思想到文采，从思维方式到行文风格，等等，彻底弄个清楚明白。你读得越认真，啃得越透彻，你越能接近作者的整个精神世界。

"读精"，就是对"读破一本"的集中概括。"精"即经典，经典虽说不上一字低一万字，但它的思想内涵和知识含量是非经典所不能比拟的。经典尽管阅读量不大，但读后根基扎实，学识精纯，给人的印象反而是读书很多。

经典作品可以反复读，具有再生价值，乃至受用终生。因此，"读精"必然会带来读书方法上的"精读"，"读精"和"精读"二者总是相辅相成的，孔子说的"学而时习之"和"温故而知新"，是"精读"的"十字真言"。

怎样才能"读书破一卷"？这就要求我们开动脑筋，认真思考，从中筛选出真正的有价值的书反复阅读。从语言到情节，从论据到论点，从思想到文采，从思维方式到行文风格……惟有这样，才能把书中的知识转化为活生生的创造力，变别人的知识为自己的知识。

可是，为什么这本书应该是一本"难书"呢？

每逢学习新的事物，一般人都喜欢从入门书开始。然而，这是否是很正确的做法呢？实在叫人感到怀疑？

一般说来，所谓的入门书，是为了使初学者容易了解起见，内容都经过精选，而且又整理成简洁的叙述方式。

就是因为"入门书"被整理成简洁的文件，只列出一般的要点，且解说往往不够充分，因此显得枯燥乏味，同时，又比较难以理解。如此一来，对于满腔热血想学习新事物的人，无疑是当头泼他一盆冷水。满腔热血，换来一盆冷水，刚刚萌出不久的学习欲望，立刻又烟消云散。

尤其是碰到看不懂的专门用语，以及学说以后，才萌出的兴趣炎焰，往往就被泼灭了。这样，与其阅读所谓的"入门书"，不如阅读以这个问题为重点的小说，或者有关某人在这方面的传记，如此这般，扩充你兴趣的范围，效果将更为良好。

因为，当一个人开始学习某种东西时，"咦?"、"为什么?"等对未知的兴趣，将成为一股很巨大的力量。兴趣扩大以后，再以更富于体系的方式，从有关的书籍上涉猎相关知识，你所获得的知识，将远超过"入门书"的知识。

你如果真从书中得到快乐，真想使自己有所提高，真想获得重要的发现，那么你读的这本书肯定不是一本你一开始就能轻松读懂的书。这本书总得有相当的难度。作者的思想和观点，故事和语言，思维方式和行文风格，一般是你原来所不熟悉的。你只有认真阅读，才能超越过去的自我，对自己原来陌生的东西熟悉起来，这就是提高。

读难书的突破口，就是要找准关键字。所谓的"关键字"是在一本书里面，以比较高的频率使用的重要用语。也就是说它出现的部分，必须做为重点阅读。如果一开始就打上记号的话，再次阅读时的效率就会变得更好。汉语成语往往会变成所谓的关键字。日本的语文呈合式。它使用汉字，日本的片假名、平假名，阅读起来效果很不错。因为成为文章的关键，即重要的概念都以汉字表现的缘故。阅读的人只要用眼睛盯着汉字看，即可理解内容的七成。因此，所谓的"关键字"，只要从"汉语成语"挑出就可以了。另外，必须注意专业术语，这些用语也往往使用汉字，到了最近，也有人使用片假名表示出来。尤其是在理工、经济方面，几乎都全部使用外来语。汉语成语加上专业术语，只要从中找出关键字，就算是艰涩的专业书籍，也可以在很有效率的阅读下融会贯穿通。

"认真读一本难书"，这是多么不容易的事！有了这个经验，你就可以精读一些重要作品了；有了这个习惯，你的读书生活就开出了一个新的境界。有了毅力，有了信心，再加上不断改进的方法和不断丰富的经验，这个世界上还有什么事是做不到的呢?

贾平凹上面的文字，可以说道尽了"博览群书，读破一本"的精髓。由这些文字我们也可以更深一步理解贾平凹，这名从陕南小山村走出来的著名作家，之所以能够取得令无数人倾倒的文学成就，与他善于读书的勤奋精神是分不开的。

第43章
诵读、朗读好处多

　　通过朗读、揣摩，来培养学生的语感。用美学老人朱光潜的话说就是"把数量不多的好诗文熟读成诵，反复吟咏，仔细揣摩，不但要弄懂每字每句的确切意义，还要推敲出全篇的气势脉络和声音节奏，使它沉浸到自己的心胸和筋肉里，等到自己动笔时，于无意中支配自己的思路和气势。"朱老先生这段精辟的描述，便是朗读、揣摩的实质。

主张"诵读"的朱自清

朱自清是现代著名的散文家、诗人、文学研究家。他的散文文笔缜密细致，娓娓动人；他的新诗纯正清新，直抒胸臆。其散文代表作为《背影》、《荷塘月色》和《桨声灯影里的秦淮河》，这些脍炙人口的名篇，形成了简明委婉而又绮丽清新的独特风格，誉满文坛。

他自幼从父母那里接受启蒙教育，喜欢吟诵唐宋名家诗词，从小打下良好的古典文学基础。朱自清曾在中学、大学长期从事国文教学，对学生读书方法的缺陷感受很深，因而十分重视读书方法的研究，十分重视指导学生阅读。

朱自清关于读书的理论和方法的论述颇丰。他不仅重视读书的数量和质量，更注重读书方法，在读书方法上极力主张通读的方法，强调"读"的功夫。在《论朗读》一文中，他推崇清人姚鼐"放声疾读，久之自悟"和曾国藩"非高声朗读则不能得其雄伟大概，非密咏恬吟则不能探其深远之趣"的观点。读古文如此，读白话文也是。他认为，读书当然是为了理解，"读"字本作抽出意义解，"包含着了解的程度及欣赏的程度"（《怎样学习国文》）。因此，必须注重读，"因为思想也就存在语汇、字句、篇章、声调里"。他指出："熟读的工夫是不可少的。吟诵与了解极有关系，是欣赏必经的步骤。吟诵时对于写在纸上死的语言可以从声音里得其意味，变成活的语气。"

朱自清把诵读作为理解与欣赏原著的重要方法，主张不仅阅读诗词等文学作品需要吟诵，而且对经典著作也需要反复熟读。他在《论百读不厌》一文中指出："经典给人知识，教给人怎样做人，其中有许多语言的、历史的、修养的课题，有许多注解，此外还有许多相关的考证，读上百遍，也未必能够处处贯通，教人多读是有道理的。"

朱自清一生刻苦读书，勤奋写作，留下著述近30种，200余万字，主要有诗文集《踪迹》，散文集《背影》、《欧游杂记》，文艺论集《诗言志辨》和《朱自清古典文学论文集》等。

朗读时培养语感能力的有效手段

朗读，我国的古人非常重视。"读书百遍，其义自见"，"熟读唐诗三百首，不会做诗也会吟"，道出了朗读的重要性。

叶圣陶先生曾说过："原来国文和英文一样，是语文学科，不该只用心与眼来学习；须在心与眼之外，加用口与耳才好。" 由此可见，朗读无疑是提高学生语文水平的有效手段。遗憾的是，由于应试教育的影响，朗读这一语文教学最基本的训练方式，却常被一些事倍功半的讲解所取代，致使目前学生的朗读不尽人意：或如庐山瀑布，飞流直下；或如拉锯背纤，磨蹭疙瘩。这种清淡而酸涩的朗读是断然达不到朗读之功效的。

语感能力是语文能力的核心，语感训练是语文教学研究中一个历久而弥新的课题。吕叔湘先生指出："语文教学的首要任务是培养学生各方面的语感能力。" 语文教学必须重视对学生语感的培养。如何使学生具有敏锐的语言感受力，随着语文教学研究的不断深入，这个问题越来越受到语文教学界的重视。本文想就对语感的认识和培养问题，谈一点看法。

通过朗读、揣摩，来培养学生的语感。用美学老人朱光潜的话说就是"把数量不多的好诗文熟读成诵，反复吟咏，仔细揣摩，不但要弄懂每字每句的确切意义，还要推敲出全篇的气势脉络和声音节奏，使它沉浸到自己的心胸和筋肉里，等到自己动笔时，于无意中支配自己的思路和气势。"朱老先生这段精辟的描述，便是朗读、揣摩的实质。

朗读有益健康

朗读还有很多其他的好处，健康学家们认为，朗诵有如歌唱，有增强肺功能之效；朗诵注重集体配合，因而活跃了社交生活，对心理健康自然有益处；朗诵可帮助朗诵者，特别是老年人回忆美好时光，带来的精神愉悦，不言而喻；朗诵还是一种"思维体操"，有助于帮助老人减缓记忆衰退，甚至预防老年痴呆症的发生。

最新医学证明，人在大声朗读时，副交感神经会加强工作，大脑得到放松，心情也就爽快了。朗读可以降低血压，据专家测定，朗读20分钟可以使全身增加10%的热量消耗，持之以恒可得到减肥功效，高血压病人在朗读时血压还会降低。

朗读有益健康还在于通过腹式呼吸使身体发生一系列有益变化。朗读会引起胸腹之间的横膈肌上下大幅运动，从而促使肺吐纳更多的空气，这就是腹式呼吸。而平时人们多采用胸式呼吸，这是一种浅表的呼吸方式，横膈肌运动幅度很小，难免有空气残留肺中不能充分排出。朗读时，尤其是遇到长句子，肺会彻底排空，转入下一次吸气动作时就可以吸入更多的新鲜空气。横膈肌动作加大还会向大脑传递放松的信号。接收到这一信号以后，大脑会向肌肉、血管发出缓解紧张的指令，导致血压下降。

朗读可改善腰酸背痛，同时，胃肠的血液循环也会更加流畅，排解掉腹腔的寒气。随着朗读声音的加大，身体的姿势也自然越来越端正，因为既不挺胸，又不收腹，是无法放开音量的。同样道理，平时有肩酸腰痛毛病的人，通过深呼吸带动背部肌肉可以改善不适症状。朗读长句子最有益处。

腹式呼吸时应稍稍束紧腰部，松紧程度以能顺畅发声为宜。朗读篇目的选择没有一定规范，但文章中一定要有较多的长句，比如抒情散文、叙事诗等，以利于更多地动员腹式呼吸。平淡无奇的朗读竟然有如此功效。

一股朗读潮流现在正风靡日本列岛，有关朗读的民间组织也如雨后春笋般地增多起来。人在朗读时，70%以上的神经细胞参与大脑活动，超过默读和识字，相当于大脑的"热身体操"。如果长期坚持，反复练习朗读，能强化学生的记忆和提高学生注意力，进入兴奋的学习状态，增强学习效果。

健康学家们认为，朗诵犹如"健身体操"，可使大脑皮层的抑制和兴奋过程达到相对平衡，血流量及神经功能的调节处于良好状态；朗诵有如唱歌，能增加肺活量，使全身通畅，有怡情养性的独特作用；朗诵还是一种"思维体操"，特别有助于人们"向上思想"的精神压力，锻炼老的记忆力和表达力。当然，朗诵还能增进人们之间的友谊。这么多好处，何乐而不为？

第44章
名人的奇特读书法

儿童教育学家研究发现，撕书是宝贝最初对书本产生兴趣的重要途径之一，读书也不是宝贝上学以后才需要开始的一项工程。让宝贝从零岁开始玩书，书就成了一个能带给他们很多快乐体验的有趣玩具。通过书这些特别的玩具，宝贝开开心心地玩着探究着书的奥秘，并在探索的过程中发现很多有趣的东西，于是，一个"小书虫"就被培养出来了。

巴金的"静坐回忆"读书法

著名作家巴金的读书方法十分奇特，因为他是在没有书本的情况下进行的。读书而无书的确算得天下一奇了，这到底是怎么回事呢？

巴金说："我第二次住院治疗，每天午睡不到一小时，就下床坐在小沙发上，等候护士同志两点钟来量体温。我坐着，一动也不动，但并没有打瞌睡，我的脑子不肯休息。它在回忆我过去读过的一些书，一些作品，好像它想在我的记忆力完全衰退之前，保留下一点美好的东西。"

原来著名作家巴金的读书法就是静坐在那里回忆曾经读过的书。这样有许多好处：

一是，可以不受条件限制，可以充分地利用时间。巴金列举了两个例子：一个是苏联卫国战争期间，列宁格勒长期被德军包围的时候，有一位少女在日记中写着"某某型，《安娜·卡列尼娜》"一类的句子。当时没有电，也没有蜡烛，整个城市实行灯火管制，她不能读书，而是在黑暗中静坐回忆书中的情节。托尔斯泰的小说帮助她度过了那些恐怖的黑夜。另一个例子是他自己在十年内乱中的亲身经历。他说："'文革'期间要是造反派允许我写日记，允许我照自己的意思写日记，我的日记中一定写满了书名。人们会奇怪：我的书房给贴了封条，加上锁，封闭了十年，我从哪里找到那些书来阅读？他们忘了人的脑子里有一个大仓库，里面储存着别人拿不走的东西。"这两个事例说明，在一切不具备正常读书条件的情况下都可以"读书"。

二是，可以温故而知新。通过回忆，将过去读过的书拿出来一点点地咀嚼，就像牛反刍一样，能进一步消化吸收。每回忆一次都会有新的理解，新的认识，新的收获。

三是，可以能够不断地从已读过的书中吸取精神力量。巴金说："我现在跟疾病作斗争，也从各种各样的作品中得到鼓励……即使在病中我没有精神阅读新的作品，过去精神财富的积累也够我这有限余生消耗的。一直到死，人都需要光和热。"

华罗庚的"思考书名"读书法

无独有偶，著名数学家华罗庚也有一种奇特的读书方法。他在灯下拿起一本书，不是从头至尾一句一字地读，而是对着书名思考片刻，然后熄灯躺在床上，闭目静思。他设想，这样一个题目，如果到了自己手里，应该怎样写……想完后打开书，如果作者写的和他的思路一样，他就不再读了。一本本来需要十天半月才能读完的书，他一夜两夜就读完了。

狄更斯的"讲故事"读书法

英国大文豪狄更斯，在做学徒做小工的时候，身边常带着书，有空就拿出来读，他尤其喜欢向同事们讲他读到的故事和小说，他一有机会，就向同事们滔滔不绝地讲故事。他在文学上的成就，有一部分是向人讲述中得来的。

李嘉诚的"耳朵"读书法

利用录音带，以"耳朵"读书是另一种方法。就算是在行走，甚至躺在床上，关掉所有的灯，仍然可以读书，换句话说，只要利用录音带，以"耳朵"读书就行了。

华人首富"李嘉诚"有香港超人的称号，他只进过三年正式的学堂，其事业发展所需要的知识基本上都来自于他勤奋的自学和业余时间的进修获取的。由于他的时间很宝贵，所以在开车的时候，在行走的时候，在吃早餐的时候，他常常让助手读报纸和书籍给他听，可谓是"耳朵"读书法的成功典范。

最近，不但有朗读诗词以及小说的录音带，甚至有演讲以及授课的录音带出售。在刚开始的时期，这种方式的录音带是专门提供盲人使用的，想不

到这几年来，一般人对利用眼睛读铅字，似乎已经感到不新鲜了。于是，利用耳朵听的读书方式，逐渐受到多数人的青睐。、

用"耳朵读书"的好处，在于不必使用眼睛和手，不必选择时间及地点，就算在刷牙、走路时都能够读书。同时，因为不必使用眼睛看铅字，在黑漆一片的床上也能够读书。尤其是对白天眼睛感到疲劳，不想再使用眼睛的人来说，这种用"耳朵"的读书方式，可说是最理想不过的。只要你能够抛弃"读书必须使用眼睛"的老观念，读书的机会是很多的。令人感到最遗憾的事情，莫过于"录音书籍"的数目，只占书籍总发行的极少部分而已。尤其是专门性的书籍，几乎尚未发行过。

你不妨请周围的人（例如妻子），为你录下你所喜欢的书籍内容。如此一来，你随时随地都可以阅读到自己必要的信息。而且，当你在从事别的工作时，可以巧妙利用他人未曾利用的时间。

你不仅可以录下新书的内容，就是旧书内容也照样可以录下来，如此一来，当你想查阅一度读过的书本内容时，也会感到非常地方便。

录音机的体积越来越小，携带起来非常方便，比起携带厚重的书籍更为方便。碰到想利用的零碎时间，与其翻开书本东找西寻，不如使用录音机比较方便，效率当然就更为良好。

向人讲述自己读到的故事和小说，在课余或郊外游玩时讲给朋友们听，一定大受他们的欢迎。而你自己对于所读的故事，或小说，经过了一番口讲，了解一定更透彻，记忆一定更真切了。

奉劝忙碌而无暇读书的各位，不妨多多利用这些招。

田中角荣的"撕书"读书法

曾任过日本总理大臣的田中角荣，早年由于家境贫寒，上完高小以后就失去了系统学习的机会。在半工半读的学习中，他十分注意读书方法。为了锻炼自己的记忆力，他一页页地背诵《简明英和词典》、日文辞典《广辞林》，采用的办法就是一次撕下一页，

每个人的一天都是24小时，但是有的人却能让自己的每一天都比别人多出

几个小时，他们的秘诀就在于能充分利用零碎时间。

有一位著名的报人，也是一位相当懂得善用零碎时间的人。一方面是因为他本身从事的是分秒必争的新闻工作，要从百忙之中抽空读书相当不容易；另一方面也是因为新闻业是一个必须时时走在时代尖端的工作，所以他便发明了自己的一套"撕书读书法"。

每次他发现好书，就一次购买两本，一本放在家中，一本事先分割成好几个部分，放在车上。每当车阵大排长龙时，便是他的读书时间，靠着这个方法，他读了好多书。

谁说没有空读书？只要你懂得利用日常生活的零碎时间，你就能在别人无所事事的时候快速成长。记熟了就扔了，这锻炼出他非凡的记忆力。

不要以为读书人只能爱书，其实读书人也会撕书。从小到大，每个读书人都会多多少少撕过几本书。

儿童教育学家研究发现，撕书是宝贝最初对书本产生兴趣的重要途径之一，读书也不是宝贝上学以后才需要开始的一项工程。让宝贝从零岁开始玩书，书就成了一个能带给他们很多快乐体验的有趣玩具。通过书这些特别的玩具，宝贝开开心心地玩着探究着书的奥秘，并在探索的过程中发现很多有趣的东西，于是，一个"小书虫"就被培养出来了。

李敖读书的三个重点

李敖的渊博和他的精于读书，与善于用书大有关系。他说自己看书只跳看一遍，"所谓跳看，是每页的重点让它跳出来给你看，而不是逐字逐句地死读，也不是所谓连读。连读的方法我看像小和尚念经——有口无心，是骗人的。""跳看"只适用于查阅资料，不能用在文学欣赏，这是李敖读书方法的第一个重点。

李敖读书方法的第二个重点是眼到手到，"重点部分立即用色笔勾出，剪刀剪下或刀片割下。这样子随看随动手，再把'分尸'下来的分类处理。这样一来，这本书，就跑不掉了。它永远为你所用，并且拈之则来，不易忘记。"在书本上勾勾划划，写写眉批，作些简单笔记，必有助于记忆。其实慢读比泛泛而读有效。

第三个重点是同步通读，同个主题串起来读。他说在跳读过程中，对重点有兴趣，会找来其他相关的书同步钻研。"这时候，不是每次只看一本书了，而是触类旁通，互相印证与补充。这样子折腾下来，书才真正为我所用。"这个层次的读书已经不是单纯读书，而是在做研究了。不过这个方法确实可以加强读书的深度与兴趣。

马克思的"轮流"读书法

伟大导师马克思有一种独特的读书法：当他在写字台前钻研哲学或政治经济学久而疲劳时，便演算起数学题，或躺在沙发上读小说、诗歌，而且间或两三本小说同时打开，轮流阅读。它的这种轮读法能提高读书效率。

轮读法能使大脑减少疲劳，得到休息。读书过程是大脑皮层紧张工作的过程，长时间的紧张工作，会使大脑皮层产生抑制，降低读书效率。由于各种不同信息是由大脑皮层不同部位的细胞来接受的，读这本书使这一部位的大脑皮层劳累了，而换读另一本书时，这一部分大脑皮层就获得了休息。这样轮换使用大脑皮层的不同部位，就减少了大脑的劳累。

居里夫人对此也深有体会，1886年12月她在给亨利埃特的信中说："我同时读几种书，因为专研究一种东西会使我的大脑疲倦，它已经太辛苦了！若是在读书的时候觉得完全不能从书里吸收有用的东西，我就做代数和三角习题，这是稍微分心就做不出来的，这样它们就又把我引回正路上去。"

轮读法可以使读书的兴趣有增无减。英国著名作家、文艺批评家毛姆说："一个人不可能每一天都具有不变的心情，即使在一天内，也不见得对一本书具有同样的热情。"因此，他读书是随自己的兴趣，不一定读完一本再读另一本。他一般是在清晨脑子清醒时读科学著作和哲学著作；一天工作结束，心情轻松但不想从事激烈的心智活动时读历史、散文、评论、传记之类的书；晚上读小说；身边随时带着诗集，工作之余见缝插针，读一两首诗。毛姆由于随兴所至而读不同的书，所以他的读书兴趣一天到晚皆十分浓厚。

用轮读法读书，在同样的时间内可以获得更多的知识。鲁迅广博的知识，许多就是靠着这种读书法获得的。他在书桌边放一把藤椅，工作累了，就躺着看书看报当作休息，他说，这叫"随便翻翻"。他就是在"随便翻翻"中涉猎知识海洋的各个角落的。

读书的时间因人而异，对某些人来说，他一向都利用上下班的时间，工作的间隙，回家以后的时间读书。在车里阅读书报，在办公室、卧房，以及配合TPO（即时间TIME、地点PLACE、场合OCCASION）阅读的书籍都不同。换句话说，你在同时阅读好几本书。

一般地，很多人不喜欢在未读完一本书以前，再阅读另一本书。理由是并读是没有效果的读法，根本就无法同时理解两本书的内容。但是整天捧着一本书，一心一意地阅读它，也不见得是很好的阅读法。例如，在客满的车内，想翻看一本巨大的百科辞典，或者厚重的法律书籍，实在很困难。同时，你自己所需要的信息，不可能全部存在于一本书里面。因此，最好应用读书的TPO，来选择内容适当的书本，同时进行阅读最有效。例如，在早晨上班的车厢里，可阅读从早报"撕下来"的消息，到了工作场所，可阅读涉及本身工作的各种资料书本与外国的社会法等，回家后则阅读一些轻松性的小品，或者涉及象棋、围棋之类的书本……。因为，这些书都属消遣性质，阅读速度相当地快。只要能够从书籍吸取信息，就不难拓宽信息收集的范围，对工作也有很大的帮助。

采用轮读法要注意统筹安排，突出重点，选择好轮读的书籍。每个人因各自的精力、时间、读书内容不同，很难有一个统一的模式，但切忌平均用力，切忌选择内容相近的书轮读。

第45章
血型决定读书方法

从血型看个性，是近年来流行的热门话题，研究人士认为，根据血型与性格的关联性，父母可针对各种血型的性格特征，找出最适合于孩子的读书方式。

下面将相关研究人士的方法摘录进来仅供大家参考。

适合A型血孩子的读书方法

A型血孩子最大的特点，就是容易集中注意力，尤其是能够较长时间专注于某件事情上。不过这所谓的"长时间"，是以1个小时为单位，让孩子在这段时间内专心研读某一种科目。可以让孩子前半小时复习当天的课程，后半小时预习下次上课的内容。这样不仅能避免因反复阅读某部分而感到枯燥无味，而且能达到循序渐进、温故而知新的学习效果。

父母须特别注意的一点是，A型血孩子在面对两种不同性质的工作交替时，容易受前项工作的影响，而无法全力投入另一个阶段的工作。例如，若让A型血的孩子放学后先出去玩，等到该做功课时，孩子便会意犹未尽地回想到刚才的快乐时光，而无法静下心来钻研书本上的知识。因此，父母应将孩子读书时间安排在游戏时间前，使孩子能切实做到"读书时专心用功，游戏时尽情欢乐"。

此外，父母应给孩子创造一个良好的读书环境。A型血的孩子适合怎样的读书环境呢？提供两点建议：①书屋墙壁、窗帘宜采用明亮的色调，如淡蓝、粉红等色彩，以振奋孩子的精神，提高学习效率。②勿刻意将孩子与他人隔离。因为A型血的孩子虽然个性内向，却仍希望多与他人接近。孩子如有兄弟姐妹，可让他们一起做功课，以避免A型血孩子有孤独感。至于只有一个孩子的家庭，父母可安排孩子的房间紧邻自己的卧室，以便让孩子有父母就在隔壁的安全感。

此外，图书馆也是适合A型血孩子的良好读书环境。在安静的图书馆中，孩子不但可以专心读书，还可与别人一同研究功课，相互勉励。

适合B型血孩子的读书方法

B型血孩子领悟力强，脑筋动得快，并且具有很强的组织能力与吸收能力，因此不论是读书或学习其它事物，都能很快地抓住要领，一学即会。然而，B型血孩子缺乏耐性，做事往往虎头蛇尾，半途而废。因此指导B型血孩子读书的最大要诀，就是让他在最短的时期间里取得最大的读书效率。换句话说，B型血孩子的读书时间不要太长，每次以半小时为单位，并且将拿手的科目与不拿手的科目交互研读，令他们对每个科目都保持最佳的学习效率，这样可弥补B型血孩子缺乏耐性的缺憾。

由于B型血孩子酷爱自由，不喜欢受限制，因此他的书桌或房间常会显得零乱不堪，读书态度也给人散漫的感觉。其实，B型血孩子有自己的一套学习方式，当他们认为应该读书时，会全神贯注专心读书；可当他们不想念书时，父母的催促或限制往往只会造成他们的反感与抗拒，无法达到专心读书的目的。因此，对于B型血孩子，父母不妨给他们适当的自由与权力，而且在这范围内让他全权支配自己的时间与空间。

再者，B型血孩子容易分心，父母最好能为他安排一个独立而安静的房间。房间不要邻近客人或家人进出频繁的地方，以免分散注意力。如果父母希望孩子读书时更专注，房间的色彩可考虑采用灰色或蓝灰色等深色系列，具有稳定情绪的功效。由于B型血孩子喜好新奇，所以偶尔变动一下房间的布置，会令孩子有焕然一新的感觉，更能加强他们的读书意愿。

每个孩子的专长与兴趣都不相同，对各个学科的学习能力也各有所长。一般来说，B型血孩子的数学成绩普遍都不出色，主要是因为他们对单调的"加、减、乘、除"不感兴趣，更没有耐心一一地演算。因此要克服这种困难，父母可以教导孩子将课程内容分为几个部分，然后轮换练习。例如孩子在练习计算题时，时间不要过长，大约在15~20分钟之后就可以停下来，换成练习其它内容，使用这种方法，孩子就不容易产生厌烦情绪。

在自然学科方面，由于B型血孩子有强烈的好奇心与勇于提问的精神，如果能让孩子实际参与实验过程，或实地观察，对激发B型血孩子在理科方面的潜能与兴趣有很大的裨益。

在语言学习方面，B型血孩子颇有语言天份，与其让他们钻研语法或字句解释，倒不如让他熟念文章，朗颂通读，久而久之孩子自然会融会贯通、灵活运用。

适合O型血孩子的读书方法

对于注意力不易集中的O型孩子来说，"分散学习"的读书方式无疑是一帖良方。"分散学习法"限定每一科目的读书时间，大约在20~30分钟左右，然后间隔休息10分钟就换读另一门课程，以训练孩子聚精会神的能力。同时让孩子将喜欢和不喜欢的科目交替轮流读，例如前30分钟读他喜欢的自然科目，后30分钟便读他不喜欢的社会科目，使注意力持续较长。

O型血孩子的记忆力不错，因此对于不擅长的科目，便可利用此项特点来弥补，以提高该科的成绩。例如找出该科内容的重点，制成卡片，随时翻阅，借不断的反复练习让孩子彻底记住。不妨一个月做一次测试，以加深印象。

O型血孩子的自我约束力强，因此父母无需太限制他们的活动，不妨让他们自己订一天的计划表，将游玩与读书的时间划分清楚，你就可以放心让他们尽兴玩，等玩到一定的程度后，他们自然会收起玩心，遵守计划专心读书。

读书环境的合适与否影响孩子的情绪及读书的效率。因此，布置一个适合孩子的读书环境是很重要的。O型血孩子属外向型，而暗色调具有稳定情绪的作用，所以，O型血孩子的书房色调以浅暗色（如灰色、浅棕黄色等）最适合，可以在无形中适度抑止其浮躁的情绪。

前面说过，O型血孩子的自我约束力强，行动不太受家庭的左右，即使全家人都在看电视，他们也会主动去念书，不会沉迷电视，且不用父母伴读，故父母无需多加督促。但是O型血孩子易受外界刺激的影响而分散精神，注意力不易集中，因此尽量替他们安排一个独处而安静的房间，并且房间尽量避免靠近门口或客厅，防止受干扰。

适合AB型血孩子的读书方法

AB型血的孩子具有A型孩子的细心与B型孩子的领悟力，很多AB型血的孩子是属于小聪明型的人物。但是由于过分自信，对事情常抱着轻视的态度，又容易见异思迁，所以AB型血孩子做事常显得急迫而没有恒心。对于这种血型的孩子，父母一定要灌输他们"贯彻始终"的观念，让他们明白持之以恒才能获得成功。AB型血孩子的专注力很强，适合采用"集中学习法"，亦即在某一段时间内，专心地把某一科目念完，如果孩子读得十分入神，即使是休息时间到了，也不要打断他，让他继续读下去，效果将会很好。

不过AB型血的孩子比较缺乏恒心，因此在选择参考资料方面，应尽量避免选择页数或册数太多的，以免孩子读到不到一半便放弃不想读了。如果可能的话，不妨教导孩子自制一本自己专用的参考书。怎样自制参考书呢？就是让孩子模仿参考书的形式，将课本里的重点、精华亲笔摘录在笔记本里，同时标上自己的心得或感想。AB型血孩子对独创的东西特别有好感，如果能让他们自制一本属于自己的参考书，他们会觉得新鲜有趣而爱不释手的。

由于AB型血孩子比较内向、敏感，父母在斥责这种血型的孩子时，很容易伤害到孩子的自尊心，影响孩子的情绪。所以父母要尽量避免用"笨蛋"、"无用"等强烈又夸张的字眼斥责孩子，即使是无心或开玩笑的话，孩子可能也承受不了。

AB型血孩子有强烈的自尊心与优越感，如果能用赞美来激励他们的优越感，会令他们更有斗志，更能发挥他们的潜力。此外，对AB型血的孩子非常适合采用奖罚分明的方式，若父母能巧妙地运用奖品奖励孩子，孩子往往也会变得更积极，更努力。

超值金版——家庭珍藏经典畅销书系

《这样学习最有效大全集》
定价：29.00 元

《做人不能太老实大全集》
定价：29.00 元

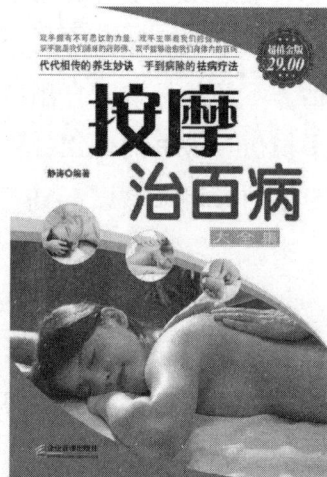

《按摩治百病大全集》
定价：29.00 元

《中华成语故事大全集》
定价：29.00 元

《女人的资本大全集》
定价：29.00 元

《领导六艺大全集》
定价：29.00 元

超值金版——家庭珍藏经典畅销书系

《开店必读大全集》
定价：29.00 元

《读书改变命运大全集》
定价：29.00 元

《世界文学名著全知道》
定价：29.00 元

《管理越简单越好大全集》
定价：29.00 元

《中华民俗知识大全集》
定价：29.00 元

《中国文学名著全知道》
定价：29.00 元